U0005887

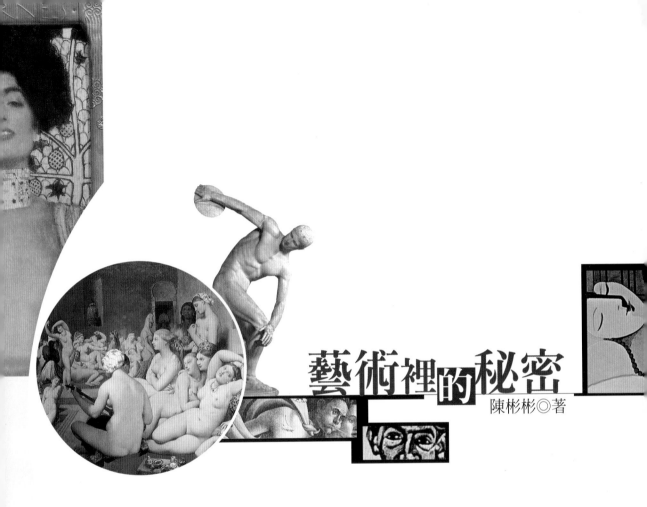

藝術裡的秘密

陳彬彬◎著

好讀出版

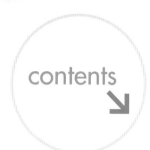
目 次

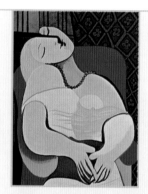

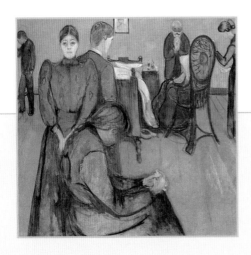

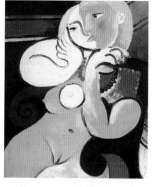

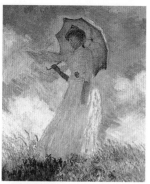

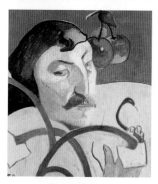

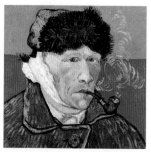

contents ↘

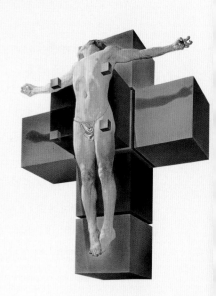

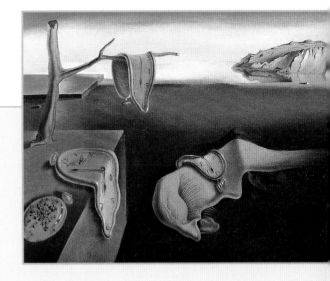

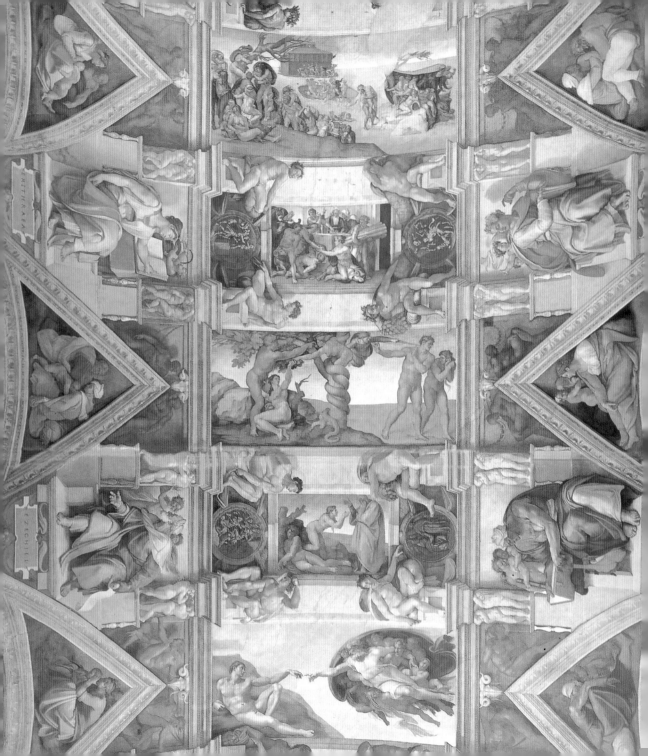

輕鬆看藝術

師大美術系　陳景容教授

　　西洋藝術的歷史相當悠久，遠自幾萬年前的史前時代就有壁畫，古文明的埃及、二河流域的壁畫、雕塑也相當可觀，古希臘羅馬的雕刻、建築成為西方藝術的搖籃，中古世紀的宗教建築更是讓人佩服讚嘆，到了十五世紀文藝復興以後，藝術更是在不斷的演進、創新之下，各種畫派一個接一個的蓬勃發展，藝術的形式也越來越多樣化，不同的材質、技法都有人嘗試，如今浩瀚廣博的藝術世界，已經不是區區一本書就能夠講完、講透的了。

　　幸好藝術作品之所以感動人心，和它出自哪個年代，是蛋彩還是油彩，是蝕刻還是木刻並沒有絕對關係，反而是作品本身的情感讓人產生共鳴，心情隨著作品的張力時而澎湃激動，時而喜悅平靜。所以不要怕自己不懂藝術，其實每個人都可以抱著愉快的心情來欣賞美麗的事物。當我們走進畫廊、美術館去欣賞藝術品，其實和走進戲院看電影沒什麼不一樣，藝術從來不是高不可攀的神聖殿堂，不需要望之怯步，除了藝術要素之外，它其實也涵蓋了生活化的圖像記錄，例如中古世紀的人之所以喜歡在教堂畫耶穌和聖母，那是因為他們的生活以宗教為重心，而當時的人們大部份又是文盲，這些聖人等於是當時的明星偶像。還有以前的人沒有照像機，所以就利用繪畫、雕塑來留下個人寫真，來描繪婚喪喜慶的活動，讓很多歷史記憶除了有文字明載，也可以留下直接而生動的畫面。也許我們現在會以敬畏的心情稱這些名家大作為「藝術」，這些繪畫雕塑在當時除了記錄神話、宗教、國王、貴族等特殊目的之外，對平民來說可能也只是再平常不過的生活描述罷了，就像我們現在會利用寫日記、拍照、錄影來留下生命中值得珍藏的美好回憶。

　　這本書撇開傳統艱深的理論分析，利用比較輕鬆的角度切入藝術，輕鬆的帶領大家重新認識藝術的世界，單純的去欣賞一幅畫、一件雕塑品，甚至是一棟建築物。人的天性都是愛美的，大多數的人都懂得欣賞美女，喜歡天真可愛的小孩，對於美酒美

食、美麗的大自然，美好的生活品質更是沒有抗拒力，那麼藝術之美又怎麼會太遙遠？只要找到方法去親近藝術，很容易就會喜歡上那些美麗動人的藝術作品，進而認識創造這些作品的藝術家。

　　畢卡索大概是最長壽也最有成就的藝術家之一，但是他剛出生的時候看來是個死胎，不管接生婆怎麼拍打翻轉，畢卡索就是沒有哭聲，一動也不動，家人在接生婆的安慰下本來已經打算接受這個事實，幸好畢卡索的伯父本身也是一位醫生，他深吸了一口雪茄，再把煙輕輕的吹到畢卡索的鼻頭裡，小嬰兒的哭聲才爆發出來，像這段美術史上似乎不曾提起的小故事，就刊登在巴塞隆納的畢卡索美術館，想想看，一口雪茄煙霧竟然可以改變二十世紀的藝術發展，這是不是一件很奧妙的事情？諸如此類的逸聞軼事還有很多，這本書就是要介紹藝術裡的秘密，看看當時的畫家是用什麼樣的心情拿起畫筆？膾炙人口的作品背後又發生了哪些故事？藝術家的成名過程是怎樣的奮鬥史？這本書總共介紹了一百篇作品，涵蓋西洋藝術從古至今的重要作品，其中有很多我們小時候在美術課或歷史課的時候就看過了，現在重新讀一遍這些作品背後的故事，應該會覺得更親切有趣才對。

　　彬彬是一位非常喜歡藝術的文字工作者，主修法國文學的她，對其他相關的歐洲文化也多所涉獵，熱愛繪畫、音樂的彬彬常年往來於歐陸之間，各大音樂廳和美術館是最讓她流連忘返的地方，她曾經中午從巴黎飛抵柏林，只為了晚上聽一場歌劇，隔天清晨再從柏林飛回巴黎繼續工作，她也可以為了某畫家的特展或新開幕的美術館，大半年前就開始計畫一趟歐遊行程，從事電視編劇和小說創作的彬彬最擅長說故事，現在由她來告訴大家藝術的小秘密，相信一定更生動精彩，希望有更多的人可以因為這樣而更加親近藝術，畢竟美學教育應該落實在日常生活，如果欣賞藝術也可以像看電視、逛書局一樣輕鬆自然，我們的心會更美，世界也會更和諧。

藝術可以很好玩

　　藝術這二個字很難寫，但是欣賞藝術其實很簡單，當好讀出版社和我討論要介紹一百件藝術品的個中祕密，我那愛玩、愛開玩笑的天性馬上蠢蠢欲動，如果不談冗長的歷史脈絡，不鑽研繪畫的風格、流派，我們只是欣賞美麗的圖畫，說說畫裡的故事，這會是一件多麼有趣的事啊！藝術可不可以這樣玩呢？

　　感謝好讀放手讓我自訂主題，自由挑選一百件作品，我起勁的收集具有代表性的藝術家，介紹他們畫中有話的趣事。當然區區一百篇不足以涵蓋整個藝術範疇，我只是儘量挑選大家看過、聽說過的作品，要聊聊內幕八卦，當然要找大家都知道的名人名畫嘛！

　　蒙娜麗莎為什麼微笑？沙金的模特兒肩帶滑落，又造成怎樣的軒然大波？夏卡爾的左手為什麼有七根手指頭？應該聖潔崇高的宗教畫，竟然出現亂倫和性騷擾疑雲？米勒一幅「晚禱」短短三十年由七十二英鎊飆到八十幾萬法郎，這是不是比投資股票、買樂透還划算？

　　我準備來說說像這樣的小故事，如果有機會談到畫派風格就順便提一提，沒有特別提到也沒關係，關於藝術，我一直覺得「喜歡不喜歡」比較重要，「懂不懂」倒在其次，梵谷生前沒幾個人懂他，莫內的畫曾經讓當時的「專家」看得一頭霧水，超現實的達利、恩斯特，更是擺明了不讓人一下子就看懂他們的畫，所以不要擔心自己可能不懂藝術，就不知道如何去親近藝術，不妨抱著輕鬆愉快的心情，找找藝術的世界隱藏了多少小秘密，原來藝術還有這麼多好玩的事情。

　　喜歡吃一道菜，並不一定知道怎麼烹煮，迎面而來的少女，即使不知姓名還是可以察覺到她的美麗，情人眼裡出西施，有些人覺得漂亮的類型，另外一些人可能覺得很平凡，藝術說穿了也是這樣，是一種見仁見智的美學，只要抱持著平常心去欣賞，任何人都可以找到自己喜歡和不喜歡的藝術型式，進而找到越來越多的樂趣，美好的事物可以滋養我們的心靈，豐富人類的生命，這正是藝術欣賞最大的奧秘。

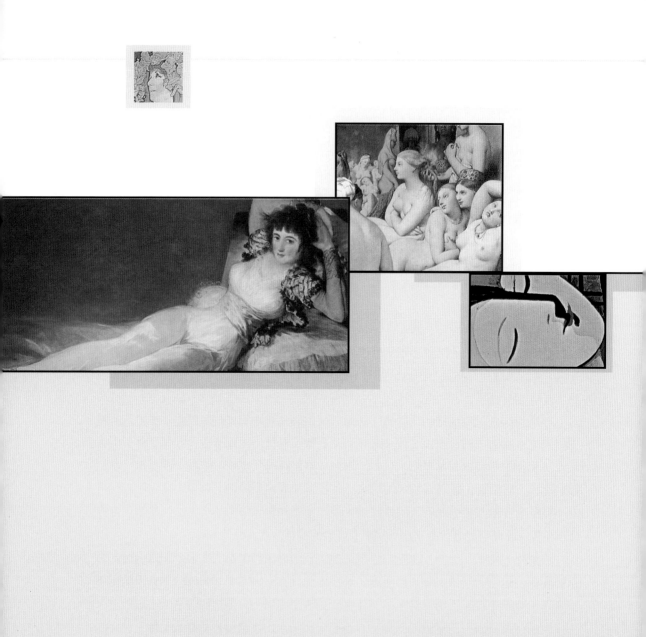

女人的秘密

女人本來就是難以理解的動物，
但常常也是迷人、可愛，
讓藝術家靈感不斷的生物。
畫家筆下的女人，
往往存在著和畫家之間的祕密故事。

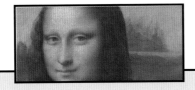

蒙娜麗莎，妳為什麼微笑？

蒙娜麗莎應該是西洋藝術史最出名的女人，也是一幅最神秘的作品。她究竟是誰？她為什麼微笑？這幅畫為什麼如此逼真？達文西和她有什麼關係？這恐怕是引起最多討論的世界名畫了！

達文西是義大利文藝復興時期的全能大師，他除了繪畫，還是一個才華洋溢的科學家，他在十五世紀就開始分析人體結構、研究鳥類翅膀，滿腦子想著機械、武器、和飛行器的發明。達文西似乎不以藝術家為榮，反而更熱衷當個發明家。

可惜達文西遺留下來的作品並不多，或許是腦袋裡裝了太多創意，達文西常常接受委託，畫到一半又擱著去進行別的新創意，這種態度難免惹惱一些高官貴族，不過你怎麼能要求一個真正的藝術家和工匠一樣，非要準時交畫不可呢？晚年達文西接受法蘭西斯一世的禮聘，定居在法國的羅亞爾河谷，還幫國王在美麗的香波堡（Chateaux de Chambord）設計了有名的雙迴旋樓梯。

達文西不習慣在畫作上簽名、寫年

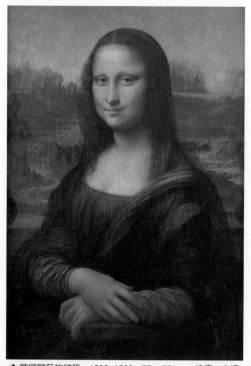

↑ 蒙娜麗莎的微笑，1503~1506，77 x 53 cm，油畫、木板，巴黎羅浮宮美術館。

份，所以只能推測蒙娜麗莎的微笑大約是西元1503到1506年左右畫的，蒙娜麗莎據說是貴族吉奧孔達（Gioconda）請達文西幫他妻子作的畫像，詭異的是肖像畫完成之後，達文西卻告訴對方自己還沒有

人物簡介

達文西（Leonardo da Vinci），西元 1452~1519年

畫好，然後就把這幅蒙娜麗莎據為己有，從此這幅畫就一直陪在達文西身邊。究竟是達文西畫得太滿意而不忍割愛，還是另有含意？這個謎題引發後人諸多揣測。

畫中的蒙娜麗莎非常逼真，這是因為達文西採用一種暈塗法，整幅畫作沒有死板的線條輪廓，只用色彩和陰影一層層的疊上去，所以看起來特別自然，好像有個真人在畫中看著自己，不管從畫的正中間、偏左或偏右角度去看蒙娜麗莎，都會發現蒙娜麗莎的眼睛在注視著自己而微笑，這就是蒙娜麗莎最神奇的地方，據說達文西作畫的時候曾經用亞麻布蓋住窗戶，來營造暈柔的光線環境，作畫現場還有音樂演奏，使模特兒不自覺的綻放微笑，不過有另一種說法是蒙娜麗莎懷孕了，所以微笑中蘊藏著喜悅；也有人說這位貴族夫人其實已經小產，所以微笑底下還藏著一抹哀傷；更有人覺得這個微笑是達文西在嘲諷被矇蔽的世人，而畫中人就是達文西自己！

莉莉安·史瓦茲博士（Dr. Lillian Schwartz）在西元1987年證明了這項革命性的看法，她利用電腦繪圖把蒙娜麗莎和達文西的自畫像疊起來，結果不管是眉骨鼻唇，二者的結構位置居然一模一樣！

這或許可以解釋達文西對這幅畫愛不釋手，一直把畫帶在身邊，因為蒙娜麗莎其實是達文西的一面明鏡，達文西在畫中看到自己的陰柔面，身邊藏著這樣一個大秘密，也難怪這抹微笑讓人特別著迷。

許多人因為這個新發現開始相信達文西有同性戀傾向。達文西沒有結婚，畫室總不乏俊美的男模特兒和學徒，其中一個少年助理尚·喬克蒙·卡普洛據說品性不佳，卻在達文西身邊一待就是三十年，臨終前達文西似乎慷慨的把蒙娜麗莎和其他幾幅畫都送給這位弟子，顯示師徒二人的感情深厚，然而不也能因此斷言達文西的性向，與其說他愛男人不愛女人，倒不如說他太熱衷藝術創作與科學發明，實在沒時間把重點放在個人情愛上。

西元1911年蒙娜麗莎被人從羅浮宮偷走，二年後才從義大利找了回來，讓這幅文藝復興時期的名畫更是聲名大噪，後人紛紛以她為題材再去發揮創意。杜象（Duchamp）替蒙娜麗莎加鬍鬚，訥京高（Nat King Cole）以一曲蒙娜麗莎蟬聯排行榜冠軍，藉蒙娜麗莎演繹而生的電影、廣告、街頭表演更不在少數，蒙娜麗莎的微笑雖然神秘，卻早已深入人們的生活，擄獲眾人的心。

慢工出細活的維梅爾

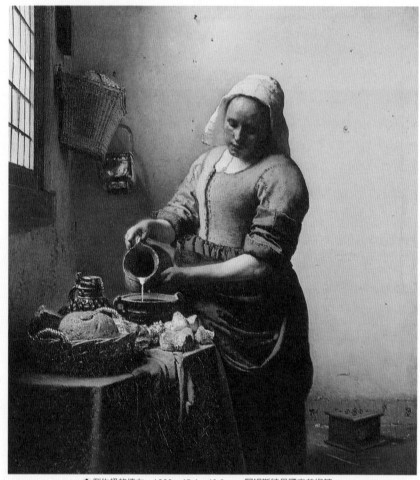

 倒牛奶的侍女，1660，45.4 x 40.6cm，阿姆斯特丹國立美術館。

人物簡介

維梅爾（Jan Vermeer），西元1632~1675年

這幅畫是荷蘭藝術家維梅爾最有名的作品，維梅爾是一個慢工出細活的畫家，他在四十三歲因為心臟病過世，死後只遺留下三十五幅作品，可見維梅爾作畫是多麼嚴謹、講究了，他總是不厭其煩，一筆一筆慢慢往上面添加顏色，希望表現出光線的穿透感，他的畫作通常是一位女人向著光，讓人感到格外的寧靜溫暖。

維梅爾是十七世紀荷蘭黃金時期的畫家，他的一生並不特別顯著，去世後有些作品還和別的藝術家混在一起，一直到近代維梅爾的才華和成就終於得到認同，透過鑑定才慢慢找回維梅爾的生平和作品。維梅爾在生前比較像是一個畫匠兼畫商，也許小有知名度，但還無法達到像魯本斯那樣名利雙富的崇高地位。

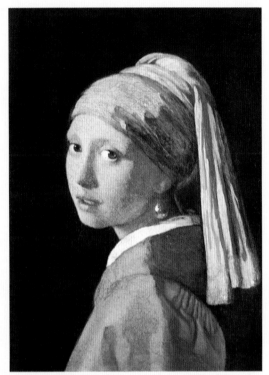

↑ 戴珍珠耳環的少女，1665，44.5 x 39 cm，油彩、畫布，荷蘭海牙莫瑞修斯博物館。

維梅爾完成作品並不像南歐的義大利一樣，可以高價賣給貴族，在荷蘭通常只能賣給一般中產階級，所以繪畫主題就不能是宗教或神話英雄，而要貼近民眾生活，讓人覺得有親切熟悉感，所以維梅爾通常畫日常所見的情景，包括這幅倒牛奶的侍女。他連牆上的釘子，牆下的踢腳磚都仔細正確的畫出來，很少有畫家如此精細的忠實呈現眼中看到的情景。

有時候就是因為維梅爾的過度講究，不論畫面構圖、人物比例，甚至連光線變化、陰影都精緻的和照片一樣逼真，據說維梅爾會使用立體鏡和相機暗箱等器材來輔助作畫，古時候沒有照相機，但是可以透過相同原理來取得作畫所需的畫面比例和明暗光線，有些評論家認為這樣的畫不算藝術，不過當時維梅爾所處的社會就是這樣，畫家其實不算是藝術家，反而

比較像彩繪工藝，類似木工或是編織一樣，屬於手工業的一種。

　　這幅倒牛奶的侍女充滿寧靜祥和的氣氛，明亮的光線從窗戶透進來，食物靜靜的放置在桌上，穿著黃藍二色的侍女正專注的倒牛奶，不像一般特地擺姿勢的模特兒肖像畫，整個畫面幾乎是凝聚靜止的，唯一動態就是涓涓流下的牛奶。

　　其實維梅爾一開始不是要營造這麼寧靜詳和的氣氛，他可能只想呈現侍女的日常生活，所以本來牆上應該掛著一張地圖還是畫框，後來被維梅爾整個拿掉，讓牆壁留白，女侍腳邊本來有一個洗衣籃，當時的女侍除了準備早餐，還要負責洗衣的工作。後來維梅爾也把洗衣籃拿掉，改畫了一個暖腳爐，這種爐子可以在裡面加碳，冬天的時候就可以暖暖冰冷的手腳了；維梅爾改畫一個暖腳爐，象徵一種徐徐緩放的舒適溫暖。

　　不停的作畫修改，難怪維梅爾的速度很慢，不過他用另一種方式「增產報國」，當時教徒不能節育，維梅爾和妻子凱瑟琳一口氣生了十五個小孩，扣除早夭的四人，他還有嗷嗷待哺的十一個幼子，靠他慢工出細活的賣畫養家，想來就知道生活其實是非常辛苦。

　　在三十五幅畫作當中，維梅爾有一半以上都是以女性為題材，如「寫字的少女」、「讀信的少女」、「秤金的少婦」以及「戴珍珠耳環的少女」等等，「戴珍珠耳環的少女」尤其生動，被稱為北方的蒙娜麗莎，後來還引發美國小說家崔西雪瓦莉的靈感，寫下畫中人到維梅爾家中幫傭作模特兒，卻愛上維梅爾的愛情故事。

　　維梅爾的作品雖然不多，但因為畫中流露一股獨特的溫暖氛圍，讓後人深深喜愛；他的一生平凡無奇，但有限的作品如今真是彌足珍貴，後人對他的背景和作品反而產生更大的好奇心，想要一探究竟。西元1996年在荷蘭海牙舉辦維梅爾回顧展，光預售票就賣出三十五萬張，這應該是連維梅爾都料想不到的事吧？

讀書的少女

　　乍看這幅讀書的少女，很容易誤認為是十九世紀印象派的雷諾瓦所作，不過這幅畫可是足足比印象派早了一百年，出自於十八世紀洛可可時期的福拉哥納爾。

　　有些畫家只擅長一、二種主題，或人物，或風景，然而福拉哥納爾稱得上是一個全方位的畫家，除了肖像畫以外，他和華鐸一樣擅長田園雅宴，家庭親子主題福拉哥納爾

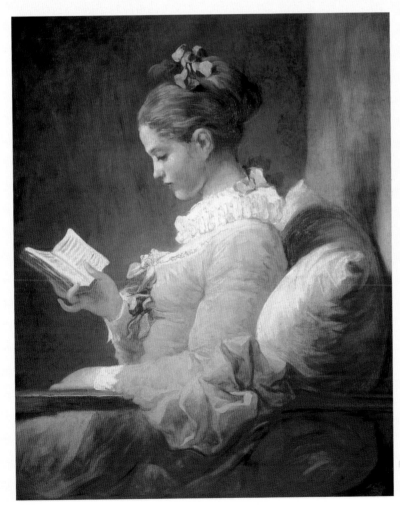

← 讀書的少女，約1775，
　82 x 65 cm，油畫、畫布，
　華盛頓國家畫廊。

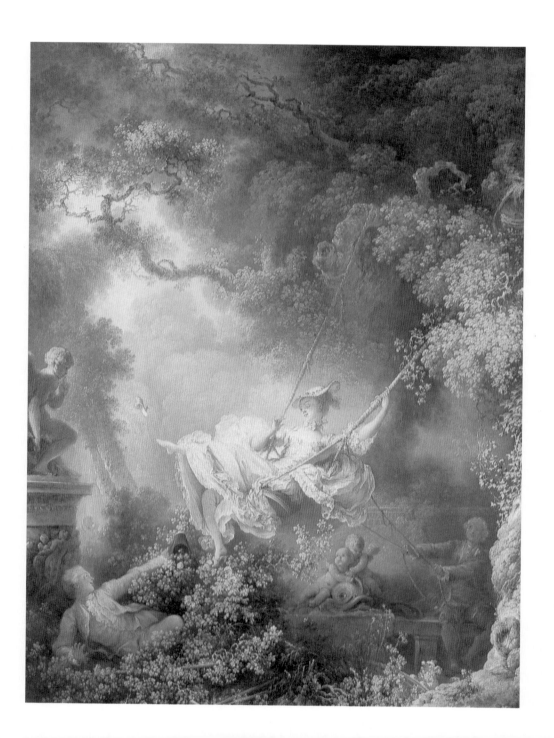

0
1
8

同樣拿手，而氣勢恢宏的歷史畫更讓他贏得羅馬大獎，獲得政府的獎學金前往羅馬研習繪畫，這可是當年華鐸一直希望得到卻屢次落空的最高榮耀，不過後來福拉哥納爾開始「自甘墮落」，他畫了很多描寫閨房情趣、男女調情的作品，這類輕佻的情趣畫在市場上很討好，但藝評家卻是痛心疾首的批評福拉哥納爾有愧國家頒獎栽培，竟然背離正道，為了誘人的酬勞終日畫著婦人的寢室。

福拉哥納爾的情色繪畫在「鞦韆」裡還算點到為止；一名美麗的女子愉快的盪著鞦韆，挑逗的把腳上的鞋踢向斜躺的年輕男子，全然不顧身後正在幫自己推鞦韆的年老丈夫，天使們都在看這場隱約的調情，愛神邱彼特還舉起食指對眼前所見噤聲不語，這樣活潑甜美的氣氛不免讓人砰然心動。

到了「偷吻」、「門栓」等作品，福拉哥納爾已經是露骨的表現男女愛慾的掙扎矛盾，「偷吻」維持著福拉哥納爾恬靜優雅的洛可可風；「門栓」出色的光線、動態掌控，讓人看了不禁臉紅心跳，一張紅帷幔的大床，男的急急扣上門閂，女的試圖推開男方，光線落在掙扎的二人身上，桌上還放顆亞當和夏娃偷吃的蘋果，看來女方終究還是會受不了情慾的誘惑……撇開情慾場面不提，其實這些不甚莊重的畫作仍然表現出福拉哥納爾高超的技巧。比較引人遐思的是這二幅畫據說都是和他的小姨子瑪格莉特共同完成的，據說瑪格莉特年輕貌美，又非常有藝術天份，所以前來和姐夫福拉哥納爾學畫，二人雖然相差近三十歲，後來成了絕佳的工作夥伴，謠傳瑪格莉特是福拉哥納爾的愛人，不過並沒有任何紀錄支持這樣的說法，應該是這些男歡女愛的作品讓人忍不住想入非非。

福拉哥納爾之所以畫了一幅風格完全不同的讀書少女，主要是長久以來的情愛作品顧客都看膩了，於是福拉哥納爾換一種畫風想挽回頹勢，這幅畫充滿寧靜詳和的氣氛，少女專注的看著書，絕妙的色彩搭配讓整個房間變得溫暖光亮，沒有半點曖昧，再次證明福拉哥納爾是個才華洋溢，什麼都能畫的藝術家，據說福拉哥納爾輕快的下筆，深色的影子刷過一層薄彩，光線明亮的部位再上厚厚的油

← 鞦韆，1767，81 x 65cm，油畫、畫布，倫敦華利斯收藏館。

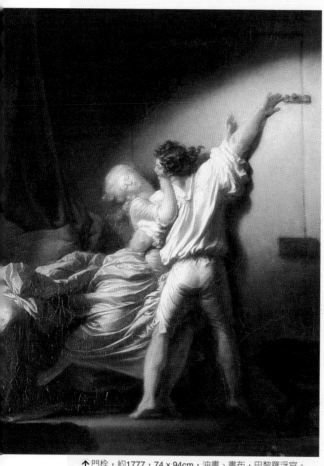

↑門栓，約1777，74 x 94cm，油畫、畫布，巴黎羅浮宮。

彩，短短一個小時內就完成畫作，能夠一氣呵成如此完美的作品，實在讓人又敬又佩。

晚年福拉哥納爾已經不再作畫，主要因為法國大革命爆發，描寫貴族安逸享樂的洛可可風格正是革命軍要推翻的奢靡，福拉哥納爾已經追不上潮流，從此封筆退隱，剛好羅浮宮在法國大革命以後變成博物館，福拉哥納爾勉強在羅浮宮當個美術館員，最後貧病交迫的在家中去世。

福拉哥納爾雖然為了重金主打情慾繪畫，沒想到最後竟然是一幅風格完全不同的讀書少女，讓他沒有在短暫的洛可可時期消失，這幅不經意的讀書少女反而成為福拉哥納爾最受歡迎、最出名的作品，讓他永遠不會被世人遺忘。

人物簡介

福拉哥納爾（Jean Honore Fragonard），西元1732~1806年

瑪哈究竟是先裸體，還是先穿衣？

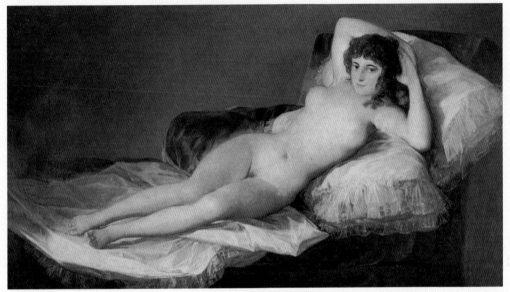

↑ 裸體的瑪哈，1799~1800，97 x 190cm，油畫、畫布，馬德里普拉多美術館。

　　「裸體的瑪哈」與「穿衣的瑪哈」是哥雅最出名的二幅畫，畫中的模特兒相同，姿態和背景相似，引發眾人無限的好奇，這個模特兒是誰？哥雅為什麼畫二種版本？當初哥雅是先畫哪一幅？

　　瑪哈是西班牙淑女、仕女的通稱，西元1800年有位雕刻家在大臣哥多爾家中看到這幅「著衣的瑪哈」，回家就把它寫在日記上，但是日記中並沒有提到「裸體的瑪哈」，一直到西元1808年才有文獻記載另一幅神秘萬分的裸體畫，畫名是「吉普賽女郎」，後來為了和「穿衣的瑪哈」相對照，就被稱為「裸體的瑪哈」。哥雅為什麼會用畫筆「脫掉」女人的衣服？這很容易讓人想入非非，哥雅和畫中人是不是有什麼浪漫情事？有人

人物簡介

哥雅（Goya），西元1746~1828年

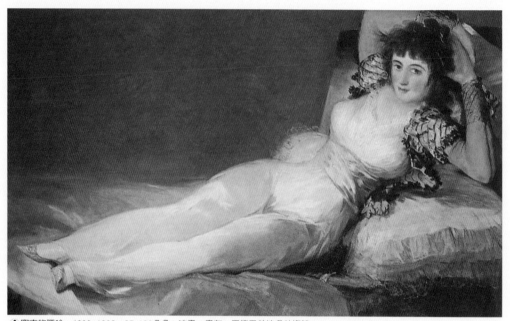

↑ 穿衣的瑪哈，1800~1803，95x190公分，油畫、畫布，馬德里普拉多美術館。

說畫裡是阿爾巴公爵夫人，有人則說是哥多爾的寵姿。

　　哥多爾（Godoy）是皇后的情人兼寵臣，哥雅這二幅畫也是在哥多爾家找到的。哥多爾相當欣賞哥雅，不但把家中的宮廷樓閣交給哥雅作畫裝飾，還要哥雅幫他的情婦佩皮塔（Pepita）畫肖像。佩皮塔的嫵媚性感大概連哥雅也不免心動，忍不住畫下佩皮塔引人遐思的裸體，二人在畫室自有一番旖旎纏綿，大概哥雅和佩皮塔消磨在畫室的時間太久，哥多爾開始起疑，要哥雅不管畫好沒有都先拿過來看看，哥雅怕這段風流韻事被發現，迅速畫了另外一幅穿著衣服的佩皮塔來搪塞哥多爾。

　　不過近代的專家駁斥這種說法，根據他們最新的研究顯示，這二幅畫的頭部和身體不搭，哥雅應該是先畫好身體部份，而頭部是後來才另外找模特兒畫上去的。只是哥雅

沒有留下作畫記錄，也沒有人知道模特兒究竟是誰，眞相如何一直是眾說紛紜的。

哥雅是西班牙最重要的畫家之一，他十四歲開始學畫，長達六十幾年的藝術創作和多變的畫風，使哥雅成爲西洋藝術史上承先啓後的關鍵者，十九世紀以後的寫實畫派、浪漫派及印象派，都受到哥雅很大的影響。

哥雅的才華受到西班牙貴族和國王的肯定，他畫的人物肖像不僅生動逼眞，還可以把內在的精神也表達出來，難怪哥雅一路由宮廷畫師晉昇到首席御用畫家，而哥雅信手捻來的寫實作品又自成一格，他的風景畫、描繪市井小民的寫實畫，竟然不帶半點宮廷味，簡直就是個平民畫家。

西元1792年哥雅因爲生病導致失聰，開始透過一系列蝕刻作品諷刺當時西班牙封閉的禮俗和教會，反正他聽不見反對批評的聲音了，那就大膽的畫吧！當時的西班牙比起歐洲各國是相對保守的國家，當時有所謂的宗教審判，被視爲淫穢的裸體成爲一項禁忌，西班牙的美術作品也就很少有裸女圖。哥雅應該是受到十七世紀另一位國寶級畫家委拉斯蓋茲（Velazquez）的影響，委拉斯蓋茲曾經畫了一幅背部全裸的「鏡中維納斯」，算是西班牙破天荒的大膽創作。

哥雅可能因爲看到委拉斯蓋茲的作品才跟著創作「裸體的瑪哈」，不過委拉斯蓋茲可是國王面前的大紅人，畫的又是聖潔的女神，所以沒有人批評什麼。哥雅就沒有這麼幸運，當哥多爾的收藏被國王下令充公，哥雅還出庭接受教會質詢，解釋作畫的動機，這二幅畫也因爲淫穢不雅被沒收，直到西元1901年才在普拉多美術館重見天日。

「裸體的瑪哈」用灰綠色做背景，映出平滑柔美的女性胴體，細膩的筆觸讓瑪哈性感迷人；「穿衣的瑪哈」用紅棕色做背景，利用較重的筆觸和溫暖豐富的顏色，呈現瑪哈的優雅美麗，不管瑪哈是先裸體，還是先穿衣，這二幅畫巧妙各有不同，都是難得的傑作。

女人是水做的？

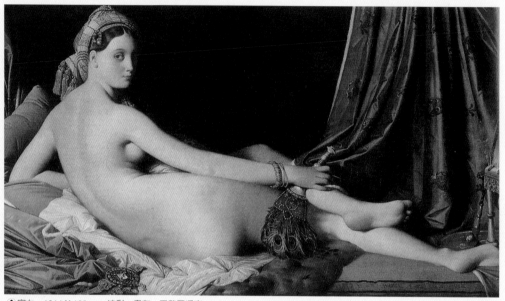

↑宮女，1814 X 162cm，油彩、畫布，巴黎羅浮宮。

　　如果以女性主題來討論西洋藝術史，安格爾一定不會被遺忘，他的女性肖像畫頗富造型美，服裝配飾都非常精緻細膩，不過即使脫掉服裝，安格爾的裸女依然迷人美麗，他以土耳其後宮繪製的一系列裸女是其中最有名的作品。

　　宮女（Odalisque）指的是土耳其後宮的嬪妃奴婢。當時法國貴族對神秘的東方情調非常著迷，東方君主過著後宮佳麗三千人的生活，不免讓歐洲人心生嚮往，許多畫家為了滿足貴族的幻想，只好描繪土耳其後宮生活滿足意淫的想像。安格爾的「宮女」除了美麗的身體，其他配件也相當精緻，頭上的絲巾珠寶，手中的孔雀羽扇，繡花的簾幕和床上的珠帶等等，都非常的慎重講究，宮女腳邊還有一盞精油

人物簡介

安格爾Ingres），西元1780~1867年

燈，緩緩的釋放著滿室的芬芳，眞是一幅活色生香的閨房畫啊！

不過「宮女」在沙龍展出後卻飽受批評，安格爾為了曲線美而犧牲人體的正確比例，感覺上宮女的脊椎骨好像比正常人多了三節，宮女的右手只有線條卻沒長骨頭，看起來也很奇怪，這應該是安格爾吸收義大利的美學手法，再融合新古典主義的一種嚐試。

安格爾從小被畫家父親嚴格訓練，希望能在藝術領域出人頭地，安格爾果然爭氣，他進入大衛門下很快就成為老師最鍾愛的學生和助手，並在隔年拿到羅馬大獎。安格爾傳承大衛的新古典主義，因此很看不起德拉克洛瓦的浪漫精神。學院派自西元1643年成立就以古典藝術為正道，安格爾身為院士更有理由獨斷專制的排除異己。法蘭西斯學院有點類似我們的中研院，是政府成立但立場必需超然於政治之上的學院機構，能進入當院士都是學有專長的菁英，身負提昇國家整體成就的重任。安格爾利用院士的身份打壓非學院派的德拉克洛瓦，讓德拉克洛瓦抱憾終生進不了法蘭西學院，這是安格爾眼光狹隘，讓人詬病的地方，不過也因為他和德拉克洛瓦的互相較勁，反而刺激雙方在創作上更努力精進。

安格爾拿到羅馬大獎，可以領六年獎學金在義大利學習，結果他在義大利一待就是十八年，除了因為醉心義大利文化，也因為拿破崙下台造成法國的動盪不

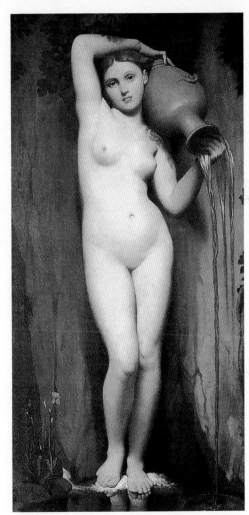

↑ 泉，1856，163cm x 80cm，油彩、畫布，巴黎奧賽美術館。

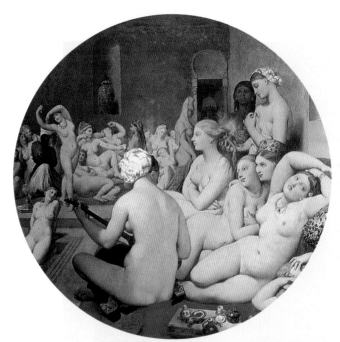

↑ 土耳其浴，1862，110x110cm，油彩、畫板，
巴黎羅浮宮。

晚年安格爾畫了「土耳其浴」，似乎把多年來的裸女練習作一個總整理，交出最後的成績，他融合了對東方的淫樂想像，加上自己擅長的古典技法，描繪土耳其後宮的集體蒸汽浴。土耳其浴是先在一個房間蒸熱身體，再到另一個房間按摩，最後再以冷水泡澡或淋浴的方式。安格爾從瑪麗·蒙太居（Lady Mary Wortley Montagu）女士的書信瞭解到中東浴池的風俗，加上自己的想像而完成這幅作品。原本這幅畫是方形，拿破崙三世買了這幅畫，夫人卻不滿意又退回給安格爾，安格爾親自操刀把畫裁剪成圓形，最後再把這幅圓形的畫賣給土耳其大使，雖然有幾個浴女的身體因此被裁切掉了，但無損這幅畫的美麗，畫面有玉體橫陳的肉慾美，隱隱散發煙霧瀰漫的香氛，安格爾對人物、情境的掌握仍有獨到的細膩，如此熱情旖旎的異色作品，讓人很難相信當時安格爾已經八十二歲了。

安。安格爾在羅馬結婚，和妻子瑪德蓮過著如膠似漆的生活，他筆下的女性也越來越出色。「泉」是安格爾最傑出的裸女作品，安格爾在羅馬的時候就開始畫，經過三十年才滿意的完稿，畫中的少女純潔恬靜，卻散發年輕活力，像流水般的生生不息，這幅畫很受歡迎，各方買主紛紛詢價搶購，這是一幅平靜幸福的畫，讓人感覺心靈情感都得到了慰藉，人們不再用有色眼光看裸女，安格爾把裸體落實為藝術了。

安格爾的裸女宛如粉妝玉琢的瓷器，女人還真是水做的，不管是踩在水裡的捧泉少女，或是一起沐浴的後宮佳麗，經過安格爾洗滌的女子總是臉如羞花，膚似凝脂，彷彿可以保有永恆的恬靜、青春、美麗。

永遠的模特兒

　　提起印象派大師莫內，最容易聯想到的是他的戶外寫生，海邊港口、麥草堆、盧昂教堂、睡蓮等等，但是莫內早期其實畫了不少人物畫，他最常用的模特兒就是自己的太太，卡蜜兒。

　　卡蜜兒在西元1866年起開始擔任莫內的模特兒，二人隨即同居，他們因為莫內的父親反對，遲遲無法結婚。當時的卡蜜兒才十九歲，莫內不肯好好學畫卻和模特兒談起戀愛，讓父親生氣的拒付生活費，早期的莫內和卡蜜兒過著相當清苦的生活。

　　莫內的確有些叛逆，他不去唸傳統的藝術學校，堅持靠自修創作，當時畫家能否成功都受到巴黎沙龍的操控，沙龍不看好當時「不入流」的印象派作品，莫內乾脆和朋友一起合作開畫展，年年以印象派畫展和沙龍畫展互別苗頭。儘管莫內如此挑釁藝術家賴以成名的管道，卡蜜兒卻非常支持莫內，二人生了一個兒子約翰，後來莫內的父親終於讓步，他們在西元1870年結婚。

　　婚後的卡蜜兒仍然擔任莫內的模特兒，這幅繫著紅頭巾的女人就是卡蜜兒；

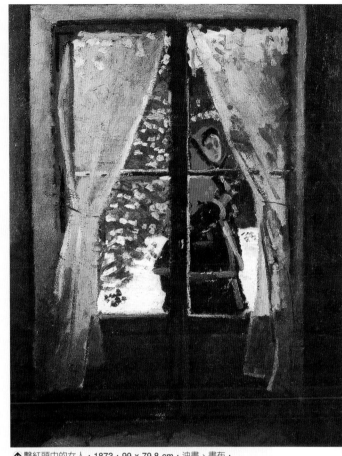

↑ 繫紅頭巾的女人，1873，99 x 79.8 cm，油畫、畫布，美國俄亥俄州克利夫蘭美術館。

它的構圖很特殊，莫內把主要人物放在窗戶外面，莫內從室內看窗外的大雪紛飛，畫面中最醒目也最溫暖的就是紅頭巾，其他都是銀色世界的冷色調，可憐的卡蜜兒被關在戶外，只能緊緊抓住大衣和紅頭巾，忍受寒冷等莫內畫完，卡蜜兒的手肘

幾乎貼在玻璃上，她似乎很想推開窗門，求莫內快點讓她進來取暖。莫內和卡蜜兒的關係在這幅畫中特別微妙，彷彿他們分處二個世界。據說莫內在西元1876年認識了贊助人歐希德（Ernest Hoschede）和他太太艾麗絲，還和艾麗絲發生一段秘密戀情。

西元1871年，莫內帶著妻兒搬到巴黎不遠的亞尚特伊（Argenteuil），這裡是渡假聖地，有涼爽的散步步道，一幅「撐陽傘散步的女人」證明莫內對人物畫也相當專精，他捨棄造作擺姿勢的人物，要卡蜜兒隨意走著，以便鮮活的畫出散步時的律動感，卡蜜兒身後就是他們的兒子約翰，感覺很像是一家人出外郊遊，畫面非常自然。這幅畫在西

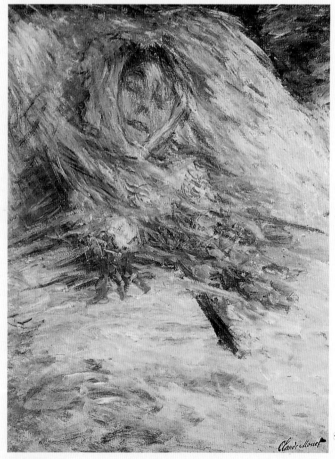

← 臨終的卡蜜兒，1879，90 x 68cm，
油畫、畫布，奧賽美術館。

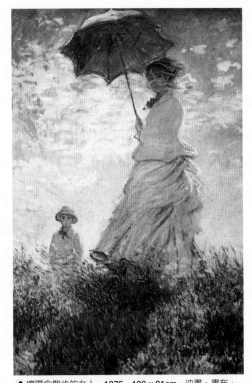

元1876年的印象派畫展大受好評，這種生動不造作的流暢畫面大家都很喜歡。

西元1878年莫內的生活起了重大的變化，一來他交不出房租，只好搬離亞尚特伊，二來卡蜜兒又生了第二個兒子，身體的情況更糟了，一家四口搬到更遠的維特尼，剛好莫內的顧客歐希德宣告破產，也帶著太太艾麗絲和六個孩子來和莫內一起住。

隔年卡蜜兒因爲癌症過世了，莫內傷心異常，艾麗絲幫忙照顧失去母親的孩子，艾麗絲的女兒也幫忙擔任莫內的模特兒，不過莫內在卡蜜兒過世以後，幾乎就不畫以人物爲主題的肖像畫了，沒有人可以取代卡蜜兒在莫內心中的地位。不過艾麗絲的先生在西元1891年過世，隔年她就嫁給莫內成爲第二任莫內夫人，這也解除二人微妙尷尬的關係。

↑ 撐陽傘散步的女人，1875，100 x 81cm，油畫、畫布，美國華盛頓國家藝術畫廊。

莫內再婚以後心情漸漸平靜，他又開始精力旺盛的創作，一系列的「乾草堆」和「盧昂教堂」陸續完成，莫內的作品漸漸受到肯定，生活也逐漸寬裕，他終於有能力買一棟自己的房子，還請了日本設計師建造一個日式花園，晚年的莫內創作不少以睡蓮、日本橋爲主題的作品。

然而功成名就的莫內一直沒有賣掉「繫紅頭巾的女人」，他似乎把這幅畫當成對亡妻的紀念而帶在身邊，畫中卡蜜兒就像是從另一個世界看著莫內，對於這位一生支持自己的紅顏知己，莫內是無法輕易將她遺忘吧！

人物簡介

莫內（Claude Monet），西元1840~1926年

友情還是愛情？

　　十九世紀的美國是非常保守的維多利亞時代，但是卻出了一名個性堅毅的瑪麗卡莎特，不管外在環境困難重重，她就是想當一名畫家，她跑到歐洲加入了印象派，認識了竇加。二人都是長相平凡，但成果不凡的藝術家，他們二人互相支持鼓勵，保持著終生的友誼，而且都沒有結婚，這不免讓人懷疑他們的關係究竟是友情還是愛情？

　　西元1877年有人拿卡莎特的畫給已經成名的竇加看，竇加覺得這幅畫好像是自己畫的一樣，畫風和理念都和自己非常接近，對卡莎特有了很好的印象，所以後來他見到卡莎特本人，立刻邀請她加入印象畫派，年輕的卡莎特欣喜若狂的答應了。

　　竇加對於卡莎特而言是亦師亦友的，卡莎特自己也承認，她在看過竇加的畫作以後整個視野才開闊起來，竇加除了帶著卡莎特走向自然主義風格，也教她銅版畫、粉彩畫的技巧，竇加還出主意讓卡莎特專研母愛主題去發揮，親子系列的畫

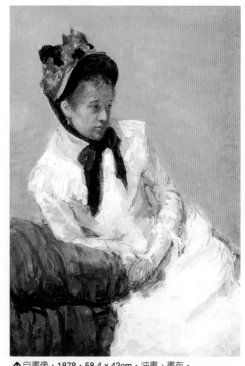

↑自畫像，1878，58.4 x 43cm，油畫、畫布，紐約大都會美術館。

作讓卡莎特獲得空前的勝利。卡莎特也大力推薦竇加的作品給美國的朋友以及畫商，讓竇加的畫永遠不缺買主。因為卡莎特的緣故，現在要看竇加的作品反而要到美國去看比較多。

人物簡介

瑪麗卡莎特（Mary Cassatt），西元1844~1926年

卡莎特一開始是畫女子肖像居多，但是她很少畫自己，這幅自畫像大概是卡莎特絕無僅有的一幅，倒是好友竇加畫過幾次卡莎特的身影，一張是卡莎特手裡拿著紙牌，出神的不知在想些什麼，另一張是畫卡莎特和妹妹在羅浮宮欣賞畫作的景像，卡莎特一直聚精會神的看著畫展，反倒是一旁看書的妹妹還分心，不時從書中抬起頭來看看姐姐。

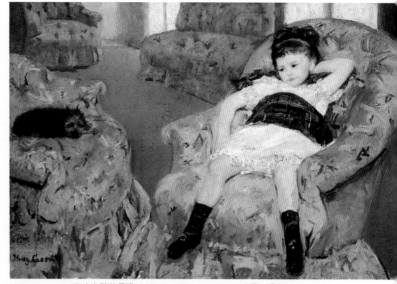

↑ 小女孩的畫像，1878，89.5 x 129.8 cm，油畫、畫布，華盛頓國家畫廊。

卡莎特認識竇加以後，就一直追隨著他的腳步前進，她應竇加邀請加入印象畫派，也隨竇加抵制巴黎沙龍的年展，並忙進忙出的幫竇加策畫「日與夜」期刊，雖然這份期刊後來無疾而終，但是幾個志同道合的朋友如卡莎特、畢沙羅、竇加等卻因此建立起革命般的情感。竇加去世之後，卡莎特非常的傷心難過，她把手邊珍藏的竇加作品全部轉賣出去，免得看了觸景傷情。

二人交情這麼好，怎麼可能沒談戀愛？不過從他們各自留下的文獻記載，竟沒有提到一絲一毫的男女情感，奇怪的是竇加去世留下上千封的往來信件，竟然沒有一封是卡莎特的？二人交情如此深厚，卻沒有過書信往返，這實在令人費解。

當竇加看到卡莎特畫下這幅躺在藍椅中，自然不造作的小女孩，他就肯定卡莎特是一位才華洋溢的畫家，當卡莎特第一眼看到竇加的作品，她覺得自己已經找到繪畫的新方向，二個人家庭背景相似，都是經濟優渥的中上家庭，二人在繪畫上相互提攜，同時二個人都是終身未婚，寧願把一生奉獻給熱愛的藝術天地，或許就是這份惺惺相惜的情感，讓二人從認識之後維持了一輩子的友誼，由於歷史上找不到二人之間有愛情火花的證據，我們也只能這樣感嘆：原來男女之間還可以有這麼單純知心的友情。

大溪地的女人

　　一提到畫家高更，最容易聯想到他筆下的大溪地風光，尤其是大溪地的女人。高更曾經二度前往大溪地，那是他心目中熱情又歡樂的天堂，他把所見所聞的異國風光都記錄在畫布上。

　　西元1891年高更第一次踏上大溪地，當時他對印象派美學痛恨不已，覺得過度文明的社會早已喪失美感，他要去更純樸天然的地方找尋原始動人的力量，於是他來到大溪地，這個異國風情的島嶼處處透露著新奇，讓高更著迷不已。

　　這幅畫中的塔哈瑪娜是高更在大溪地娶的妻子，他剛抵達大溪地時其實還是個「文明人」，高更不會說土語，不會爬樹採水果，一些最基本的求生技能對他來說都是問題，高更覺得需要有個女人照顧自己，於是請求當地土著把女兒塔哈瑪娜嫁給自己。

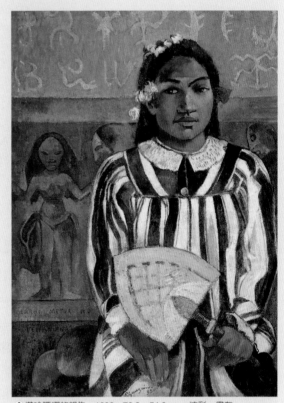

↑ 塔哈瑪娜的祖先，1893，76.3 x 54.3 cm，油彩、畫布，芝加哥藝術中心。

人物簡介

高更（Paul Gauguin），西元1848~1903年

塔哈瑪娜嫁給高更的時候才十三歲，但熱帶女郎很早熟，她很快成了高更生活的好幫手，高更為塔哈瑪娜畫了不少畫，他喜歡聽塔哈瑪娜講述玻里尼西亞文化，土著的迷信、習俗都是歐洲聽不到的新鮮事，高更有無窮的想像力，開始從非歐洲的角度去探討生命的起源和意義，思考人類從哪裡來，又將往哪裡去。

高更聽了塔哈瑪娜講述祖先的故事，用想像力完成這幅作品，塔哈瑪娜在畫中穿上文明的服裝，手裡還拿著當地象徵權威的搖扇，這是高更所處的時代，而背景的古楔形文字和裸身土著則代表古時候的祖先，是遠古的傳奇；左下角則畫上飽熟的芒果，象徵未來豐富繁衍的生命力，塔哈瑪娜在畫中莊嚴美麗，好像專注的傾聽著古人的教誨，她似乎對先人的啟示深信不疑。高更不只是替情人畫肖像畫，他其實想藉著繪畫記錄當地的神話傳奇。

也多虧有塔哈瑪娜的照顧，水土不服的高更漸漸習慣原始的大溪地，他也可以和土著一樣光著腳走路。高更很享受這種自然簡單的生活態度，什麼事都不用想，不用擔心其他藝術家批評的眼光，成天就是作畫、睡覺和情人歡愛。可惜他的畫布用完了，身上也沒有錢，只好把大溪地的六十多件畫作帶回法國，希望賣畫可以改善拮据的狀況。西元1893年，高更回到文明社會去想辦法。

高更再回到大溪地是西元1895年，他在巴黎待了二年，只賣掉少數幾件畫作，高更的懷才不遇讓他對文明社會更加厭煩，對大溪地也就更念念不忘，於是他又籌錢回到大溪地的懷抱，不過二年前的塔哈瑪娜已改嫁他人，高更很快又找到一個年輕的土著女孩帕胡拉，據說就是「二個大溪地女人」中那位手捧紅果的少女。

這幅大溪地女人大概是高更最有名的畫作，也是歐洲市場最能接受的一幅畫，因為畫中女子恬靜古典，頗有巴黎沙龍所鍾愛的肖像畫風格，又不失大溪地純樸不造作的本質，帕胡拉的裸胸緊貼著一盤透紅的水果，帶有強烈性暗示卻又自然天成，右邊手握鮮花的女子常在高更的畫作出現，她的姿勢是參考爪哇名寺婆羅浮屠而來。第二次來到大溪地的高更不光是探究玻里尼西亞的古文明，他事前搜集了各國土著文化的資料，想以世界觀的原始文化為題材，展開下一階段的創作，除了

準備澳洲、紐西蘭土著的資料，
他還帶了印尼爪哇的婆羅浮屠照
片作參考，這些神秘的遠古圖騰
都融入高更的畫作。

　　高更追尋著原始的文明，也
追求原始的女人，他在大溪地不
止一次要求土著把年輕的女兒給
自己當妻子，塔哈瑪娜十三歲，
帕胡拉十四歲，其他還有好幾個
女人來來去去都是這個年紀，高
更也許在年輕的軀體上找到原始
的能量，留下數量驚人的創作，
但是他也莫名其妙的染上梅毒，
加上腿傷復發，眼睛、心臟也都
有問題，高更疾病纏身，在大溪
地過著困苦的生活，他服用嗎啡
來止住身體的痛苦，靠毅力拼命
作畫，最後因嗎啡使用過量導致
心臟病發，於西元1903年病逝大
溪地，大溪地的女人給高更青春
的靈魂，卻也埋下死亡的陰影。

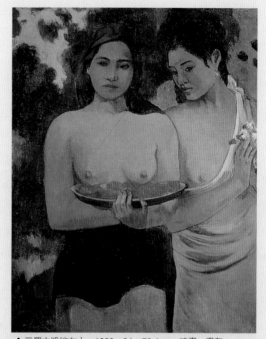

↑二個大溪地女人，1899，94 x 72.4cm，油畫、畫布，
紐約大都會美術館。

耶誕節的奇蹟

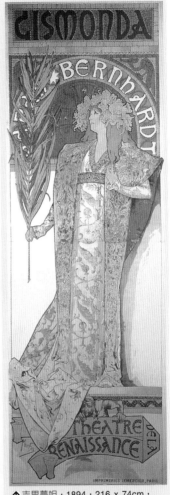

↑ 吉思夢姐，1894，216 x 74cm，
石版畫海報。

法國名劇作家薩都（Sardou）寫過不少膾炙人口的故事，其中最有名的大概是「托斯卡」，這部蕩氣迴腸的悲劇經由浦契尼改成歌劇，到現在還在傳唱著，薩都另外寫過一齣「吉思夢姐」，這齣戲也許不像「托斯卡」那麼紅，但是卻紅了一位默默無聞的插畫家慕夏，因為幫這齣戲畫了宣傳海報，不但讓慕夏和劇中名伶莎拉貝娜展開一段深厚的友誼，也讓慕夏一砲而紅，成為新藝術風格的創始大師。

慕夏出生於捷克的鄉下小鎮，十八歲去報考布拉格美術學院，卻被批評沒有天份，建議慕夏往其他領域發展比較實在。幸好慕夏並沒有因此灰心，他轉而尋找和藝術相關的工作，先是到維也納做舞台佈置的工人，後來到慕尼黑邊學畫邊幫雜誌畫插圖，總算和自己的興趣沾上邊。

西元1887年慕夏來到巴黎，他還是以畫插畫為生，美其名為插畫家，不過在名流輩出的巴黎藝術界根本登不上檯面，沒想到慕夏畫了這張「吉思夢姐」海報，竟然因此聲名大噪，一舉從巴黎紅遍歐美，連當初認為慕夏沒有天份的祖國都漸漸認同他的創作。

故事是從西元1894年的耶誕節開始，據說慕夏在印刷廠忙著校稿，剛好當紅的歌劇天后莎拉貝娜打電話來抱怨海報不理想，眼看新戲就要上檔，莎拉要求印刷廠立刻要有新海報配合宣傳，但是大家都去過耶誕節了，到哪裡去找最好的畫家來操刀呢？這個千載難逢的機會就讓慕夏撿到了，也多虧慕夏動作很快，二、三天就畫好這幅比人還高的巨型海報，印刷廠經理看了慕夏的作品並不喜歡，但時間緊迫也只

人物簡介

慕夏（Alphonse Mucha），
西元1860～1939年

好硬著頭皮交給莎拉，沒想到莎拉竟然相當滿意，她對慕夏的作品讚不絕口，還和慕夏簽訂六年的合約，把自己的服裝、海報、舞台佈置都交給慕夏打理。

莎拉的眼光果然很準，「吉思夢妲」的海報在巴黎一張貼出來，馬上引起巴黎人議論紛紛，大家都在討論這位叫做慕夏的插畫家，慕夏一夕成名。以前海報只是宣傳用的商業圖像，這是頭一次被大家當成藝術形式在討論，那些心高氣傲的藝評家第一次降尊屈貴的品評慕夏的畫風、技巧，慕夏的作品變得炙手可熱，不少人買通貼海報的工人，偷要幾張海報，或者半夜沒人就從街上把海報撕回家典藏。

慕夏的成功除了本身有才華，莎拉貝娜的影響力也是原因之一，她在西元1870年代已經紅遍歐美，稱得上是十九世紀最著名的女演員，「托斯卡」、「吉思夢妲」都是薩圖為她量身打造的故事，莎拉成功的詮釋了托斯卡、吉思夢妲、茶花女等女性角色，甚至還反串過難度極高的哈姆雷特，到了電影問世，她也主演幾部黑白默片，豐富的表演生涯也讓莎拉貝娜的名字被嵌入好萊塢星光步道以茲紀念。莎拉除了演戲，還擅長繪畫、雕塑、寫作等等，算是一位全方位的藝人，普魯斯特的「追憶似水年華」裡面有位杜撰的

女演員貝瑪，據說就是從莎拉貝娜身上得來的靈感。

這樣一位超級巨星，即使在耶誕節強行要求更換海報，也沒有人敢忤逆她的意思，能被戲劇女神賞識的藝術家，勢必挑起眾人的好奇心，特別注意他的作品，難怪慕夏提起莎拉貝娜的知遇之恩，總是充滿感激和尊敬，當年要不是有莎拉貝娜，可能就沒有大師級的慕夏。

海報中的「吉思夢妲」就是莎拉貝娜的肖像，慕夏筆下的女人總是優雅萬分，他用了很多流動的裙擺線條以及拜占庭的裝飾風格，讓莎拉貝娜散發聖母般的美麗光茫，很有希臘女神的威儀，難怪她這麼喜歡這張海報，莎拉的出身不高，母親是妓女，當時妓女和女演員的社會地位都很低，慕夏等於用畫筆替莎拉貝娜加冕，他選擇「吉思夢妲」第三幕的場景，畫出女主角手持棕櫚葉，身披拜占庭式華貴長袍，參加聖棕櫚節儀式。莎拉在海報中有女神般的光輝，彷彿生來就是高高在上要接受世人崇愛的。

一張海報畫作，讓慕夏和莎拉貝娜結緣，也因此改變了慕夏的一生，這種際遇真是前無古人後無來者的好運氣。身為虔誠教徒的慕夏想起自己成名的經過，不知道會不會覺得這是耶誕節的奇蹟？

消失的另一半——靈異油畫的秘密

「吉思夢妲」的海報讓慕夏一舉成名，也讓他成為「新藝術」之父；藝術不再只是畫框裡的東西，它已經走入群眾生活，放眼所及都可以是藝術。十九世紀末到二十世紀初，歐洲經過工業革命正值蓬勃富裕，日常用品也開始講究美學設計，廠商紛紛請慕夏替產品設計包裝，經過慕夏的巧手，舉凡香檳、餅乾、香煙、錢幣等日常用品的海報、包裝，都可以蛻變成美麗的藝術品。

不過慕夏的作品並不僅止於商業美術的裝飾，他還是有不少純藝術作品，例如花了十八年才完成的「斯拉夫史詩」，以及另外一幅神秘難解的「百合聖母」

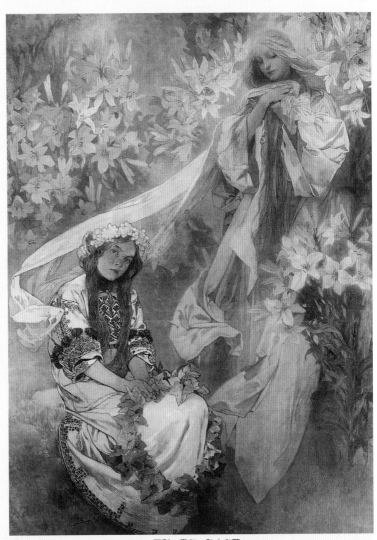

↑百合聖母，1905，247 x 182cm，蛋彩、畫布，私人收藏。

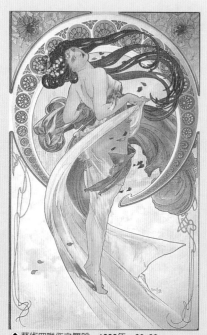

↑ 藝術四聯作之舞蹈，1898年，60x38cm，
石版彩色印刷。

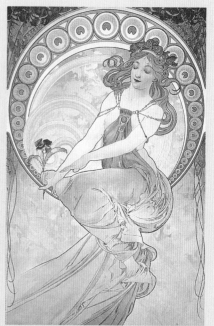

↑ 繪畫，1898，60x38cm，石版彩色印刷。

。「百合聖母」原先只有右邊站立的聖母像，她雙手交叉，二眼閉合像是在冥想或是禱告，長髮和衣飾隨風飄揚，周圍是純潔高雅的白色百合花，真是畫如其名，完美無瑕。

　　慕夏的後人以為這幅聖母百合就是這樣如夢如幻的畫面了，可是後來這幅畫在西元1980年外借日本展覽，而日本提出願意免費為慕夏的畫做保養維護，慕夏基金會同意了，日本專家小心翼翼的取下油畫準備進行修補，卻發現原來這張畫還有左半邊，它竟然是對折成二半才放到畫框中的，長久以來這幅畫竟然只以右半部和世人見面，為什麼畫的左半邊要被隱藏起來呢？

　　畫的左半邊多出一個畫風寫實的女孩，女孩穿著捷克的傳統服飾，眼睛明亮

有神，朝前方大無畏的凝視，這和右邊光輝聖潔的百合聖母剛好形成強烈的對比，二人一左一右，代表聖與俗的二個世界。

更不可思議的事情還在後面，這個被隱藏將近八十年的畫中女孩，據說和慕夏的女兒賈洛絲拉娃（Jarosl ava）十二歲的時候長得一模一樣，但是慕夏畫這幅畫的時候根本還沒結婚，女兒當然也還沒出生，究竟是什麼樣的超能力，讓慕夏可以預知幾年後誕生的女兒，還絲毫不差的畫下她十二歲的容貌呢？恐怕連慕夏本人都無法解釋這個謎團。

據慕夏的孫子約翰‧慕夏（John Mucha）表示，他小時候看到這幅畫一直就只有右半邊，他沒有看過左半邊的小女孩，有可能是因爲他們家太小了，所以他父親只好把這張巨幅油畫對摺，以便掛在屋內，但也有可能是因爲父親和賈洛絲拉娃姑姑不合，故意把很像姑姑的畫中女孩隱藏起來，不想看到她。

約翰慕夏並沒有機會見到祖父，這張畫爲何被對摺的原因已經不可考，也許慕夏作畫的時候想到年輕美麗的馬爾斯卡‧西蒂諾，二人在油畫完成的次年結婚，並在西元1909年生下長女賈洛絲拉娃。是不是賈洛絲拉娃長得酷似母親，所以慕夏揣摩著愛人的巧貌倩影，無形中卻勾勒出女兒未來的身形？

慕夏一向擅於掌握女性神韻，用女性的柔美來詮釋各種主題是他最拿手的事，女性可以代表春、夏、秋、冬四季，也可以是清晨、白晝、黃昏、黑夜時序，女性還可以用來表達舞蹈、詩歌、繪畫、音樂等藝術，在慕夏眼中，花卉、星辰、四季之美，宛如一個個優雅美麗的女人。

如果慕夏可以未卜先知的畫下女兒容顏，那麼慕夏終其一生創作那麼多栩栩如生、美麗流轉的女性肖像又何足爲奇？這幅神奇的「聖母百合」剛好印證慕夏的功力，慕夏與生俱來的美感，實在是科學無法解釋的傳奇。

人物簡介

慕夏（Alphonse Mucha），西元1860~1939年

克林姆的女人

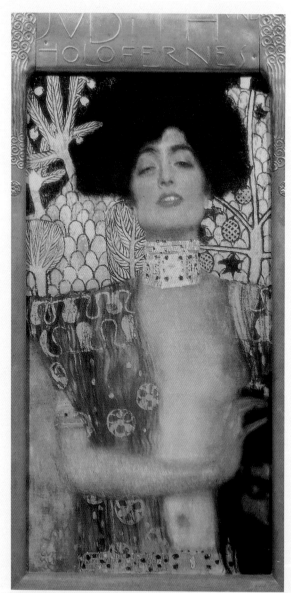

↑朱蒂斯I，1901，84 x 42cm，油彩、畫布，維也納奧地利美術館。

　　大概沒有人比克林姆更愛畫女人，也更敢畫女人。克林姆在二十世紀初被稱為「性愛畫家」，他對女體，尤其對蕩婦特別著迷，許多女性肖像素描簡直就像春宮畫一樣，可是這樣的畫風竟然沒有嚇倒那些名門淑女，還是有許多女性慕名前來找克林姆畫像，因為他可以把女人畫得嫵媚又華麗，而克林姆如此洞悉女性，總是把女人的七情六慾表現得淋漓盡致，不免讓人懷疑他是否和模特兒有非比尋常的情誼？否則怎麼能夠抓得住春思蕩漾的瞬間表情？

　　克林姆的父親是個金匠，他和二個弟弟都去上工藝學校，在那裡可以學到如何把藝術應用到日常工業，讓克林姆畢業後可以從事一些劇院裝飾的工作。他很喜歡用大量的金黃色來營造輝煌燦爛的美感，這些作品很成功，委託克林姆繪製油畫或裝飾廳堂的工作也就越來越多，不過克林姆接下來替維也納大學裝飾頂棚的畫作卻飽受批評，主

要就是克林姆用裸女情慾來表現哲學的主題，這種色情畫作如何登大雅之堂？維也納保守的藝術家協會越來越不能忍受克林姆的叛逆，於是克林姆和一群前衛藝術家從協會出走，另創「分離派」進行更無拘無束的創作。

克林姆畫的「朱蒂斯」，原本應該是一名貞節烈婦色誘敵將，趁機砍下對方頭顱的故事，然而畫面上的朱蒂斯卻是情思誘人的醉眼朦朧，朱唇半啓，她的手指搔弄著男人的頭髮，極盡挑逗之能事，像這樣的誘惑，有幾個男人能夠抵擋？「性」果然是一種致命的吸引力。

謠傳畫中的朱蒂斯是銀行家夫人雅爾黛，她曾經是克林姆的舊情人，後來雖然嫁給銀行家仍然找克林姆幫自己畫肖像，朱蒂斯臉上放蕩的神情據說就是雅爾黛在床上的表情，二者

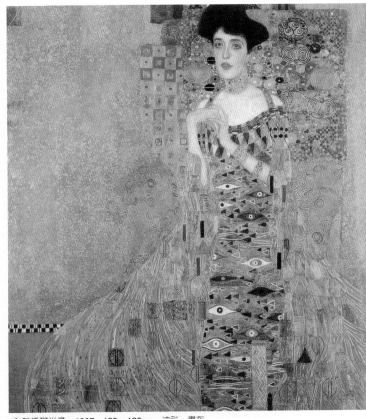

↑ 雅黛爾肖像，1907，138 x 138cm，油彩、畫布，奧地利維也納國家美術館。

容貌相似的程度，讓銀行家老公某次看到這幅朱蒂斯著實嚇了一大跳。

不過看到雅爾黛的畫像就可以理解爲什麼克林姆會受名媛仕女的喜愛，他讓畫中女子穿著美麗的長袍，戴上名貴的珠寶，背景奢侈的用整片金黃色來裝飾，讓女主角有貴族般的氣質，像這樣的肖像畫委託讓克林姆應接不暇，他算是少數不用擔心賣畫壓力的藝術家。

僅管不時傳出模特兒之間爲了克林姆爭風吃醋，克林姆最愛的始終是情婦艾蜜莉。艾蜜莉是個不爭不吵的溫柔女性，克林姆覺得和她在一起很舒服平靜，他常常帶著艾蜜

莉到湖邊渡假寫生，由於艾蜜莉在維也納經營時裝店，克林姆還替情人設計服裝、珠寶，為了艾蜜莉搖身一變成為時尚設計師，他替艾蜜莉畫的肖像五官最為寫實，畫中的衣服、圍巾都是克林姆設計的。據說雅黛爾在肖像中所戴的珠寶手環同樣出自艾蜜莉的精品店，都是由克林姆設計打造的。克林姆的才華洋溢造就萬種風情的女人，他筆下的女人可以高貴，可以華麗，也可以非常肉慾，克林姆似乎有一種無法訴諸文字語言的天賦，必須透過他的畫作才得以縱情表現，女人與性的主題，在克林姆的大膽揮灑下變得金光燦爛，這或許是維也納在世紀末最後的一道耀眼光芒。隨著克林姆在西元1918年去世，曾經榮耀富強的奧匈帝國也宣告瓦解。當初保守強勢的奧地利曾經排斥克林姆那些端不上檯面的情慾作品，然而帝國已經分崩離析了，唯有克林姆的作品依舊燦爛奪目，反而最能代表曾經繁華的奧地利，讓克林姆成為奧地利世紀末最偉大的藝術家。

人物簡介

克林姆（Gustav Klimt），西元1862~1918年

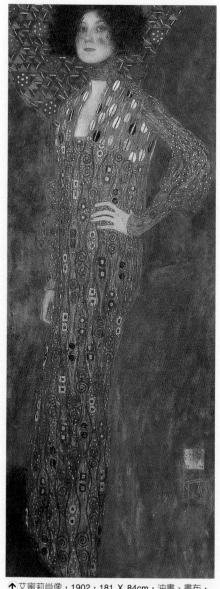

↑艾蜜莉肖像，1902，181 X 84cm，油畫、畫布，維也納歷史博物館。

女人三階段

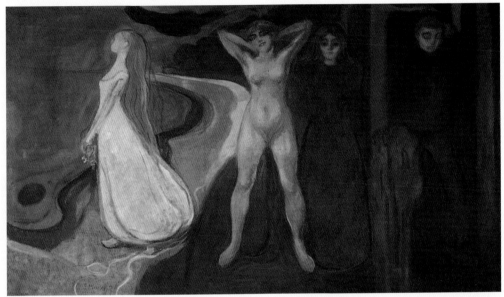

↑女人三階段，1894，164 x 250cm，油彩、畫布，私人收藏。

　　挪威畫家孟克最常畫二個主題，一個是對死亡的恐懼與焦慮，一個就是女人與性，孟克甚至會把女性和生死學合而為一。孟克對性有夢想和渴望，但又對生命有說不出的無力和絕望，女人之於孟克既代表生機，又導致滅亡，他對性和女人一直有種又愛又恨的矛盾衝突。

　　在「女人三階段」裡，孟克創造了三個女人作為象徵，畫面左邊是處女，代表純潔光明，獨自朝希望走去，中間是赤裸的妓女，張開的雙腿和手臂，代表性慾的享樂和生命力，右邊是僧尼，是看破愛慾，洞悉死亡的老嫗，而最右邊竟然還有一個黑衣男子在受苦，他明顯的和三個女人隔開，不知道自己為何而焦慮受苦。

人物簡介

孟克（Edvard Munch），西元1863~1944年

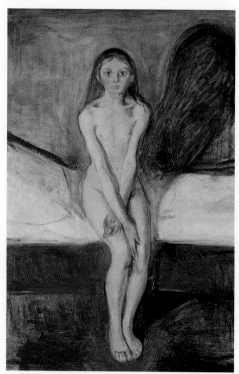

↑青春期，1894~1895，150 x 110cm，油彩、畫布，
奧斯陸國家畫廊。

是甜美愉快的畫面，反而充斥著對性的渴求、沮喪和絕望。

「青春期」也是孟克很有名的女性畫，一名年輕的少女在深夜初經來潮，不知所措的坐在床邊，身後龐大的陰影出現，代表著少女即將步入成熟女性的不安，未來的生活即將有很大的改變，少女用雙手遮住代表女人的私處，希望能掩飾內心的焦慮，孟克把一個飽受驚嚇的少女放在紅黑的背景裡，讓人一看就充滿危機感，原本邁入青春期該有的成長喜悅不見了，取而代之的是一種不祥的預感，似乎邁入成熟期就等於邁入危險傷害的痛苦階段。

另一幅「聖女」則是代表成熟的性，孟克畫了一個美麗的女體，她似乎很享受歡愉，臉上散發一種銷魂的美麗，豐潤的嘴唇像成熟的果實，卻隱隱露出死亡般的微笑，彷彿一種無言的呻吟，她的兩手正在進行生命和死亡的交替，這是千百年來不變的真理，成熟的女性繁衍下一代，而上一代則漸漸步入死亡。

這幅聖女圖等於把「女人三階段」集於一身，頭上的神聖光環除了有宗教省思，也代表著愛和鮮血，畫中的美麗女子渾身散發著性的暗示，她似乎沉浸在性的

孟克在愛情上倍受折磨，因為他的初戀是和一名比自己年長的已婚少婦，成熟的少婦遇上稚嫩的青年，很輕易的把孟克玩弄於股掌之間，這段感情時冷時熱的維持了好幾年，孟克從愛情得到的痛苦、懷疑、嫉妒，遠遠大過於甜美浪漫的情愫，這些愛恨交織的情緒讓孟克創造出一幅幅和女人有關的作品。這些作品通常不

歡樂，但底下藏著隱隱的痛苦。女子披散的黑髮混入流轉的背景旋渦，彷彿愛過終究要被捲入黑暗的深淵。孟克面對女性而產生的焦灼和無力感在畫裡表露無遺。

稍後幾年孟克又用版畫的方式詮釋這幅作品，畫面不安的感覺更具神秘的威脅性，而且左下角多了一個未成型的胎兒，邊框則加上男性精子在游動著，這些精子雖然圍繞著聖女飄游，但受限於木框的束縛，始終碰不到畫中的女體。女性主宰著生命和死亡，是賦予男人生機，但也可以置男人於死地。

表現主義通常強調作品要能夠呈現內心的思維，孟克就是利用女人和性的主題，來表達他對生命興替、衰老凋零的無奈。在孟克的女性肖像中，女人並不是主角，主角是孟克內心的孤獨、對愛情的渴望，對死亡的恐懼，孟克似乎認為生命註定無解，也因此孟克終身未婚，享年80歲。

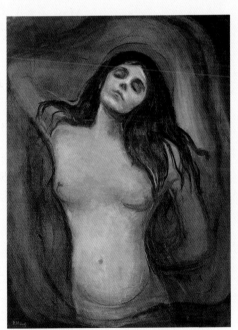

↑聖女，1894~1895，91 x 70.5cm，油彩、畫布，奧斯陸國家畫廊。

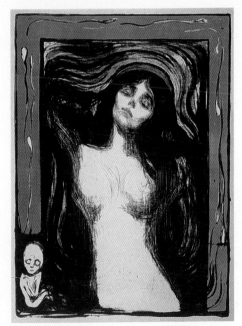

↑聖女，1895~1902，60.5x 44.5cm，石版畫，紐約現代美術館。

愛上畢卡索的女人

　　人們常說一個成功男人的背後通常有個默默付出的女人，然而像畢卡索這樣光成功二字還無法形容的大師，他背後的女人竟不止一個，這些女人大多身兼模特兒、情人或妻子的角色，她們是畢卡索創作的靈感，也是生活上的精神支柱。想要瞭解畢卡索的創作，可以先瞭解畢卡索的女人，因為他幾乎每換一個愛人，就出現一種新畫風，他的靈感正因這些女人而源源不窮。

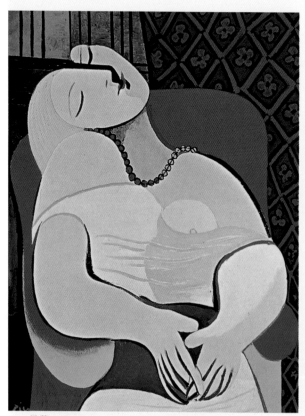

↑ 夢，1932，130 x 97cm，油畫、畫布，私人收藏。

　　號稱畢卡索最早的固定愛侶是菲南蒂‧奧莉維（Fernande Olivier），23歲的畢卡索瘋狂愛上這位蒙馬特的年輕模特兒，二人過著放縱尋歡的生活，畢卡索的畫風開始轉變，替菲南蒂畫下「坐在椅子上的持扇女子」，大膽的朝立體派前進。後來菲南蒂發現畢卡索移情別戀的愛上艾娃，於是主動離開畢卡索。不過畢卡索的新戀情沒有維持幾年，艾娃就因為肺結核過世了。

　　等畢卡索大紅大紫的時候，菲南蒂想大爆秘辛賺一筆，她在回憶錄裡把畢卡索形容成一個工作狂，個性衝動又愛吃醋，有事外出還會把她鎖在家裡才安心，畢卡索簡直氣壞了，他用盡一切關係希望能阻止這本書的出版，甚至付了一大筆錢給菲南蒂要她不要出賣回憶。

　　歐嘉（Olga Koklova）則是畢卡索的第一任妻子，畢卡索在西元1917年認識這位古典優雅的俄國舞者，二人在隔年結婚，畢卡索替未婚妻畫下相當古典的肖像，中分的頭髮，細緻的鵝蛋臉，一看就是清純秀麗的小女子。歐嘉熱衷上流社會的沙龍文化，於是畢卡索收起放浪形骸的生活方式，陪妻子出入社交場合，過著中規中矩的名士生活，畫風轉入古典時期，不過風流不羈的畢卡索很快就厭倦這種生活，加上歐嘉對畢卡索的花心開始疑神疑鬼，菲南蒂的回憶錄也讓歐嘉覺得憤怒難堪，二人漸行漸遠，畢卡索恢復放蕩尋愛的生活，而抑鬱難歡的歐嘉最後精神崩潰，二人在西元1935年離婚。

　　西元1927年，四十六歲的畢卡索認識了芳齡十七的瑪麗特瑞莎（Marie-Therese Walter），二人的邂逅改變彼此的一生。據說已經成名的畢卡索看見瑪麗特瑞莎從地鐵站走出來，忍不住就上前抓住她的手，

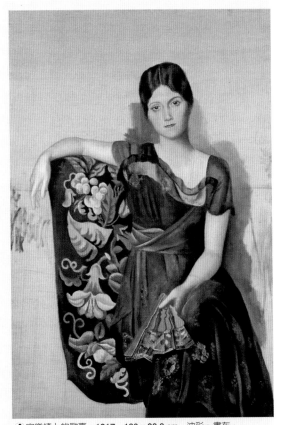

↑ 安樂椅上的歐嘉，1917，130 x 88.8 cm，油彩、畫布，巴黎畢卡索美術館。

自信的說：「我是畢卡索，妳和我將共同創造一番偉大的作為」。

　　瑪麗特瑞莎當然知道畢卡索已婚，而她自己又還沒有成年，有一說其實瑪麗特瑞莎當年才十五歲，那時候對未成年少女的不倫關係判刑很重，二人只能偷偷交往，沒有人真正見過瑪麗特瑞莎本尊，畢卡索在她身上找到青春的活泉，他一邊守著不能宣之於口的秘密，一邊忍不住在畫裡宣告自己的愛情，於是畢卡索開始另一階段的創作，他的想像力更豐富，大膽的把五官四肢分離再重組，因此被稱為「變形期」。到後來轉變成有名的雙面複象階段，展現畢卡索獨樹一格的畫風。

從這幅「夢」可以感受畢卡索對瑪麗特瑞莎的愛戀，反觀畢卡索幫歐嘉畫的「海邊浴女」，顏色明顯的單調、疏離，舊愛新歡全在畫布，不辯自明。

隨著畢卡索祕密戀情的加溫，歐嘉的精神壓力也越來越嚴重，腳踏二條船的畢卡索過著天堂與地獄的生活，他一方面金屋藏嬌和瑪麗特瑞莎纏綿，一方面忍受多疑暴怒的歐嘉，難怪他的作品會出現「夢」的快樂抒情，以及「海邊浴女」的焦慮不安。

西元1932年簡直是瑪麗特瑞莎年，二人的戀情白熱化，畢卡索用畫布寫日記，畫下為數可觀的作品，這幅「夢」更是廣為人知的佳作。他用鮮明的色彩描繪沉睡中的小愛人，金黃色的頭髮披掛著，半裸的曲線柔美圓潤，感覺和諧而恬美。

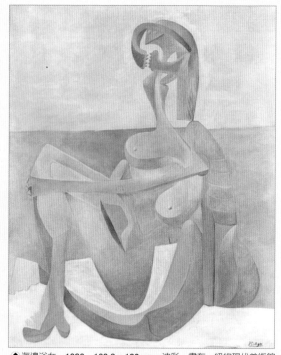

↑ 海邊浴女，1930，163.2 x 130 cm，油彩、畫布，紐約現代美術館。

西元1935年，瑪麗特瑞莎替畢卡索生了一個女兒，同年畢卡索和歐嘉離婚，但是他並沒有娶瑪麗特瑞莎為妻，反而陸續愛上更年輕、更有才華的美麗女子，瑪麗特瑞莎漸漸淡出畢卡索的畫布，也淡出畢卡索的愛情世界。

西元1941年更茲家族以美金七千元買下這幅「夢」，如今價值起碼超過美金三千萬，這幅「夢」有時被稱為本世紀的「蒙娜麗莎」，瑪麗特瑞莎後來在自家車庫上吊自殺，但是她的美麗身影也像蒙娜麗莎一樣，經由名畫而永垂不朽。

人物簡介

畢卡索（Pablo Ruiz Picasso），西元1881~1973年

新人笑，舊人哭？

畢卡索雖然畫了不少肖像，但是他不太注重筆下的女人是否和本人長得「像」，因為畢卡索不畫相機拍得出來的東西，他要畫他從對方身上感受到的情緒，也因為這樣，畢卡索以愛人為題材的作品最動人。

除了代表青春活力的瑪麗特瑞莎以外，畢卡索又找到新的繆思女神－朵拉瑪爾（Dora Maar），朵拉和畢卡索一樣來自西班牙，是一位年輕美麗又頗有名氣的攝影師，她和畢卡索認識於1936年，立刻墜入情網，從此畢卡索周旋在二個愛人之間，瑪麗特瑞莎仍然當她的假日情人，是畢卡索珍藏的小女人，朵拉則在平日和畢卡索出雙入對，成為他的工作夥伴，替他拍照，偶爾也擔任畢卡索的模特兒。

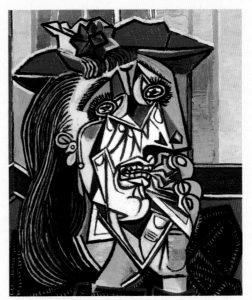

↑哭泣的女人，1937，60 x 49cm，油畫、畫布，倫敦泰特美術館。

西班牙內戰隨之興起，畢卡索很自然的親近同樣關心故國的朵拉，在創作上也進入所謂的「戰爭期」，西元1937年德軍轟炸一個無辜的西班牙小鎮格爾尼卡，殘暴的舉動震驚全世界，憤怒的畢卡索開始繪製大型壁畫來控訴德軍暴行，朵拉則隨侍在側，為整個繪製過程拍照存證。

朵拉和畢卡索的戀情大概維持了七年，二人的愛如火山般的熱烈，因為格爾尼卡的悲劇事件，畢卡索以朵拉為模特兒畫了幾幅「哭泣的女人」，他從朵拉身上讀到傷心憤

人物簡介

畢卡索（Pablo Ruiz Picasso），西元1881~1973年

怒的情緒，而這也是畢卡索的心情。隨著德軍戰事的焦慮不安，畢卡索更擁抱一個相互瞭解，對時局感同身受的女人，朵拉也是敏銳的藝術家，二人在心靈上契合無比。

「哭泣的女人」雖然是格爾尼卡系列的隨筆，但是它強烈的色彩和格爾尼卡完全不同，女孩悲憤的睜大眼睛、咬著手帕，衝破內心壓抑的哭了出來，畫面相當有戲劇性，這已經是一幅獨立完整的作品，也讓朵拉因此畫而永垂不朽。

畢卡索在西元1943年又找到新的靈感──芳索姬羅（Francoise Gilot），個性剛毅的朵拉大受打擊，隔年開始出現抑鬱症而精神崩潰，為了芳索，她和畢卡索多次口角，西元1945年第二次世界大戰結束，二人在戰爭期的惺惺相惜也宣告結束，畢卡索買了一棟房子給朵拉，結束二人長達七、八年的關係，朵拉事後在療養院住了好幾年，再度成為哭泣的女人，事實上在二人關係最壞的那三年，畢卡索對朵拉的評價竟然是：除了哭泣，他對朵拉實在沒有別的記憶。

23歲的芳索是個美麗自信的學生，畢卡索替她開啟一扇藝術創作的大門，畢卡索為芳索創造了「女人花」系列，覺得芳索的個性適合站著走動，而不是坐在椅

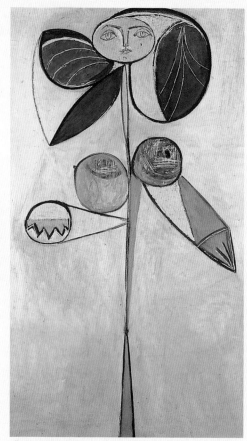

↑女人花，1946，146 X 89cm，油彩、畫布，私人收藏。

子上的女人。同時畢卡索開始研究製陶藝術，製作大量的陶藝作品，芳索也在這段時期為他生下一兒一女。

芳索和畢卡索一起生活了十年，她的地位甚至比朵拉和瑪麗特瑞莎加起來還重要，不過芳索這十年過得很辛苦，她渴

望擁有自我，想在權威下活出自己的天空，卻又必須面對盛氣凌人、跋扈苛求、花心不專情的畢卡索，二人關係在西元1952年轉冷惡化。

不過芳索是畢卡索眾情人中最有勇氣的一位，她發現自己無法改變一個72歲的頑固老人，沒有等到畢卡索變心就自己離開，她不想再和一塊歷史紀念碑生活下去，她要去找年紀相當的愛人共創未來。芳索不像以前的情人一旦離開畢卡索非死即瘋，她正像野地裡的花，不靠畢卡索一樣堅強的活下來。

接著賈桂琳（Jacqueline Roque）出現，她是畢卡索最後一個情人，也是他的第二任妻子，二人在西元1961年結婚，當時畢卡索已經80歲了，賈桂琳和芳索不同，她是一個35歲的寡婦，瞭解男人但不會想要改造男人，賈桂琳成為畢卡索不可缺少的伴侶，她身兼模特兒、秘書、廚師、護士、經紀等角色，照顧畢卡索的生活起居，陪他隱居在法國南部。畢卡索開始雕刻、發表色情系列，他的創作力並沒有因為高齡而有任何停頓。

西元1973年畢卡索去世，賈桂琳失去生命中唯一的愛，生活似乎變得孤單空洞、西元1985年巴黎成立畢卡索美術館，隔年賈桂琳自殺，留下50多件畢卡

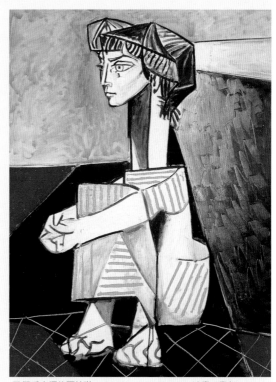

↑雙手交握的賈桂琳，1954，116 X 88.5cm，油畫、畫布，巴黎畢卡索美術館。

索的作品就全數捐給這家美術館了。

女人是畢卡索的靈感泉源，讓他重燃旺盛的生命力。但畢卡索其實像個能量極大的太陽，任誰遇上了就想靠近他，但是靠得太近又遍體鱗傷，他的魅力無人可擋，歐嘉、朵拉因為他而精神崩潰，瑪麗特瑞莎、賈桂琳選擇自殺結束沒有太陽照耀的生活，如今想緬懷她們青春美好的形象，只有從畢卡索的作品當中去尋找了。

長脖子的女人

來自義大利的莫迪利亞尼不畫風景、生活，他專攻人物肖像，特別是裸女創作，他畫的人像脖子特別長，而且眼睛通常不畫瞳孔，這成了莫迪利亞尼的註冊商標，他利用拉長變形而使身體線條更圓潤流暢，畫中這位珍妮‧艾比坦是莫迪利亞尼最喜愛的模特兒，也是他摯愛的情人，兩人淒美的愛情故事就像發生在巴黎的「梁山伯與祝英台」。

莫迪利亞尼從故鄉來到巴黎的蒙馬特，和其他藝術家切磋學習，年輕英俊的莫迪利亞尼被稱作「蒙馬特王子」，他很有人緣，大家都喜歡這個英俊隨和的年輕人，於是莫迪利亞尼漸漸融入蒙馬特的文化，過著浪漫無羈的生活，從小身體就不好的莫迪利亞尼，在這裡染上喝酒、麻藥等習慣，健康情形更讓人憂慮。

西元1917年的春天，莫迪利亞尼認識了十九歲的珍妮‧艾比坦。珍妮是莫迪利亞尼創作上的謬斯女神，也是愛情上的真命女子，他不再放浪形骸，從此和珍妮過著比較正常、幸福的生活，然而珍妮的

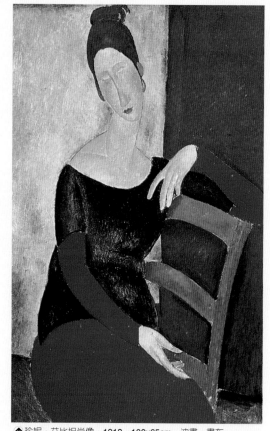

↑珍妮‧艾比坦肖像，1918，100x65cm，油畫、畫布，美國加州巴莎迪那諾頓西蒙美術館。

家人不同意女兒嫁給一個義大利猶太人，於是珍妮毅然的離家和莫迪利亞尼同居，莫迪利亞尼替珍妮畫了很多肖像，也以她為模特兒畫了很多裸女圖，這些裸女呈現

人物簡介

莫迪利亞尼（Amedeo Modigliani），西元1884-1920年

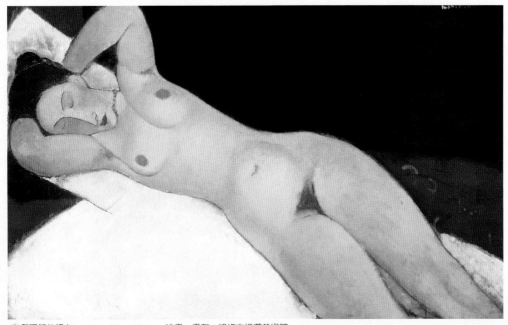

↑戴項鍊的裸女，1917，73 x 116 cm，油畫、畫布，紐約古根漢美術館。

優美的S型，加上獨特的簡化、變形，風格相當具有現代感。

　　同年十二月莫迪利亞尼在貝絲・威爾（Berth Weill）舉辦個人畫展，不過貝絲的畫廊剛好在警察局對面，警察很快就發現畫廊前面出現探頭探腦的人潮，一看才知道畫廊窗口掛了一張裸畫，警察再進畫廊查看更是大吃一驚，馬上要畫廊停止展覽，雖然貝絲試圖抗議，不過警察表示這些裸女連恥毛都畫出來，實在太傷風敗俗，於是畫展在開幕當天就被迫關閉，莫迪利亞尼只賣出一幅畫，這是他生平第一次辦個人畫展，但也是最後一次。

　　西元1918年莫迪利亞尼的肺結核病加重，於是他和珍妮到南法的尼斯養病，他戒掉煙酒，在尼斯創作了此生最豐富成熟的作品，而珍妮也產下一女，雖然二人沒有正式結婚，但莫迪利亞尼還是讓女兒跟自己姓，女兒和母親一樣叫珍妮，於是「珍妮・莫迪利亞尼」這個名字讓這對不被祝福的戀人以另一種方式結合在一起，向世人宣告他們的愛情。

　　西元1919年五月病情轉好的莫迪利亞尼又回到巴黎，經過警察局的風波，現

在他已經小有知名度，幾件送到倫敦參加
「現代法國美術展」的作品在當地大受讚
賞，眼看成名在即，莫迪利亞尼卻又病
倒；他在巴黎拼命喝酒，拼命創作，似乎
知道自己來日無多，想把對藝術的狂熱一
股腦發洩出來。西元1920年一月，莫迪
利亞尼因腎臟炎併發結核性腦膜炎去世，
結束短短三十六年的一生。

　　珍妮那時候懷著八個月的身孕，朋
友們把她送回父母家，但莫迪利亞尼一
死，悲慟欲絕的珍妮在隔天就從娘家的五
樓一躍而下，來不及等孩子出生就追隨莫
迪利亞尼而去。

　　珍妮的深情讓人又鼻酸又感動，莫
迪利亞尼的友人找珍妮的父母商量，想把
二人合葬在一起，但珍妮的父母還是不同
意。直到西元1923年珍妮的父母才比較
能接受女兒對莫迪利亞尼的無怨無悔，於
是珍妮被遷葬到拉榭斯神父墓地，和莫迪
利亞尼合葬在一起。

　　畫像中珍妮的脖子總是長長的呈線
優美弧度，但是她和莫迪利亞尼卻只有短
短的三年幸福，他們就像夜空的煙火，璀
爛光亮卻異常短暫，他們透過畫作保留美
麗的光芒，讓世人不會將他們遺忘。

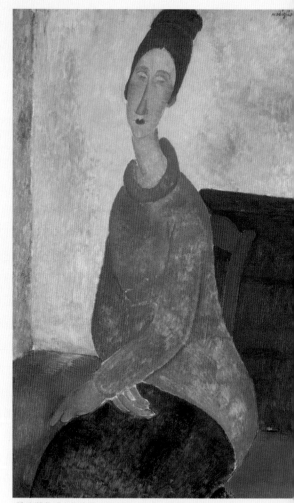

↑ 穿黃色毛衣的珍妮．艾比坦，1918~1919，100 x 64.7cm
，油畫、畫布，紐約古根漢美術館。

細肩帶的秘密

西元1916年，紐約大都會美術館向該年60歲的約翰·沙金買下一幅風姿綽約的仕女肖像，這是他西元1884年的作品。沙金簡單的給這幅畫命名爲「X夫人」，對畫中女子並沒有多加著墨。後來美術學者崔佛·費勃勒（Trevor Fairbrother）無意中發現一張舊照片，證明該畫在西元1884年入選巴黎沙龍的時候，X夫人的右肩帶是滑落在手臂上的，當初的畫名則是歌朵夫人（Madame Pierre Gautreau），爲什麼肩帶會改變位置？歌朵夫人又爲什麼隱姓埋名？這是一件耐人尋味的故事。

沙金是十九世紀末擅長風景寫生和人物肖像的水彩畫家，雖然父母親是美國人，他卻在義大利出生，早年隨著父母在歐洲東飄西蕩，沒有受過正式的教育，一直到十八歲在巴黎拜名畫家杜蘭爲師，才漸漸的嶄露頭角。

沙金開始參加巴黎沙龍的展覽，藉此在巴黎藝術界奠定基礎，很多社交名流在沙龍看到沙金的作品，就會主動上門請

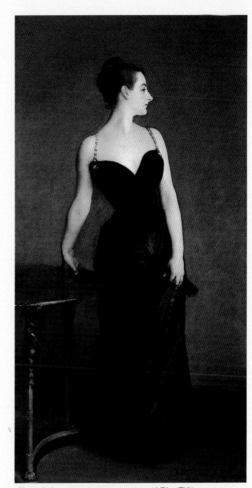

↑ X夫人，1884，209 x 110cm，油彩、畫布，美國紐約大都會美術館。

約翰·沙金（John Singer Sargent），西元1856~1925年

沙金畫肖像，漸漸的大家都知道有一個可以把人物畫得栩栩如生的沙金，許多達官富豪紛紛找上門來，要求這位才二十出頭的年輕人幫自己畫像。

然而美麗的歌朵夫人卻讓沙金驚為天人，主動要求替她作畫，歌朵夫人也是美國人，她嫁給法國有錢的銀行家，所以在巴黎社交圈非常活躍，她的氣質高貴，臉孔身段皆美，沙金很想把她畫下來，所以當歌朵夫人同意擔任沙金的模特兒時，沙金就已經決定要拿這幅畫去參加下一屆的沙龍選拔了。

沙金來到夫人別墅，先速寫幾張坐姿、立姿的草圖，他發現歌朵夫人不耐煩擺姿勢，決定讓她扶著桌邊比較不費力。歌朵夫人特意在身上塗抹蜜粉，希望皮膚看起來更白晰美麗，只是晚禮服的細肩帶不知有意或無意的垂了下來，沙金也就讓它自然入畫，完成一幅和傳統肖像不太一樣的作品，這幅畫如願的入選巴黎沙龍，藝術界給予相當的肯定，但沒想到隨之而來的卻是另一場風暴。

當巴黎群眾看到這幅作品，卻生氣的批評這個下滑肩帶簡直是淫穢不堪，畫中的膚色太不自然，歌朵夫人原本是高雅從容的銀行家夫人，如今卻變成巴黎人茶餘飯後的笑柄，大家認為她品性不端，丟

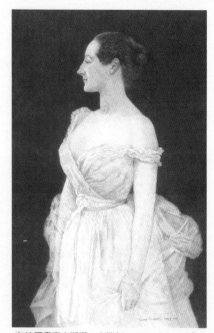

↑法國畫家古斯塔・古端（Gustave Courtois），在西元1891年替歌朵夫人畫的肖像。

人現眼，還有人把她的八卦羅曼史都挖了出來，當時有漫畫諷刺這幅肖像，表示這幅畫可以拿來代替撲克牌的紅心A供人玩樂，完全不留情面的嘲笑歌朵夫人。

沒想到一張畫會引起軒然大波，原先歌朵夫人很喜歡這張畫，現在她看到畫就討厭，銀行家更是生氣，他拒絕買下這幅不名譽的畫作，歌朵太太在母親的陪同下哭著去找沙金，要他把畫從沙龍拿回來不要展覽了，歌朵的母親傷心的說：「我的女兒迷失了，所有的巴黎人都在嘲笑

她，整個家族也因此蒙羞，她快要傷心而死了」。

沙金沒有答應歌朵的要求把畫取回來，這畢竟違反沙龍參展的規定，沙金怎麼也沒想到一張創新的人物肖像會引發如此不堪的輿論，他開始對巴黎覺得心灰意冷，短短不到三個星期就突然跑去英國散心，一方面想避避風頭，一方面考慮在倫敦重新發展事業的可行性。

可憐的歌朵夫人又找了幾個知名畫家幫自己作畫，企圖利用一些比較傳統的畫像來扭轉眾人對她的不良印象，不過一切努力似乎都沒有用，沙金的畫太讓人印象深刻了，其他的肖像畫很難影響它。美麗成為一種錯誤，一條不經意滑落的肩帶，竟然毀了一個女人的名聲，否決掉一個畫家的創意巧思。

這件事在沙金心裡留下不可磨滅的陰影，善良敏感的沙金面對巴黎人的尖酸刻薄，內心一定覺得不好受，他最後還是擦掉下垂的肩帶，重新把肩帶「畫正」，沙金一直把這幅畫帶在身邊，直到晚年才把畫換個名字拿出來展覽，最後被大都會美術館納入館藏。

「X夫人」是沙金最好的肖像作品，沙金後來的肖像畫很難再超越這幅畫的境界，從現在的角度來看，滑落的肩帶剛好襯托歌朵夫人的嬌媚慵懶，可惜當時的巴黎人竟然認為這樣有色情遐想，歌朵夫人要是早知道群眾的反應，一定後悔沒有小心的把肩帶固定好吧？

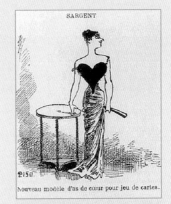

↑ 在報紙刊載的紅心A的X夫人形象。

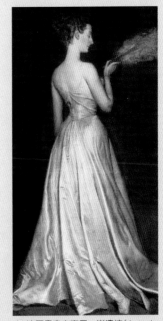

↑ 法國畫家安東尼・崗達拉（Antonio de la Gandara），在西元1898年替歌朵夫人畫的肖像。

法國的魔女琪琪

魔女Kiki不是宮崎駿的卡通，早在西元1920年代，法國就出了一個很有名的魔女琪琪，她的一生比戲劇還戲劇，而且充滿魔力的吸引著許多藝術家，攝影家找她拍照，畫家幫她作畫，雕刻家請她當模特兒，文學家和她作朋友，導演還找她拍電影……是的，法國在二十世紀初就誕生了這樣一位傳奇的妖姬。

琪琪的本名是艾莉斯潘（Alice Prin），1901年生於勃艮第，她是個可憐的私生女，從小跟著祖母有一餐沒一餐的過，她就和其他小朋友去偷鄰居種的菜，想辦法餵飽自己，這是她小小年紀所想得到的生存方式。十二歲的時候母親終於把琪琪接到巴黎唸書，希望琪琪學會認字，將來可以和媽媽一樣做鉛字排版的女工，不過琪琪十四歲就離家出走，直到有個雕刻家找琪琪當模特兒，琪琪因此展開模特兒生涯，認識許多聚集在巴黎的藝術家。

離家的琪琪先是到圓頂餐廳當駐唱歌手，每當她穿起黑色吊帶襪，唱一些毫無禁忌但又不傷大雅的歌曲，總會吸引群

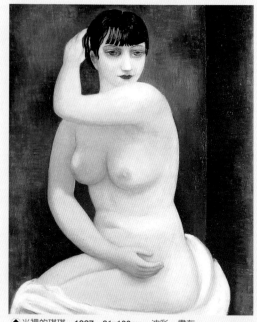

↑ 半裸的琪琪，1927，81x100cm，油彩、畫布，日內瓦小皇宮美術館。

眾擠滿整個酒吧，她也因此認識酒吧的一些常客，像是海明威、日本畫家藤田賜治、法國詩人導演科克多、孟瑞，以及幫她畫下這幅美麗裸畫的奇斯林。

奇林斯是巴黎畫派的一個窮畫家，在法國俗稱「瘋狂年代」的20、30年代，一群對藝術情有獨鍾的畫家不約而同的聚集在蒙帕拿斯，即使生活清貧，他們還是熱情的創作。蒙帕拿斯漸漸取代蒙馬

人物簡介

莫依斯·奇斯林 （Moise Kisling），西元1891~1953年

超現實派藝術家孟瑞（Man Ray）也很喜歡琪琪，為琪琪拍攝各種不同的照片，孟瑞是美國人，但是他的前衛藝術在美國不被接受，西元1921年來到巴黎，很快就加入達達主義和超現實主義，結交志趣相投的藝術家，琪琪後來成了孟瑞的情婦，孟瑞以琪琪為模特兒，拍攝了一幅媲美安格爾裸女的照片，成為攝影藝術的經典，名稱就叫做「安格爾的小提琴」。

琪琪不光是歌手、模特兒，她也是個頗有天份的畫家，琪琪的畫有些幼稚、天真，但畫中常常出現琪琪式的率性樂觀，西元1927年琪琪在巴黎舉辦過一次畫展，所有的畫作銷售一空，這是多少畫家希望有的成就啊！

琪琪甚至還拍過幾部電影，包括立體派畫家勒澤（Paul Leger）在1924年導演的「機械芭蕾」，算起來琪琪還算是個電影明星呢！她還在1928年出版回憶錄，大膽剖白自己獨特的一生，請來藝文界朋友海明威、藤田幫忙寫序介紹新書，不過作風大膽的琪琪並不被美國接受，這本書在當時保守的美國就被列為禁書，即使到了70年代都沒有解禁，一直到西元1996年，美國才著手把琪琪的回憶錄翻譯成英文出版。

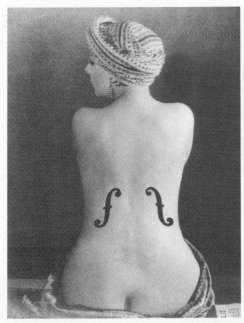

↑ 安格爾的小提琴，1924年孟瑞攝影。©MRT/ADAGP, Paris, 2004

特成為新的藝術中心，而倍受矚目的歌手模特兒琪琪，就因為她的放蕩不羈和才華洋溢，被海明威讚美為「蒙帕拿斯之后」！可見琪琪在這群波西米亞藝術家中是多麼受歡迎，她可能是二十世紀初被畫最多的一個模特兒了。

奇斯林用色鮮豔，構圖精細，是一個很有特色的青年畫家，他臨摹過琪琪上百張素描，而這張坐姿裸女是最傳神、最有韻味的一張作品，他把琪琪的表情、慵懶的眼神、齊額的瀏海表現得相當傳神。

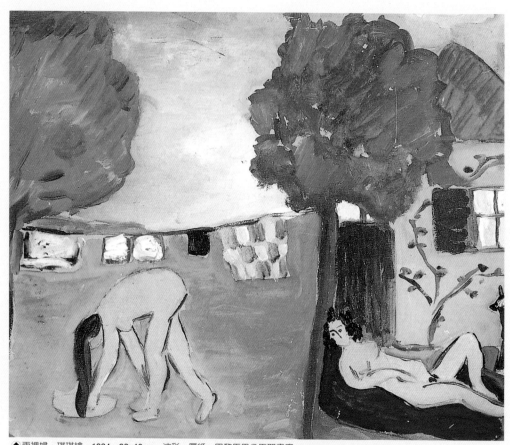
↑兩裸婦，琪琪繪，1924，38x46cm，油彩、厚紙，巴黎馬里翁馬耶畫廊。

　　出身貧困，周旋於文人、藝術家之間的琪琪，永遠有她美麗的生活方式，她總是樂觀的說：「我的生活只要有一個洋蔥、一點麵包、一瓶紅酒就夠了，而要找個人供應我這些東西不是太簡單了嗎？」

　　因為琪琪大無畏的前衛風格，加上她個人的魅力和才智，難怪有人說她是二十世紀第一位獨立自主的女性。琪琪在西元1953年過世，很多琪琪迷和藝術家朋友都參加了她的喪禮，她的畫家好友藤田甚至感傷的說，蒙帕拿斯榮耀的歲月也跟著琪琪一起被埋葬了。

迷矇現代的美女

　　藍碧嘉最有名的就是裝飾風格強烈的女性肖像，她筆下的女性通常打扮時髦亮麗，擺出撩人性感的姿勢，張著一雙性感迷矇的大眼睛。藍碧嘉使用強烈的色彩對比，線條和稜角都非常分明，她營造出一種冷冽的現代感，隱隱帶著性愛挑逗的暗示，不僅她的畫作讓人印象深刻，她本人也是如此，人們對這位冷豔美麗的異國美女同樣充滿好奇心，一向是男性畫家領軍的藝術潮流，這次卻由神秘嫵媚的女畫家獨領風騷，把20年代興起的裝飾藝術推向最高峰。

　　藍碧嘉出生於華沙一個富裕的家庭，之後嫁給門當戶對的有錢律師搬到俄國，又因為躲避蘇聯的十月革命再逃到巴黎定居，二人在巴黎生下他們的女兒姬潔（Kizette）。藍碧嘉在巴黎開始上繪畫課，希望可以在巴黎以繪畫維生，她的老師是塞尚的弟子德尼（Maurice Denise）。德尼以嚴厲出名，奠定藍碧嘉紮實的繪畫基礎，接著藍碧嘉又和立體派的羅德（Andre Lohte）學畫，在二位老師的指導

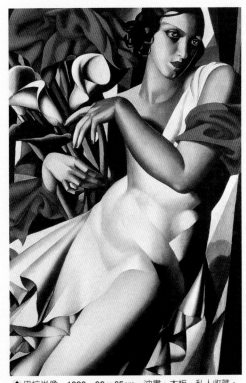

↑伊拉肖像，1933，99 x 65cm，油畫、木板，私人收藏。

下，藍碧嘉的裝飾藝術也趨向立體風格，通常被稱為「柔性立體派」。嚴師出高徒，藍碧嘉很快就賣出生平第一幅畫作，還得以參加巴黎在西元1925年舉辦的現代工業裝飾藝術國際博覽會（Exposition Internationale des Arts Decoratifs Industriels et Modernes）。「裝飾藝術」

人物簡介

藍碧嘉（Tamara de Lempicka），西元1898~1980年

（Art Deco）這個名詞也就是從這次的展覽衍生出來的，它講求簡潔的幾何線條，鮮明的色彩對比，裝飾藝術不僅表現在繪畫上，也出現在建築、傢俱、服裝、珠寶設計等等，藝術不再是為了開創一個全新的流派，而是為了裝飾的目的，利用現有的藝術流派去美化日常起居，讓生活更富美感，更具人性。

藍碧嘉在藝術博覽會相當引人注目，人們開始注意到這位藝術家，藍碧嘉進入巴黎的藝術圈，但更活躍於巴黎的社交圈，面對令人眼睛一亮的異國美女，或多或少會出現一些「醉翁之意不在畫」的男性仰慕者；藍碧嘉也因為和幾位富有的「藝術贊助者」過從甚密，最後和律師先生離婚，靠自己的力量養活女兒姬潔。藍碧嘉幫姬潔畫過幾張肖像畫，女兒是她最心愛的寶貝，是畫裡最甜美安定的靈魂，藍碧嘉也因為女兒的肖像得了好幾項國際性的藝術大獎，她的名聲因而越來越響亮。

藍碧嘉後來和克福納結婚（Baron Raoul Kuffner），西元1939年移居美國德州，在美國辦過幾次相當成功的畫展，不過藍碧嘉畫得少了，裝飾藝術經過

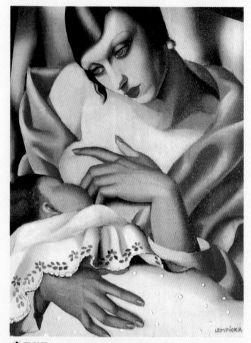

↑母與子，1928，35 x 27cm，油彩、畫板，私人收藏。

20、30年代的全盛期開始漸漸走下坡。西元1960年期間，藍碧嘉曾經嘗試超現實的抽象派畫風，不過畫展卻乏人問津，西元1962年克福納先生去世以後，藍碧嘉就不再作畫。她總共創作近百幅肖像畫，絕大多數以女性為主，她的畫和她的人一樣風格明顯，僅管裝飾藝術只是一時的潮流，但是那種朦朧性感的美麗，曾經迷惑多少讚嘆的眼睛。

揮灑烈愛的卡蘿

芙烈達卡蘿是當代最傳奇的一位女畫家,她在身心上遭受的苦難折磨,恐怕不是一般人所能忍受,但是她仍然努力的生活,勇敢的愛。卡蘿把經歷過的愛恨痛苦、生死矛盾都轉化成色彩,盡情揮灑在畫布上,繪畫讓她找到生命的力量,畫出自己的心情,替自己加油打氣,她的作品深具魅力,憾動人心。

卡蘿出生於墨西哥的一個小鎮,父親是來自匈牙利的猶太人,母親則是墨西哥人,卡蘿在六歲的

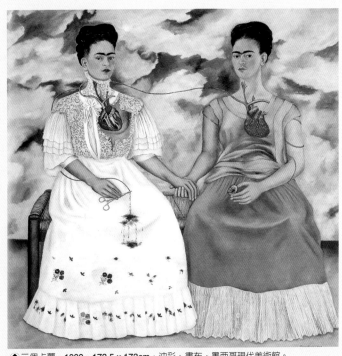

↑二個卡蘿,1939,173.5 x 173cm,油彩、畫布,墨西哥現代美術館。

時候得了小兒麻疹,但是她在父親的鼓勵下努力運動,不讓腿疾影響生活,誰知道十八歲又遇上一場嚴重的電車意外,搭車上學的卡蘿在車禍中被一根金屬扶手從臀部貫穿整個小腹,一名工人看到卡蘿的情況竟然還猛力幫她把鋼條拔出來,卡蘿的身體好像被撕裂開來的狂叫,脊椎、肋骨、骨盆全部受傷碎裂,之前有小兒麻痺的右腳也斷成十幾

人物簡介

芙烈達卡蘿(Frida Kahlo),西元1907~1954年

節，她沒有死於車禍眞是奇蹟。不
過卡蘿的後半生註定要接受一連串
的痛楚和矯正手術。因爲這場車禍
無窮無盡的折磨，卡蘿開始認眞作
畫，她畫了很多自畫像，畫中的卡
蘿通常有一種堅毅的美麗，她自戀
又自憐，所以繪畫無疑是卡蘿忘記
病痛的精神慰藉。

　　卡蘿在朋友的介紹下認識了當
時墨西哥很有名氣的畫家迪亞哥，
她把自己的作品給迪亞哥看，請大
師給自己一點意見，迪亞哥被卡蘿
的才氣和魅力所吸引，二人雖然相
差二十幾歲，但很快陷入熱戀而結
婚。

　　婚後的卡蘿懷了幾次孕，但不
是流產就是被迫終止懷孕，她的生
殖系統在車禍時遭受嚴重的損害，

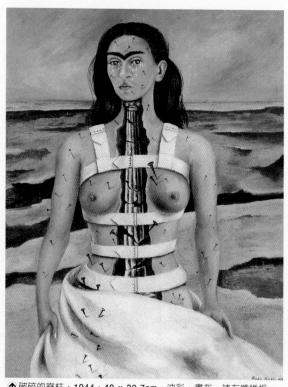

↑ 破碎的脊柱，1944，40 x 30.7cm，油彩、畫布、裱在纖維板
上，私人收藏。

沒有辦法孕育自己的小孩成爲卡蘿心中永遠的痛，加上迪亞哥風流成性，竟然和卡蘿的
妹妹也發生一段婚外情，卡蘿可以說是身心俱痛，她好像豁出去似的接受他人的愛慕，
追求卡蘿的人很多，甚至男女都有，卡蘿因爲敏感的雙性戀傾向，加上其中一位愛人是
蘇聯的革命領袖托洛斯基，才讓世人開始注意她的創作和她的傳奇。

「二個卡蘿」奠定卡蘿在國際藝術的地位。畫中一個卡蘿身穿墨西哥傳統服裝，另一個卡蘿則穿白色印花的歐式維多利亞裝扮，卡蘿用這幅畫來尋找自我認同。西元1939年她應邀到法國舉辦畫展，但是卻對當時混亂的歐洲非常反感，對於布烈東（Andre Breton）把自己歸成超現實主義更是嗤之以鼻。卡蘿畫的是真實的自己，從來不是夢境虛幻的東西，她只不過在家裡擺了許多鏡子，然後畫出鏡子裡最真實的卡蘿而已。「二個卡蘿」也像鏡子的一體二面，呈現卡蘿赤裸裸的心；墨西哥卡蘿握著迪亞哥的照片，這一年她和迪亞哥協議離婚；歐洲的卡蘿拿著剪刀，想止住滴血的心情，她們二人手牽著手，在親人、愛人都不能倚靠的時候，卡蘿永遠是自己最好的朋友。

卡蘿至少動過三十幾次手術來挽救分崩離析的身體，幸好離婚沒多久迪亞哥就認清卡蘿是他最重要的人生伴侶，二人又再結一次婚，迪亞哥陪伴她繼續和病痛奮鬥。卡蘿不懼怕死亡，她甚至幽默的把骷髏骨畫到自己的床頂上，開玩笑的說自己是和死亡共寢的，在有限的生命裡，卡蘿寧可努力的笑，用力的活，盡情揮灑她的熱愛狂情。

卡蘿最後十年過得相當辛苦，身體無時不刻的痛讓她畫下了「破碎的脊柱」，病魔漸漸侵蝕她的光彩，西元1953年朋友們幫卡蘿在墨西哥舉辦一次大規模的畫展，身體已經疲憊不堪的卡蘿還是堅持出席，於是畫展中央擺了一張病床，卡蘿躺在床上，被朋友、參觀民眾和自己的作品滿滿包圍，她的內心相當滿意欣慰。這一年卡蘿的腿完全壞死，醫生不得已只好替卡羅截肢，隔年卡蘿終於放下苦痛坎坷的肉體，在家中因肺炎病逝。

好萊塢將卡蘿的傳奇拍成電影「揮灑烈愛」，她就像忍受烈焰錘鍊的流金，忍受必經的冶煉搥鑿，才琢成一塊璀璨永恆的藝術瑰寶。

機器加工的繪畫

安迪沃荷是完完全全屬於二十世紀的普普藝術家，這是一個電視電影、報章雜誌等資訊爆炸的時代，於是安迪沃荷選了我們最熟悉的影像，進行他的藝術創作。西元1962年瑪麗蓮夢露自殺，這項消息幾乎震驚全世界，於是安迪沃荷以瑪麗蓮夢露做他的女性圖騰，開創安迪沃荷式的人物肖像畫。

說起來安迪沃荷的肖像畫很簡單，他先利用相片當藍本，再用絹印法刷上美麗的顏色，安迪沃荷找來瑪麗蓮夢露生前的劇照，印製各種不同顏色、尺寸的性感女神，其中這張綠色底，金

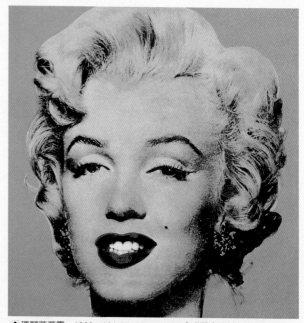

↑瑪麗蓮夢露，1962，101.6 x 101.6 cm，合成聚合塗料、絹印、畫布，私人收藏。

黃色頭髮的瑪麗蓮看起來最動人，她長長的睫毛高高翹起，綠色的眼影和背景相輝映，火紅微啓的唇，性感的美人痣，實在是鮮豔活潑的搭配。玩出心得來安迪沃荷開始找其他人物進行複印著彩，他筆下的女性可以是五顏六色的一印再印，他要表達日常生活隨處可見的影像，而不是嘔心瀝血畫一幅住在防彈玻璃，掛在國家級博物館的蒙娜麗莎。當時肖像權的觀念還沒有具體條文，安迪沃荷想到什麼就拿過來印著玩玩看，甚至連可樂瓶、湯罐頭、一元鈔等通俗商品都被他轉印成平面圖像，普普藝術進入全盛時期。

人物簡介

安迪沃荷（Andy Worhol），西元1928~1987年

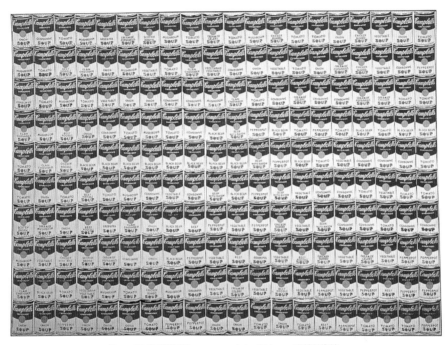

↑二百個康寶濃湯罐，1962，182.9 x 254 cm，泰特美術館。

　　普普藝術是大眾的藝術，英文是Popular Art，俗稱POP，也就是流行文化，六〇年代傳播媒體發達，普普藝術往往透過廣告插圖、連環漫畫等方式走進大眾生活，然而安迪沃荷卻偷機取巧的用相機和影印機加工，利用機器「製造」影像再加工上色，這種沒有人想到的創作方式讓普普藝術有了一種新鮮的風貌。

　　安迪沃荷是捷克裔的美國人，小時候家境不是很好，從小體弱多病，但是非常乖巧聰明，母親特別的憐愛他，還讓他去唸大學。安迪在唸書期間就展現藝術才華，畢業後雖然母親捨不得讓安迪離開，他還是決定和同學到紐約闖天下。

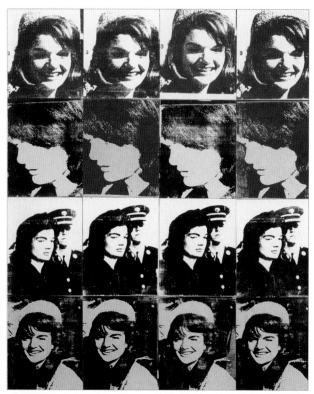

← 個賈桂琳，1965，203 x 163 cm，畫布、壓克力、絹印、光漆，明尼亞波利華克藝術中心。

　　安迪沃荷先後幫百貨公司設計櫥窗、幫雜誌畫稿，漸漸累積了知名度，經濟上也寬裕許多。後來他大膽的畫了一個湯罐頭，在藝術界造成不小的轟動，引起正反兩極的反應，有些人認為這是粗俗、廉價，模仿商品的騙人技倆，根本不是藝術，有些人則大加讚賞，認為這種作風不但是大膽的叛離傳統，更是大大的嘲諷了消費生活，安迪被認為是解放藝術的英雄。

安迪後來變本加厲用絹印複製了二百個湯罐頭排滿整面牆，引起一大堆人圍觀這樣的怪怪作品，那時候買一罐真的湯罐頭不到美金一塊錢，但安迪沃荷畫的罐頭畫卻要美金一百元，不過西元1962年第一批瑪麗蓮夢露的頭部肖像都賣出去了，買的人其實不知道這樣的畫會不會紅？就試買一張看看，當初一張才美金250元的瑪麗蓮夢露頭像，今日已價值數十萬美元了。

由於用絹印法繪製人像的方式相當快速，所以安迪沃荷每年有幾百件委託肖像畫的案子，同時他還喜歡把自己所崇拜的名人拿來印成作品，其中包括有伊麗莎白泰勒、賈桂琳甘迺迪、詹姆斯狄恩，足球明星O.J.辛普森等等，似乎媒體紅了誰，安迪就忍不住把對方的肖像拿來再創作。

安迪沃荷的普普藝術從美國紅回歐洲，一些題材富爭議的作品，例如死亡、災難、同志男孩等美國不能接受的尺度，在歐洲反而大受肯定，安迪沃荷還接著拍電影短片、做唱片、辦雜誌，只要和他名字扯上邊的商品，似乎都能熱賣，他的事業王國越來越大，財富也迅速的呈倍數累積。

四十歲那年安迪沃荷被女演員威樂莉開槍射殺，在醫院急救好久，差點就斷送了性命，從此他就很害怕醫院，導致日後膽囊出現毛病卻一直不願就醫，直到五十九歲那年膽囊已經腐爛必須割除，安迪才住進醫院開刀，結果卻因為藥物過敏不治死亡。

安迪沃荷曾經說過：「日常生活的一切都是美麗，而普普藝術就代表這一切。」安迪沃荷讓大眾發現原來日常生活也可以很藝術，因為安迪，通俗藝術風靡一時，他真算得上流行文化的一代大師。

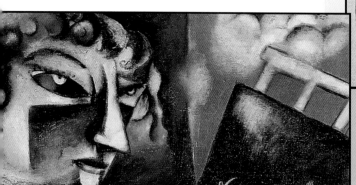

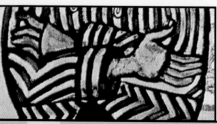

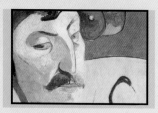

男人的秘密

藝術家筆下的男子有的陽剛雄偉，
有的深沉憂鬱，
更有一些根本就是照見藝術家內心的明鏡。

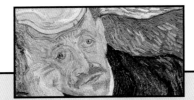

運動員的力與美

　　歐洲從第十四世紀文藝復興到十八世紀的新古典主義都在追求古希臘、羅馬的古典美。希臘早在西元前1400年就已經有米諾安文化、邁錫尼文化，到了西元前500年以後更是進入全盛的古典時期，當時的建築、雕刻已經相當精美壯觀，像米羅的維納斯、邁隆的擲鐵餅者大約都是這個時期的作品。米羅（Melos）的維納斯為羅浮宮的三大鎮館之寶，是當今最美的女性雕像，對後世的女性裸體藝術有深遠的影響，而邁隆的擲鐵餅者則是充份表現運動員的力與美，可惜邁隆原作的青銅雕像因年代久遠已經流失，目前看到的是羅馬人以大理石重塑的複製品。

　　希臘除了是歐洲文化的發源地，也是運動會的創始國，早在西元前776年起，古希臘人每隔四年就會在奧林匹亞舉行一次運動會，如果連續三次運動會都得到優勝，大會就會請雕塑家為這些勇士塑像，這座執鐵餅者很可能也是這樣產生的。

　　執鐵餅在西元前708年才列入奧林匹克運動會的比賽項目，古希臘人會投擲石塊以獵取動物，或打下樹上的果實，所以丟擲石塊的力道和準頭都很重要，於是漸漸發展成一項運動。不過剛開始擲鐵餅的運動會還是偶有失手，曾經有運動員被場內的鐵餅擊中不幸傷亡，後來大會在舉辦這項運動只好先清場以測安全。

　　據說邁隆本人也是體格健美、力大無窮，甚至可以扛起一隻大公牛的勇士，他一生大部份在雅典活動，也接受過體育訓練，所以由他來雕塑丟擲鐵餅的動態也就特別傳神。他選擇運動員曲體扭轉的姿勢，緊繃的肌肉彷彿蓄滿力量，隨時就會爆發出來，邁隆不但展現了男性的人體美，也抓住運動的動能，整個雕塑雖然是瞬間的動作，卻充滿強而有力的律動感，難怪後人紛紛臨摹這件作品，學習那股蓄勢待發的生命力。羅馬人在西元五

↑擲鐵餅者，450B.C.，高155cm，
大理石材，梵諦岡博物館。

世紀以大理石複製了幾座擲鐵餅者，分別存放在羅馬博物館和梵諦岡博物館等處，連二十世紀超現實主義的達利也忍不住要重新詮釋這個作品。

　　邁隆把雕像的平衡穩定處理得非常好，整個重心落在左腿，成為一個旋轉的軸心，手臂的姿態拉開動感，但又巧妙的加強了雕像的平衡，不過當羅馬人改用石材來雕這個姿勢時，就會產生頭重腳輕的問題，所以羅馬人在雕像的左腿後方加了一段樹幹做支撐，儘量讓它從正面看不會太明顯，但如果從側面看就有點奇怪。

　　目前擲鐵餅仍然是國際奧運的比賽項目，只不過現在的比賽只是看看誰丟得最遠，不像古希臘除了要講究距離，還要評判丟擲姿勢的美感，當初的比賽沒有限定參賽者用什麼姿勢丟鐵餅，只有丟得最遠，姿勢最優美的人才能獲得優勝，仔細端詳邁隆的雕塑，就能體會當時運動會展現力與美的最高境界。

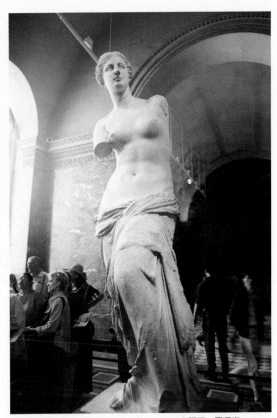

↑ 米羅的維納斯，約200B.C.，高202 cm，大理石，羅浮宮。
陳彬彬／攝影

人物簡介

邁隆（Myron），約 485~425BC

早逝的風華

　　達文西、米開朗基羅、拉斐爾號稱義大利文藝復興三傑，不過達文西六十七歲，米開朗基羅八十九歲，而拉斐爾卻只有三十七歲，他的人生如此短暫，需要加倍的發光發亮，才能創造質量俱佳的作品，達到和其他二位大師相同的成就。

　　拉斐爾生於義大利的烏比諾，小時候家境還不錯，父親是詩人，也是畫家，拉斐爾很小就展露藝術天份，父親鼓勵他多學多畫，雖然父母親在他八歲和十一歲的時候分別去世，不過十七歲的拉斐爾開始幫教堂作畫，二十一歲結婚，年紀輕輕已經是位小有名氣的大師。

　　拉斐爾年輕英俊，才華洋溢，他的個性又是明朗愉快，沒有人不喜歡這個親切可喜的年輕人，他在西元1508年搬到佛羅倫斯，這是他藝術生涯的一大發展。拉斐爾在這裡觀摩學習到達文西和米開朗基羅的作品，他開始繪畫一系列的聖母像，當時的教皇非常喜歡拉斐爾，任命他為總工程師，替梵諦岡簽署廳製作許多壁畫，拉斐爾的作品如「三美神」、聖母

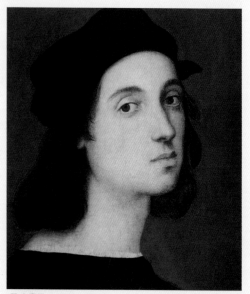

↑ 自畫像，1506，45 x 33cm，油彩、木版，佛羅倫斯烏菲茲美術館。

像、「哲學」、「神學」、「詩學」、「法學」等天井畫都相當精彩，他的畫風古典而調和，對後來的藝術發展影響深遠。

　　可惜天才早逝，三十七歲的拉斐爾竟突然暴斃，據說死因是過度縱慾，他在某個激情歡愛的夜晚回家後就高燒不退，過幾天便與世長辭了。拉斐爾是極愛女人

人物簡介

拉斐爾（Raffaello Santi），西元1483~1520年

的，傳說他的情人是一位麵包師的女兒，拉斐爾曾經幫她畫了一幅裸體肖像，由於這幅畫是在拉斐爾死後才發現的，究竟是不是拉斐爾畫的還引起一番爭議。

這張肖像最特別的地方有二個，一是該女子左臂的手環竟然寫著拉斐爾的名字，二是這名女性竟然還裸胸露點。

懷疑這幅畫是贗品的人認為拉斐爾不會明目張膽的把一名眼神不正，服裝不整的肖像擺上自己的名字，這和敏感細心的拉斐爾根本不像，有可能是拉斐爾死後有人照著拉斐爾的素描草圖，仿照他的畫風完成的。此畫一直等到拉斐爾逝世七十五年後才在世上出現，當時擁有這幅畫的主人還在畫上加二扇門，讓人們不會第一眼就看到裸體而覺得難堪，可見這幅畫在當時的尺度是絕無僅有的。也有人認為這幅美麗的畫作應該是拉斐爾的，親密愛人的情趣肖像，拉斐爾活著的時候應該會把畫藏起來不公開，何況他根本不知道死神這麼快就降臨了。文獻上找不到此畫的記載也是情有可原。

風流倜儻的青年畫家在正值英年的三十七歲劃下句點，他去世於西元1520年的四月六日，這一天剛好也是他的生日，整整三十七年的人生雖然短暫，但是這當中何其精采。拉斐爾一生順遂，功

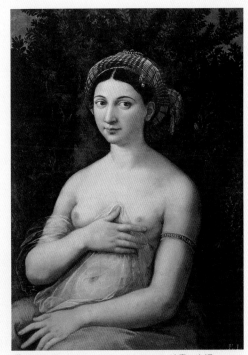

↑ 芙娜莉娜，1518~1519，85 x 60cm，油畫、木板，羅馬國家畫廊。

名、財富、紅顏知己樣樣不缺，他死於聲名正盛的時候，他的去世震驚了當時的羅馬，死後還葬於羅馬的萬神殿，這是國家最高的榮譽，對拉斐爾短暫卻輝煌的一生是最大的肯定。

拉斐爾死前正在畫最後一幅「基督顯容」，他臨終前要弟子把畫像放在床前，拉斐爾疲弱的把頭靠近耶穌，在基督的庇護下安然逝去。

年齡成謎的提香

　　提香究竟在哪一年出生一直是眾說紛紜，有人認為是西元1477年左右，但後來專家學者覺得應該再晚一點，大約西元1488到1490年左右，不過不管提香在哪一年出生，他逝世的時候應該有九十多歲了，這在醫學發達的今天都是罕見的高壽，何況是生活在十六世紀的歐洲？由此可見提香一定過著舒適安樂，平安無憂的生活。

　　提香是威尼斯畫派的大師，擅長宗教聖經、希臘神話的故事，他筆下的裸體女性簡直就是完美女體的傳世典範，很多畫家會參考提香作品自己畫畫看，難怪提香被認為是「油畫之父」。

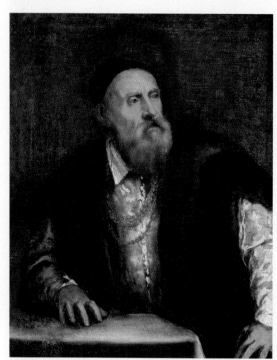

↑自畫像，1560年，75 x 96cm，油畫、畫布，柏林國立繪畫美術館。

　　提香在很小的時候就展現藝術天份，父親在他十二歲那年送他去和威尼斯名師貝里尼學畫，在那邊認識畫風相當接近的學長——吉奧喬尼，提香太喜歡和這位學長切磋畫藝，對老師貝里尼反而不是很積極，導致後來二個人都被貝里尼趕了出去，提香和吉奧喬尼只好自立門戶，不過吉奧喬尼英年早逝，隔沒幾年貝里尼也去世，整個威尼斯就成了提香的天下。

　　提香取代貝里尼成為威尼斯共和國的國家畫師，他很受達官貴人的喜愛，一來因為提香的畫藝高超，二來他很擅長交際應酬。他並不像一般藝術家那麼孤高自賞，他是一個應對得體、談吐有禮的社交型藝術家，各國的皇室成員、教會長老都和提香有不

錯的交情。

很難想像藝術家可以累計富
可敵國的錢財和地位，提香就是
這樣少之又少的天之驕子，他和
兒子都擁有貴族的封號，法王亨
利二世降尊屈貴拜訪他的畫室，
神聖羅馬帝國的查理五世願意騰
出一座城堡請提香到德國去住，
羅馬教皇、西班牙王室也紛紛向
提香示好，提香成為當時紅透半
邊天的畫家，他累積數百萬的財
富，他的家和國王的宮殿一樣漂
亮，他有幸福和樂的家庭，還購
置美麗的海邊花園別墅。十六世
紀貿易興盛的威尼斯無疑是個富
強的國家，屬於威尼斯的提香過
著養尊處優的生活，難怪他的畫
作充滿美好歡樂的氣氛。

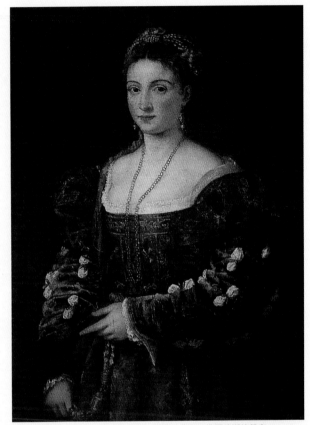

↑拉貝娜像，1536，89 x 75.5cm，油畫、畫布，佛羅倫斯彼蒂宮。

提香會那麼受歡迎不是沒有原因的，他是一位很出色，很神奇的肖像畫家，懂得抓
住對方的神韻，畫出來的人物不但溫暖有生命，還能反映出內心的世界，提香還有一項
絕技，就是他可以把畫中的人物畫得很年輕，但個性特色完全不走味，也難怪政商名
流、名門淑女要捧著大把金銀珠寶請提香幫自己作畫。現代人會去拍一組沙龍照來留下
美麗的倩影，十六世紀的人就去找提香，畫下自己青春光彩的肖像，尤其歐洲各國的國
王更希望藉由提香的巧手，讓王者典範可以傳世不朽。

在藝術上成就很高的提香，在個性上卻不脫威尼斯商人的本質，雖然提香的財富已經多到花不完，但是他對金錢仍然斤斤計較，一副守財奴的嘴臉，該收取的畫款，該討價還價的支出，提香可是認真的計算著一分一厘，從他在自畫像裡面精緻的衣著、配飾，他認真的表情，以其強而有力的手部姿勢，就可以想像提香精明理財的樣子，只可惜提香和兒子雙雙因為鼠疫死去，據說提香死後他的豪宅立刻被強盜洗劫一空，計較那麼多金錢又有什麼用？

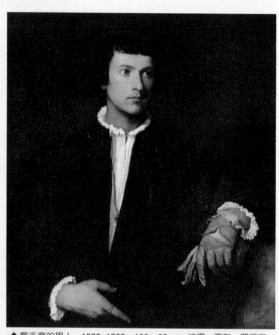

↑戴手套的男人，1520~1523，100 x 89cm，油畫、畫布，羅浮宮。

不管提香活到八十歲，九十歲，或是一百歲，他在生前都是過著貴族般的生活，他的家庭幸福美滿，事業又讓他功成名就，能有名利雙收，多金多壽的一生，是多少藝術家夢寐以求的事？拉斐爾雖然受到貴族喜愛，卻英年早世無福消受，梵谷的畫價雖然屢創新高，卻無法在生前享受到世人的肯定與榮耀，有才華但是一生困頓的藝術家太多了，能像提香在有生之年就得以安享成功的藝術家真是太幸運了，只能說上天對提香似乎特別厚愛吧？提香不但是國王最愛護的藝術家，也是上帝最眷顧的藝術家。

人物簡介

提香（Titian），西元1484?~1576年

是繪畫大師還是繪畫工廠？

魯本斯一生繪製了三千多件作品，這麼驚人的產量使世界各地的美術館幾乎都有他的作品，除了本身創作力驚人，也歸功於魯本斯很懂得經營生涯，有些作品自己畫，有些作品和其他畫家共同執筆，還有一些作品是魯本斯先勾勒草圖，讓弟子學生去畫，自己再做最後的修飾，難怪他的作品褒貶互聞，大概也要看看該作品魯本斯的參與有幾分吧？

魯本斯是安特衛普人，但是父母因為喀爾文教派受到迫害而遠離家鄉，所以魯本斯是在父親過世之後才隨同母親回到安特衛普。他央求母親讓他學畫，二十一歲就在安特衛普取得畫師身份，也可以自己招收學生了，成名以後魯本斯在故鄉成立了大型的繪畫工作室，歐洲各國的皇室都喜歡委託魯本斯作畫。魯本斯不但活躍於十七世紀的歐洲畫壇，更參與當時的政壇活動，他博覽群書、廣交朋友、出使各國斡旋歐洲的和平，是一位極有思想才華的外交畫家。

魯本斯最擅長的就是繪畫人體肌

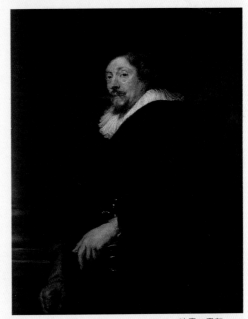

↑自畫像，1638~1639，109.5 x 85cm，油畫、畫布，維也納藝術博物館。

膚，他筆下的裸體充滿肌肉美，有類似雕刻的立體感。他早年在義大利遊歷觀摩，學習提香及拉斐爾等大師的技法，再融合北方法蘭德斯派精緻的畫風，開創充滿力與美的巴洛克畫派。

比較魯本斯和拉斐爾、提香等相似題材的作品，就會發現魯本斯筆下的美

人物簡介

魯本斯（Rubens），西元1577~1640年

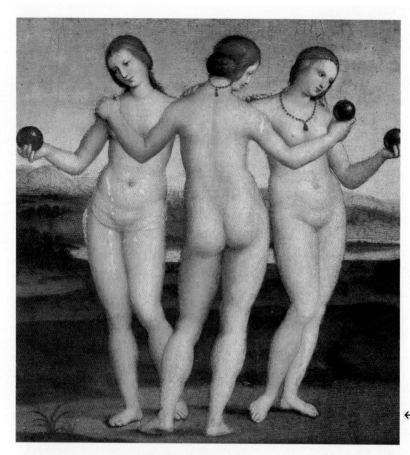

神，總免不了有他獨特的肌肉明暗處理。

　　這項技巧讓當時的歐洲畫壇驚豔，歐洲王公貴族紛紛請魯斯本作畫，高布林工廠根據他的圖稿製作織錦壁毯，雕刻師參考他的畫作來雕刻，可以說整個歐洲瀰漫著「魯斯本風格」。他的工作應接不暇，所以他也像個繪畫包工，接下案子之後交給簽約的畫家或學生代筆，最後再自己審視修潤來完成魯本斯出品的創作，然而這種近似繪畫工廠的作法並沒有影響魯本斯大師級的地位，幾個世紀後的德拉克洛瓦和雷諾瓦等畫家仍然受到魯本斯的啓蒙。

　　魯本斯見聞廣闊，他的一生多采多姿，算得上一位功成名就的大師，可惜晚年深受

關節疾病所苦，他為自己畫下這一幅自畫像，似乎想利用這幅畫替自己的一生作註解，留下完美的形象。

　　魯本斯在畫中一手戴著手套，保護他因為痛風而特別脆弱的手部，他的另一隻手放在一把劍上，寶劍象徵國王賜予的榮譽，他戴著大羽帽和假髮遮蓋住自己的禿頭，整張畫作也因此顯得莊嚴氣派，看起來很有精神，或者魯本斯想用這幅畫掩飾自己的病容，這是他生前最後一次替自己畫像，隔年魯本斯就去世了。

　　魯本斯是少數在有生之年就名利雙收的畫家，雖然部份作品是學生幫忙完成，部份專家因此批評這個「魯本斯工廠」只是產量多，但質量不夠精純，然而在魯本斯之前，西方美術史還沒有人可以跨足其他領域並得到同樣輝煌的成就。龐雜的外交事務、應接不暇的肖像畫委託，魯本斯的確需要一些助理幫手才能順利運作，也許這些學生不及老師的天份，但不能因此質疑魯本斯的偉大，他那明亮奔放的巴洛克風格，對往後的浪漫派、印象派影響深遠，魯本斯絕對是值得肯定的一代大師。

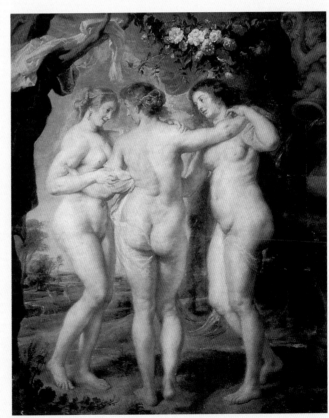

↑ 魯斯本，三美神

畫室小童

　　小學的時候讀過一本童書「畫室小童」，知道了西班牙在十七世紀有一位偉大的宮廷畫家——維拉斯蓋茲。維拉茲蓋斯曾經幫他的畫室助理——璜‧帕雷哈畫過一幅肖像，這幅作品也是維拉斯蓋斯最好的肖像畫作之一。

　　帕雷哈其實是一項「財產」，他是個黑奴，原先的主人過世後，財產就由維拉斯蓋茲繼承，帕雷哈從此就成為維拉斯蓋茲的畫室助手，幫忙把畫布在畫架上繃好，把各色顏料按照大師的習慣在調色板擠好，小說裡面描述帕雷哈會先幫維拉斯蓋茲在畫布上先上一些基礎底色，但根據史實，維拉斯蓋茲是不可能假手他人來畫底色的。

　　當時西班牙禁止奴隸從事和藝術有關的工作，儘管帕雷哈從小耳濡目染的看著維拉斯蓋茲作畫，看到不少神奇的畫面漸漸成形而躍躍欲試，根據法律他還是不准拿畫筆的，所以帕雷哈只好在私下偷偷作畫，他一方面喜歡作畫的樂趣，一方面又有欺瞞主人的罪惡感。

　　維拉斯蓋茲後來把自由還給帕雷拉，讓他可以做自己想做的事，有一說是帕雷哈把自己畫的作品偷偷混在維拉斯蓋茲的畫作當中，等國王來賞畫的時候趁機自首，並提出爭取自由的要求；國王看到帕雷哈把自己心愛的獵狗畫得栩栩如生，也覺得這樣的人當奴隸太可惜，當著國王的面，維拉斯蓋茲只好放帕雷哈自由。另一個版本是維拉斯蓋茲主動的把自由還給帕雷哈，藉此獲得他的忠誠和友誼，希望帕雷哈能在自己死後繼續照顧他的妻子和家人。

　　不管事實真相如何，帕雷哈在西元1654年獲得自由以後並沒有離開維拉斯蓋茲，他還是待在大師的畫室工作，顯然帕雷哈想恢復自由身只是希望能公開作畫而不觸法，他和維拉斯蓋茲主僕的友誼並沒有改變。

　　維拉斯蓋茲是在義大利旅行時才幫帕雷哈畫的像。西元1649年他遵照菲利普四世的命令，帶著侍從帕雷哈到羅馬去幫西班牙王室採購一些藝術品，維拉斯蓋茲當然也想讓

人物簡介

維拉斯蓋茲（Diego Velazquez），西元1599~1660年

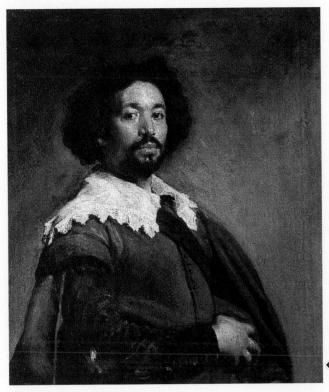

← 璜‧帕雷哈，1650，81.3 x 69.9 cm，
油畫、畫布，紐約大都會美術館。

義大利人知道自己的繪畫能力，所以在旅行中就用了黑人侍從帕雷哈當模特兒，畫了一
幅「樣本」在義大利展出，他甚至借給帕雷哈一副白色的蕾絲領，用來襯拖他的膚色讓
畫面更搶眼，否則奴隸在當時是不准做這樣打扮的。這幅畫在羅馬公開展示果然引起轟
動，獲得一致的好評，教宗和其他一些貴族都請維拉斯蓋茲也替自己作畫，一位藝大利
的藝術評論家曾經讚賞過這幅畫，他說其他的繪畫只是藝術，而這幅帕雷哈卻是「眞
理」。

　　畫中的帕雷哈正視前方，眼神和姿勢有一股說不出的神氣，一點也不像個卑微的奴
隸。他知道主人即將拿自己的畫像在義大利打開知名度，於是他用眼神告訴義大利人，
我們西班牙的維拉斯蓋茲大師是最棒的，帕雷哈對主人的能力深信不疑，與有榮焉的自
信和自負完全表現在臉上。

英雄

　　法國大革命在法國是一段關鍵性的歷史，就如同國父革命推翻滿清一樣重要，當時的拿破崙既有國父的理想熱血，也有袁世凱的軍事能力，他當上執政者，進行修憲、更改幣制，後來自己又當皇帝，最後因兵敗滑鐵盧而結束傳奇的一生，這一切盡在畫家大衛的筆下呈現。大衛是拿破崙熱烈的崇拜者，拿破崙掌政之後，大衛順理成章成為御用畫家，他就像一個用繪畫記錄大革命和拿破崙的史官。

　　大衛十幾歲就進入皇家藝術學院就讀，當時法國流行的是浮華的洛可可風，大衛卻覺得那種貴族氣的作品一味取巧，完全沒有靈魂。經過好幾年努力他才拿到羅馬大賞，這是國家頒發的獎學金，贊助優秀的藝術家到義大利臨摹古典的美術作品，大衛從義大利回來以後更傾心於希臘羅馬時期的英雄式主題，加上法國進入大革命的紛亂期，人民唾棄腐敗的洛可可裝飾文化，讓大衛有機會以新古典主義感動人心。

　　大衛最有名的「馬哈之死」也是革命期的故事，馬哈（Marat）是位熱愛自由的醫生，也是當時站出來鼓吹自由民主的精神領袖，他在家浴缸被一名狂熱女性刺殺身亡，大衛用生動精彩的筆觸畫下這位壯志未酬的革命烈士，讓觀畫者不禁為之動容。

　　西元1797年大衛認識了拿破崙，當時拿破崙才二十七歲，就已經率領軍隊遠征義大利，同時打敗反對法國革命的奧地利，帶回可觀的金銀財寶，剛好替財政窘困的法國政府解危，大衛見到身材短小的拿破崙，卻覺得見到心目中的真正的大英雄，於是立刻動筆作畫，現實生活中的拿破崙其實是騎著破驢，率領的軍隊也是衣衫襤褸，但是大衛把拿破崙畫得虎虎生風，華服駿馬，這是大衛心目中的拿破崙，一個所向無敵的真英雄。

　　拿破崙在歐洲勢如破竹，位高權重的將軍最後終於總攬大權，議會被迫選拿破崙為第一執政，掌握軍事、政治、外交大權。他開始的獨裁統治，接著加冕稱帝，幸好他的獨裁是英明而非殘暴的，他

人物簡介

大衛（Jacques Louis David），西元1748~1825

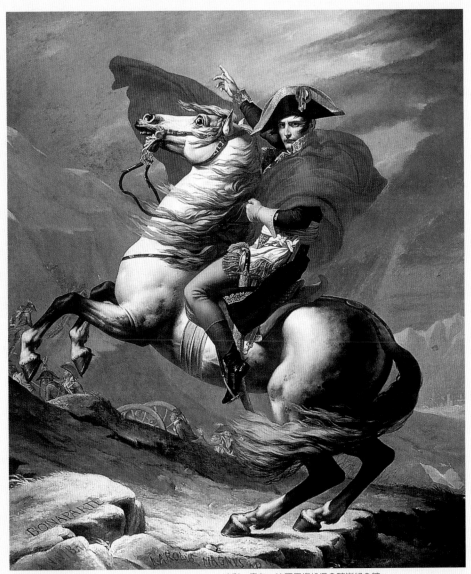

↑拿破崙越過聖伯納山，1800~1801，244 x 231 cm，油彩、畫布，法國馬梅松堡拿破崙紀念館。

也頒佈著名的法典，讓人民享有自由、平等、博愛的權益，並把羅浮宮改成博物館，整理法國的文化寶藏，他還發行新幣制解決通貨膨脹，同時又征戰歐洲建立法國威信，法國人民也許失去了民主，但是拿破崙帶來更好的經濟、外交生活，算是一位頗受愛戴的好皇帝。

大衛受託畫下拿破崙加冕稱帝的畫面，他選擇約瑟芬加冠封后的情景作畫，拿破崙站在這幅畫前久久不語，內心深受感動，大衛幾乎畫出典禮的每個細節，連一些當天沒有參加的貴賓，例如拿破崙的母親和紅衣主教等等，都被大衛善意的安排在畫面的貴賓席，這當然讓滿心皇帝夢的拿破崙龍心大悅，要求大衛繼續畫其他記錄輝煌帝國的歷史畫，於是大衛成了有權又有錢的藝術家。

不過政局是多變的，人生未嘗不是如此？畫中稱后的約瑟芬後來因為久婚不孕成了下堂妻，拿破崙另娶奧地利公主生兒育女，戰無不克的拿破崙後來在俄國失利，幾次絕地大反攻還是功敗垂成，滑鐵盧一役讓他從此失去舞台，也讓大衛從藝術的雲端摔了下來。

大衛被新的波旁政府排擠，朋友雖

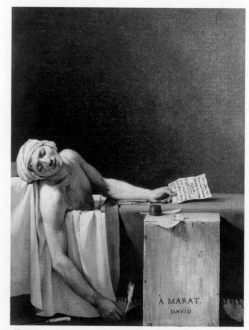

↑ 馬哈之死，1793，165 x 128cm，油彩、畫布，比利時皇家博物館。

然想居中斡旋卻被大衛婉拒，他自願接受驅逐，搬離法國到比利時定居，大衛也拒絕其他國家的邀約禮聘，無心東山再起，晚年大衛以看戲、作畫自娛，最後在比利時病逝。他雖然客死異途，未能回歸從小生長的法國國土，但是他英雄史詩般的作品，他筆下的拿破崙英姿，卻早已深深的刻在法國人心中，成為法國歷史的一部份了。

鬥牛士之死

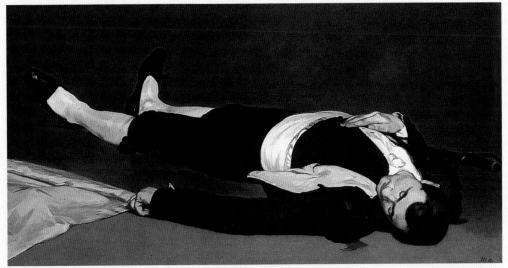

↑鬥牛士之死，1864，75 x 155cm，畫布、油彩，華盛頓國家美術館。

被視爲印象派始祖的馬奈，是一位對西班牙文化相當著迷的人，他曾經畫過不少帶有西班牙色彩的作品，而這幅「鬥牛士之死」只是其中的一小塊拼圖，因爲當時馬奈受到輿論批評，就拿刀子再把鬥牛士肢解一次。

馬奈在西元1864年展出一幅「鬥牛場的意外」，結果被批評的很慘，甚至有報紙畫了諷刺性漫畫來取笑他，有一個記者還尖酸刻薄的說：「這幅畫就像一隻長著犄角的老鼠，戳死一個木頭做的鬥牛士。」馬奈默默忍受無情的評論，等沙龍畫展結束拿回失敗的作品，馬奈拿起刀子把畫一切二半，可憐的鬥牛士在畫裡死了一次，現在又被劃上一刀。

原畫的面貌已經拼不起來，如今只能從當時反對的報導去想像一二，馬奈割開畫布只保留了二大塊，一個就是「鬥牛

人物簡介

馬奈（Manet），西元1832~1883年

士之死」，另一個部份就是後來才發現的鬥牛場背景。

　　原本世人以爲馬奈只留下「鬥牛士之死」的片段，但是收藏家弗立克在西元1914年得到一幅奇怪的鬥牛場景，這個片段相當不完整，鬥牛士的腳被切掉了，牛也只剩下一點背部還看得見，因此專家懷疑這是不是失傳已久的拼圖之一？不過這二個片段還是無法拼在一起，也很難模擬當初完整的構圖是什麼樣子，後來科學家利用X光研究每一層油彩，才證實了這二幅鬥牛作品都來自當初的「鬥牛場的意外」，倒下死亡的鬥牛士是原畫左下半的構圖，而鬥牛場景則來自原畫的右上角。

　　馬奈把切開後的二幅畫又重新加工，去蕪存菁的保留最好的部份，原本鬥牛士之死的畫面應該還是在鬥牛場內，右上角有一部份牛的身體，左上角也有柵欄木門的延續，不過馬奈用棕色把整個背景單純化，讓焦點集中在鬥牛士的死亡，鬥牛士雖然倒下，卻不忘鬥牛精神，他一隻手放在胸口，另一隻手還緊緊抓著旗幟，好像鬥士的軀體雖然倒下，身爲鬥士的榮耀依舊長存。

　　馬奈的繪畫精神不也是這樣？他覺得傳統的繪畫已經走入死角，爲什麼十九世紀的歐洲還要去臨摹古希臘羅馬的人物？他選擇畫當代的生活，管他對象是政治犯，是妓女，還是街頭頹廢的酒鬼。馬奈百無禁忌的作畫，一心想開創全新的風格，他就像上場鬥牛的勇士一樣，以爲可以聽到群眾如雷的歡呼聲。不過要扳倒根深柢固的傳統思維談何容易？每一次挑釁往往引來蠻牛更強大的攻擊，馬奈使用的敏感題材和非傳統的手法常常讓保守的藝文界痛加抨擊，他獲得的噓聲其實比掌聲還要多，不過他的鬥志不減，屢敗屢戰。

　　年輕的藝術家如雷諾瓦、莫內等人都相當崇拜這位勇於創新的前輩，馬奈身先士卒的和傳統對抗，堅持自然主義的道路，對後起的印象派產生深遠的影響，然而馬奈自己從來不參加印象派畫展，他是不侷限於任何派別的，他的作品雖然褒貶互聞，他的精神卻讓人敬佩，且馬奈的現代改革也讓他在藝術史上留下不可抹滅的地位。

他在想什麼？

沉思者大概是羅丹最有名的雕塑作品，這個滿臉凝重，托著下巴深思的男人是誰？他到底在想什麼？他若有所思的神情總是讓人忍不住好奇心。

沉思者原本只是羅丹曠世鉅作「地獄門」的其中一座塑像，這扇門耗費八噸重的青銅灌鑄而成，門上有186個表情、姿勢各異的人像，羅丹盡其一生都還沒有全部完成這個規模浩大的作品。地獄門取材自詩人但丁的「神曲」，凡人進入地獄，就不再有光明和希望，剩下的只是死後的審判和煉獄的苦難，沉思者在地獄門這個作品中代表但丁，他坐在門楣上面，蹙著眉看著下方在地獄翻騰受苦的人們，當下對人生的愛嗔癡怨有一番長思。

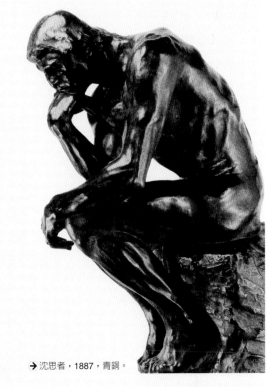

→ 沈思者，1887，青銅。

羅丹後來把沉思者放大成單獨一個作品，沉思者變成一個渾厚強壯的巨人，他頹然的坐在椅子上沉思，彷彿歷盡滄桑的一個中年人，對過去和未來都有不同的省思，這位沉思的巨人正是羅丹自己，羅丹的創作之路也是充滿苦悶和掙扎，沉思者正是他現實生活的寫照，羅丹最擅長的

除了寫實的雕出逼真的人體，他似乎可以將人類內在的情感也一併雕刻進去。

羅丹出生於巴黎一個平民家庭，十四歲的時候進入一所免費的工匠學校開始接觸藝術，他雖然很想唸鼎鼎大名的藝術學院，不過三次申請都遭駁回，沒多久羅丹的姐姐瑪麗因為感情問題遁入修道院，

人物簡介

羅丹（Auguste Rodin），西元1840~1917年

鬱鬱寡歡的抱病而終，和姐姐感情甚篤的羅丹大受打擊，也跟著進入修道院，希望超脫人間悲苦。不過當時才二十二歲的羅丹不單單是情感豐富，更是血氣方剛的年輕人，神父看出羅丹對俗世仍有放不下的熱情，便鼓勵他繼續雕刻把內心的狂熱宣洩出來，神父看出羅丹的確有雕刻的天份，於是勸羅丹還俗，要他以雕刻侍奉天主。

羅丹在二十四歲開始從事雕刻工作，一開始先擔任助理，後來開始自己創作，早期的作品如「傷鼻的人」、「青銅時代」已經隱隱透露出羅丹的潛力，不過羅丹得到的批評和鼓勵是一樣的多，尤其「青銅時代」因為結構和線條太完美，簡直就像真實的人體，因此遭到沙龍評審的退件，理由是懷疑羅丹可能直接拿屍體去翻模，作品才會那麼逼真寫實，經過其他雕刻家的陳情抗議，才還給羅丹應得的榮譽。

↑青銅時代，1876，青銅。

沙龍事件的確帶給羅丹更高的知名度，但羅丹的作品所帶來的爭議一直大過讚美。他興緻勃勃的創造一系列文學家肖像，為了抓住雨果、巴爾扎克等人的精神，羅丹甚至還仔細讀過他們的著作才進行雕刻，不過這些塑像遭受嚴厲的批評和退件，甚至還引起一場喧然大波，氣得羅丹把作品拿回家自己擺設。他內心一定充滿苦悶，羅丹不滿學院派的古典保守，他希望雕刻出來的作品必須有情感，有血肉靈魂，那樣才是偉大的藝術。經過一番痛苦掙扎的沉思，羅丹還是執意走自己的風格，當初「巴爾扎克像」被批評得體無完膚，如今卻被認為是法國的驕傲，是羅丹最好的作品之一。

沉思者也是羅丹第一個被大眾接受，得以放置在公共場所的雕像。西元1906年法國的社會極度動盪不安，沉思者被放在巴黎萬神廟前方，做為社會主義的精神象徵，不過到了西元1922年政府又藉口雕像放在廣場會阻礙國家慶典的進行，而

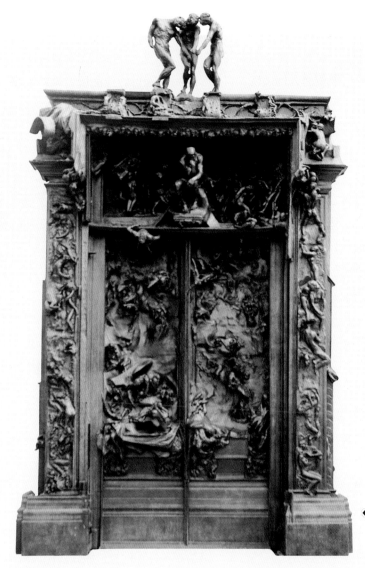

← 羅丹《地獄之門》，
　銅，1880～1917年。

把雕像再次搬走，放與不放之間，其實都證明了這座雕像對群眾的影響力。沉思者最後
被移到目前羅丹美術館的花園裡，繼續展現它深刻的精神魅力，不管日曬雨淋都無損這
尊巨人的沉著美麗，羅丹透過沉思者帶領人類不停的思考、超越，替人生尋找解答，與
其說羅丹雕塑了一個沉思者，倒不如說他藉由雕刻的手法，創造出一個偉大的哲學家。

冷酷又熱情的高更

高更在西元1888至1889年之間畫了不少自畫像，這一年是高更創作的轉捩點，他先是到亞爾（Arles）和梵谷一起作畫，後來又跑到布列塔尼尋找理想中的原始世界。這些自畫像一方面是在尋找、定義自己，一方面又是向世人表白，渴望被瞭解，其中以這張略帶漫畫風格的自畫像，最能突顯高更嘲諷叛逆的性格。高更使用熱情的紅、黃色，手裡卻玩著蛇冷笑，他的一生似乎就是這樣，某些地方熱情執著，某些地方又冷酷無情。

高更的父親是記者，母親是祕魯名門之後，由於父親早逝，高更小時候曾隨著母親在秘魯住過幾年，可能是童年深刻的印象，高更似乎對神秘而原始的異國文化特別有興趣，這和一般活躍於歐洲的畫家是大不相同的。

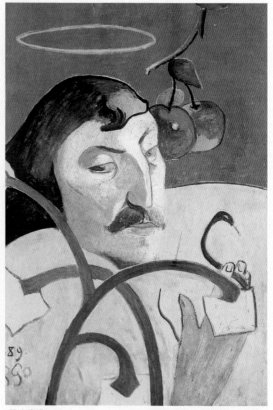

↑自畫像，1889，79.2 x 51.3 cm，油彩、畫布，華盛頓國家畫廊。

高更原本很有錢，母親死的時候留了一筆遺產，外加他擔任股票經紀人做得有聲有色，二十五歲娶妻生子，美滿安康的生活讓人豔羨，那時候高更充其量是星期日畫家，平常忙著股票操作，只有假日才有空作畫。西元1878年巴黎沙龍接受了高更一幅畫，讓

人物簡介

高更（Paul Gauguin），西元1848~1903年

他學畫的信心大增，別人將他歸類到後印象派，但是他看不起印象派畫家只會研究光線變化，覺得那樣的作品沒有思想靈魂，他深信自己可以畫出更有意義的作品，覺得自己一定會名揚歐洲。

三十七歲那一年，高更毅然辭去高薪的股票經紀工作，也沒有事先和家人朋友商量，就決定以後天天都要作畫，結果高更的畫展並沒有想像中轟動，畫賣不出去，第四個兒子又接著出生，全家的生活立刻陷入窘境，高更的妻子難免對生活的劇變有些抱怨，然而高更卻從此出走流浪，自行去追求藝術的世界，把家庭的重擔全部丟給妻子去傷腦筋。

高更不但對家人無情，對朋友的選擇似乎也很孤傲，因為秀拉的點描法在畫展異軍突起，而高更的畫卻乏人問津，他因此和秀拉拒絕往來，也和其他印象派的畢沙羅、雷諾瓦、莫內交惡，一副道不同不相為謀的樣子。僅管高更的畫作尚無法讓大眾認同，他仍是固執的要走自己的路，也不管這條道路註定特別孤獨。

高更先去法國西部的布列塔尼作畫，後又興致勃勃的遠赴巴拿馬、馬丁尼克等熱帶島嶼，他尤其喜歡馬丁尼克那些黝黑的土著，覺得自己深受啟發，找到作畫靈感，可是幾次旅行已經花光了錢，高更最後只好在船上當水手來換取船資，很狼狽的從馬丁尼克回到法國。

很可惜馬丁尼克那些異國風光在市場還是不叫座，之前做股票經紀的同事暫時收留高更，他才不至於流離失所，接著梵谷熱情邀請高更到南法，還請弟弟幫高更籌路費，可惜二人空有相同的熱情，卻是完全相異的理念，導致梵谷發生割耳的慘劇。高更把梵谷交給其弟西奧，自己趕忙又朝下一個目的前進，最後在大溪地找到家的感覺，晚年就在大溪地繪畫、寫作，結束他叛逆、反傳統的一生。

畫中的高更給自己加了聖人的光環，他相信自己即是真理，他的身後垂著代表亞當和夏娃的蘋果，手上玩弄著魔鬼幻化的蛇，高更的表情滿是嘲諷，像是嘲諷自己矛盾的形象，也像是嘲笑世人那副驚訝不解的表情。

高更對家庭沒有什麼責任感，對朋友也不見深厚的友誼，他可以因為一點小事和對方斷交，怎麼看他都像一個自私無情的男人，然而他對藝術的熱情卻是無怨無悔。他放棄工作、家庭去追求理想，為藝術忍受貧窮、困苦的生活，他原本可以不用這麼辛苦的，這份執著絕非一般人所能做到。

可以說高更對藝術是熱情的，他的

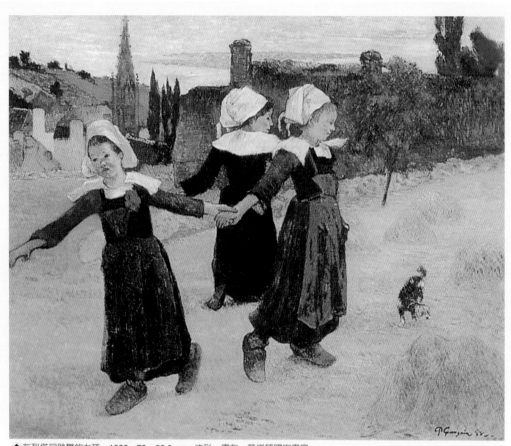

↑ 布列塔尼跳舞的女孩，1888，73 x 92.8 cm，油彩、畫布，華盛頓國家畫廊。

眼裡只看得到藝術，其餘的人情世故他似乎無暇他顧，他的一生就如同他的作品一樣，拋開文明的矯飾虛情，追求原始純樸的美麗，當年的高更可能讓親友大搖其頭，覺得他是個不切實際，過於浪漫的幻想家，然而他留下風格獨特的作品，卻讓後人印象深刻，從而肯定他的藝術成就，高更似乎在畫裡自我解嘲著，不管外人看我是冷酷或是熱情，我就是我，自大也好，狂傲也罷，這些都無所謂，我就是「眞」，這份眞不需掩飾，我就是這樣一個人。

梵谷和他的心理醫生

梵谷最駭人聽聞的事莫過於他把自己的耳朵割下來，之後他進出精神病院二次，精神狀況極不穩定，一向關心梵谷的弟弟西奧就拜託嘉舍醫生幫忙照顧哥哥，於是梵谷搬到靠近巴黎的歐維（Auvers-Sur-Oise），由嘉舍醫生輔導照料，短短二個月的醫病關係似乎有難解的謎，在畫完嘉舍醫師之後才沒幾個星期，梵谷就舉槍自盡了。

梵谷的割耳事件和高更有關。西元1888年他邀請高更到亞爾（Arles）一起作畫，滿心想著要創辦一個藝術家互相合作，一起工作的機構，不過二個人的個性南轅北轍，梵谷急燥熱情，高更孤傲冷靜，二人對繪畫的理念不同大吵特吵，

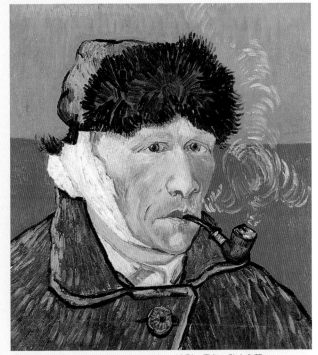
↑割耳自畫像，1888~1889，51 x 45cm，油彩、畫布，私人收藏。

梵谷無法忍受高更輕視自己的作品，一時激動拿著剃刀追殺高更，嚇得高更連忙躲起來，稍後梵谷可能覺得自己剛才的舉動太丟臉，在又激動又沮喪的情況下竟然把自己的一隻耳朵割下來，還送給當地一個妓女伊凡娜。伊凡娜本來和梵谷不錯，但是英俊的高更到亞爾之後，她就對梵谷冷淡下來，讓梵谷耿耿於懷。

割耳後的梵谷被鄰居當神經病，於是叫警察把梵谷關到精神療養院，過沒多久發現梵谷其實沒有瘋，就把他放了出來，沒想到精神狀態不穩的梵谷竟然在第二年自己要求住到精神病院去。梵谷一直有癲癇症和憂鬱症的問題，或許就是這樣才讓人覺得他精神

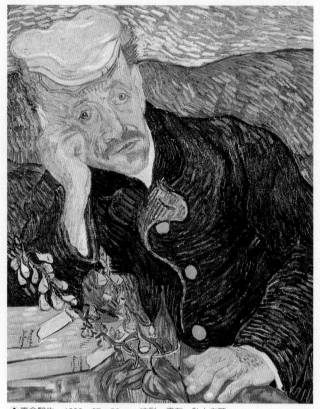

↑ 嘉舍醫生，1890，67 x 56cm，油彩、畫布，私人收藏。

有問題，但是他在這段時間創作的畫作也最豐富精彩，西元1890年五月，弟弟西奧便把哥哥接到奧維去看嘉舍醫生了。

嘉舍醫生對藝術極為熱愛，他似乎很喜歡梵谷的作品，鼓勵他繼續作畫來轉移精神的紊亂，可是梵谷似乎不相信嘉舍醫生，他在五月24日寫信告訴弟弟西奧，表示嘉舍醫生比自己還要像瘋子，梵谷還比喻要一個盲人牽著另一個盲人走路，那不是要一起跌到水溝去？

有可能是因為梵谷對嘉舍醫生的不信任，二人沒多久就絕交了，但也有人說梵谷愛上嘉舍醫生的女兒，才讓醫生氣得不想和梵谷往來，不過到了六月梵谷似乎又與嘉舍醫生和好，二人有一些書信往來，還畫下二幅嘉舍醫生像，可能是想要和醫生恢復友誼，醫生手裡拿著毛地黃，這是用來萃取強心劑的植物，他的表情沉重哀傷，這多少反應出畫家情緒低落又力圖振作的心態。

 人物簡介

梵谷（Vincent Van Gogh），西元1853~1890年

　　梵谷在七月初還曾去拜訪嘉舍醫生，傾訴自己不安的心情，希望嘉舍醫生能夠同情自己，幫助自己，不過嘉舍醫生似乎仍然避開這個問題，只是拼命讚美梵谷的才華，要他努力作畫而不要胡思亂想，可惜這個方法不管用，梵谷還是在七月二十七日舉槍自盡，結束混亂無解的一生。

　　西奧的太太在幾年後把這幅嘉舍醫生賣了三百法郎，（大約美金五十三元），不過到了西元1990年這幅畫在佳士得拍賣會才開賣三分鐘就被日本收藏家齊藤（Ryoei Saito）買走，價格已經飆昇到8250萬美元，成為歷史上最貴的畫作，這個記錄一直到西元2004年5月才由畢卡索「拿煙斗的少年」以一億四百多萬美金的創新天價所打破。不過，買下「嘉舍醫生」的齊藤也踢到鐵板，當他在西元1997年想賣掉這幅畫時，佳士得拍賣公司卻只願以一千萬美金買回，整個過程實在很戲劇化。

　　梵谷生前只賣出一幅畫和二張素描，價錢只有區區幾百塊甚至幾分錢，百年後梵谷的畫卻成為世界上最昂貴難求的藝術品，其驚人的增值力，和梵谷驚人的創造力同樣讓世人嘆為觀止。

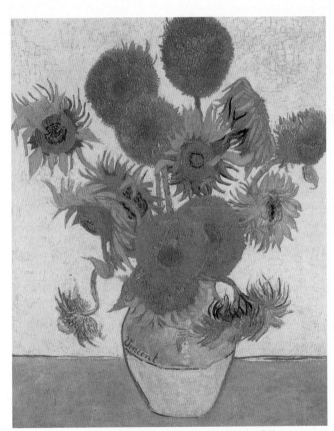

↑向日葵，1889，95×73cm，油彩‧畫布，阿姆斯特丹梵谷美術館。

七根手指的夏卡爾！

右手拿調色盤，用左手寫字作畫的藝術家不稀奇，但是左撇子加上七根手指？這真是天下奇觀了！不知道天底下有沒有這樣的人？但夏卡爾的確畫過這樣的自畫像。

夏卡爾是出生在俄國鄉間的猶太人，七指自畫像是夏卡爾離開俄國故鄉，剛到巴黎展開創作生涯所畫的。原先夏卡爾希望考取俄國聖彼得堡的工藝學校，無奈他的作品風格對保守的帝俄而言實在太前衛，名落孫山的夏卡爾決定前往更自由奔放的巴黎，希望在這個兼容並蓄的舞台能有一番作為。

西元1910年，夏卡爾在巴黎的蒙帕拿斯落腳，二十世紀初巴黎的藝術圈已經從蒙馬特移到新興的蒙帕拿斯一帶，夏卡爾和勒澤、莫迪利亞尼等藝術家合租了一個畫室，開始在巴黎尋找自己的舞台，隔年他就開始創作七指自畫像，他先用鉛筆、水彩試畫了幾次草圖，接著在西元1912年完成七指自畫像的大型油畫。

夏卡爾是很有想像力的畫家，小時候看到祖父要殺牛，小夏卡爾會拍拍眼神驚懼的牛，偷偷安慰牛他不會吃牠的肉，少年的夏卡爾曾經懷疑過神的存在，他在教堂禱告：「神啊！如果你真的存在，就把我變成藍色的吧！或者把我變成月亮也可以……」這些「神蹟」並沒有發生，但是這些想像力後來都在夏卡爾的畫作中一一實現。

夏卡爾總是把內心想到的東西一股腦的排滿在畫布上，畫室的窗外看得見艾菲爾鐵塔，表示作畫中的夏卡爾身處

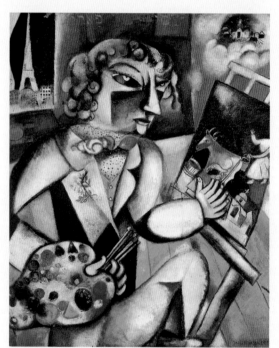

↑七根手指的自畫像，1912，128 x 107 cm，油畫、蛋彩、壓克力畫，阿姆斯特丹市立美術館。

巴黎，然而他也在懷念故鄉，所以另一面牆會出現俄國鄉間的羊群、農民和教堂；夏卡爾一頭卷曲的頭髮，一身宴會的打扮，作畫的夏卡爾竟然穿了高領圓點襯衫、西裝背心、外套，別上花俏的領結，胸前還插了朵玫瑰花，看起來華麗但又不失輕鬆浪漫，他應該是抱著正式慎重的心情，準備在巴黎展開一場繪畫的盛宴。

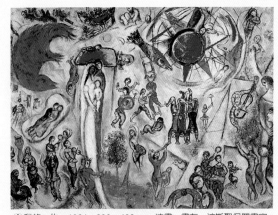

↑我的一生，1964，296 x 406cm，油畫、畫布，汶斯聖保羅畫室。

　　最奇怪的應該是有七根手指的左手，七指撫著畫布，似乎在說這是我創作出來的一切。夏卡爾認為繪畫和詩詞一樣，都是要構築一個神聖和諧的世界，如果說上帝用七天來創世界，那麼夏卡爾應該也要有七根指頭，才好創造畫裡的世界，或許夏卡爾希望在繪畫的領域裡，也能像上帝一樣創造出一個新的天地，而他真的做到了，夏卡爾既不算是立體派，更不是超現實主義，他的畫自成一格，天真純樸又可愛，經常讓人感覺到愛和希望在畫面上流動。

　　夏卡爾的前半生並不順遂，他先是回到俄國遇到蘇聯的十月革命，和共產黨格格不入的夏卡爾只好帶著妻小避居法國，誰知道後來納粹開始迫害猶太人，看到同胞被殘忍的殺害，夏卡爾感受特別深刻；接著二次大戰爆發，親德的維琪政府請夏卡爾離開法國，於是夏卡爾只好再逃到美國去，一直到六十歲再回法國，夏卡爾才算平靜的定居下來，然而半生波折並沒有讓夏卡爾對生命失去信心，他的畫內容有趣，色彩豐富，人物時而奔跑，時而飄浮，畫面充滿想像力與生命力，讓人忍不住微笑，夏卡爾的繪畫世界讓人深深著迷，世人對這位「七指之神」更是由衷的佩服。

人物簡介

夏卡爾（Marc Chagall），西元1887~1985年

倒立的小孩

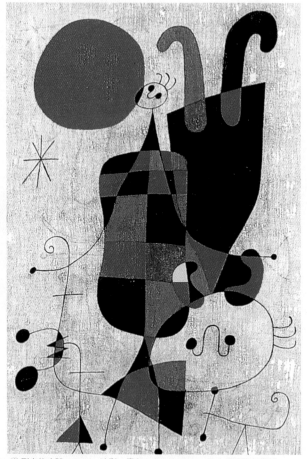

↑倒立的小孩，1949，油彩、畫布，81 x 41.5cm，瑞士巴賽爾美術館。

米羅（Joan Miro），西元1893~1983年

沒有人會像米羅一樣用變形蟲和觸鬚來構築一個繪畫世界，或者應該說，沒有「大人」會像小孩子一樣的亂塗亂畫，海闊天空的把想像力隨便畫出來。米羅的倒立人物，有大大的紅太陽，有長得像拐杖糖的雙腳，還有五顏六色的身體和簡單勾勒的臉譜，簡直像小朋友的創作一樣，充滿天真無邪的樂趣，什麼樣的藝術家會畫出這麼可愛的圖畫？

米羅出生於西班牙的巴塞隆納，父親是個製錶的金銀工匠，可能因為出身於工藝家庭，米羅從小就展現繪畫天份，七歲就開始學畫，可是後來父親卻不贊成米羅把繪畫當職業，要他去商店當出納收入比較穩定，米羅實在不習慣那種單調的生活，沒多久就病倒回鄉下農場休養。他在鄉間一邊休息一邊寫生，這次他決定要當個畫家追求理想。

原本米羅大致接觸了立體派和野獸派的作品，後來認識馬松（Andre Masson）又大開眼界的瞭解所謂的超現實主義，米羅喜歡超現實主張「非眼見的自然」，他贊同畫家筆下的事物不需要和照片一樣逼真寫實，但是米羅不喜歡超現實追求的夢境、驚悚或怪異不合常規的表現方式，米羅走自己的路，他用記號色彩把具體事物做抽象的表現，創立屬於米羅的符號圖騰。

米羅的作品也不是純粹抽象的點線面，他的世界裡有小孩、女人、星星、小動物，米羅是把看到的人事物經由自身的體驗、解讀再畫出來，米羅稱這種方法叫做「自動記述法」；心裡想到哪裡，筆下就好像一部機器似的畫到哪裡，因為筆隨意走，畫面就會呈現跳躍變形的趣味，米羅的畫總好像有蟲在蠕動，或是有小孩子在眨眼睛，感覺是動態而非靜止的畫面，娛樂感十足。

「倒立的小孩」畫面單純簡潔，但想像力卻很豐富，有一個人倒立著，他的身體和另一個直立的人相連接，站立者的頭很小，略仰著頭看太陽，倒立者的頭漲得大大的，米羅巧妙的在頭部旁間加上一些線條，馬上又組成一隻尾巴捲捲的小狗身體，當真是換個心情、換個角度看世界，

就會發現當中有不同的樂趣。通常沒有看過這幅畫的「大人」，第一眼的直覺會懷疑這幅畫是不是掛顛倒了？但天真無邪的小孩子可能就會拍著手笑，覺得有個小孩正在頑皮的翻筋斗，米羅的作品就是充滿詩意的童趣，只要釋放想像力，就可以進入米羅的奇幻世界，對畫中鮮豔的色彩和幽默的構圖發出會心一笑。

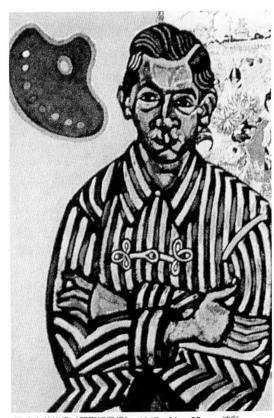

↑ 李卡特肖像（野獸派風格），1917，81 x 65cm，油彩、紙、畫布，紐約大都會博物館。

蘋果底下的秘密

　　皮爾斯布洛斯南演過一部「天羅地網」，故事描寫億萬富翁放著豪華生活不過，偏偏喜歡當雅賊追求刺激，當全市的警察在美術館佈下天羅地網準備來個人贓俱獲，這個雅賊卻從一幅「人子」得到靈感，安排一群穿西裝戴高帽的男人在美術館交錯穿梭，原本最明顯的目標因為分身太多而失焦，到處都是相同打扮的人，警察已經搞不清楚到底要跟蹤誰，最後讓男主角逃之夭夭。原本滴水不漏的捉賊記，竟然就栽在一幅畫的奧妙之中。

　　這張畫出自比利時畫家──馬格利特。當朋友向馬格利特要一幅自畫像時，他就畫了這張畫「人子」給朋友，畫中人沒有五官，一顆大蘋果把臉部整個遮住，眾人開始議論紛紛，馬格利特是什麼意思？人子有宗教上的意義嗎？蘋果象徵亞當和禁果的關係？馬格利特自己是這麼說的：「我們眼前看到的事物，底下通常還隱藏著別的事物，人們對眼前清楚易見的事興趣不大，反而會想知道被蓋住的是什麼東西。」這樣一幅自畫像，的確讓人更想認識藏在蘋果後面的瑪格利特究竟是怎樣的一個人？

　　瑪格利特生於比利時的一個小鎮，西元1927年帶著太太搬到巴黎，進入超現實主義的文藝圈。不過馬格利特不像其他的超現實派畫

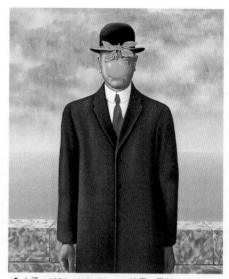

↑ 人子，1964，116x 89 cm，油畫、畫布，
紐約現代美術館。

家那麼看重佛洛依德的心理學，那些畫家喜歡夢中扭曲、抽象的東西，而馬格利特卻喜歡日常可見的物品，不過他會透過文字給予畫作不同的定義詮釋，藉此表現超現實手法，例如馬格利特會畫一根寫實的煙斗，卻在畫上故意標明「這不是一個煙斗」，再把這幅畫命名為影像的背叛，原本只是寫實的畫作，因為叛逃了眼見為實的外形具像，而成為超寫實作品，讓人苦思畫中的深意。

　　馬格利特喜歡用文字符號去詮釋作品，他的作品不能光看畫的本身，要超越視覺上的直接接收，看看他給畫下的定義，進而去發想背後的寓

意。這種圖畫結合了哲學、文學的表現手法，到現在還常被人拿來當做廣告創意玩。

除了常常畫蘋果，這位穿西服戴高帽的紳士也常在畫裡出現，他要不是背面入畫，就是五官被蓋住，好像他只是一個說故事的人，要帶大家進入畫中世界，重要的是故事本身，而不是說書人的長相。在死板的都會制服之下，暗藏著各種情緒、動機，那些才是馬格利特想讓人們看到的世界。

巴黎的超現實派其實相當荒淫墮落，視反社會的犯罪爲理所當然，他們強調幻覺與夢境，甚至會嗑藥來達到虛幻的「超現實」世界，和這群人相比馬格利特真是個循規蹈矩的「異類」。他一生只愛太太喬潔特，二人住在巴黎郊區的小公寓，過著簡單平實的生活，一點也不「超現實」。馬格利特後來非常不恥這群打著超現實旗幟而胡作非爲的友人，他甚至燒掉自己的畫作以便和他們劃清界線，接著又帶太太搬回比利時。不過馬格利特最受矚目的作品全都是以超現實手法表現的，其間他試過別種畫風，可惜不但太太不喜歡，連一般大眾也不能接受，馬格立特只好又回頭守著原來的「馬格利特風格」。

馬格利特不愛出風頭，只想過著平

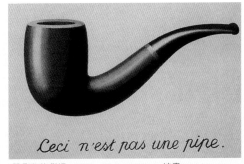

↑ 影像的背叛，1929，58.8 x 92.5cm，油畫，洛杉磯藝術博物館。

靜、不引人注意的生活，他常說自己只是個普通人，就像路上那些穿西裝，戴高帽的人一樣。那麼用顆蘋果遮住五官又如何呢？我們可以說他是個謙遜的畫家，或者也可以說他似乎畏懼世人的眼光，是個挺自閉的畫家。不過馬格利特新開了一扇窗，帶領人們從平常的事物去拓展無窮的想像。他的畫也許不是看一眼就美麗的直達人心，卻讓人有更多思考、想像的空間，對心靈是一種更深層的刺激。

許多畫家都畫過自畫像，希望留下最傳神、最像自己的作品，但人們不一定每看到一幅自畫像，就叫得出該畫家的名字，這個不想讓人看清長相的馬格利特，反而因爲臉上一顆大蘋果讓後人對他印象深刻，透過這種隱藏與顯現的超現實手法，相信看過「人子」，就會想起馬格利特這位從平凡卻創造奇思的畫家。

人物簡介
馬格利特（Rene Magritte），西元1898~1967年

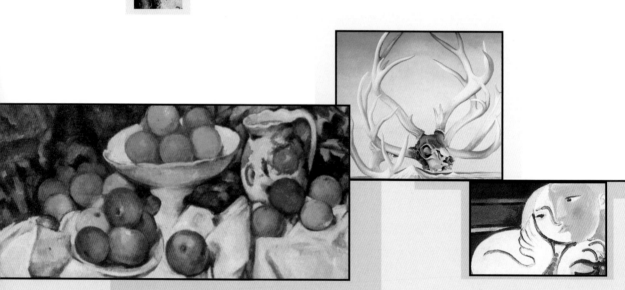

大自然的奧妙

藝術家用各種方式來描繪大自然的風光，

有些擅長寫實，有些表現抽象，

有些則是利用日月星辰、春夏秋冬作隱喻，

來傳達藝術家心中的風景。

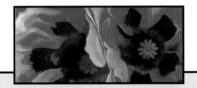

春神來了怎知道？

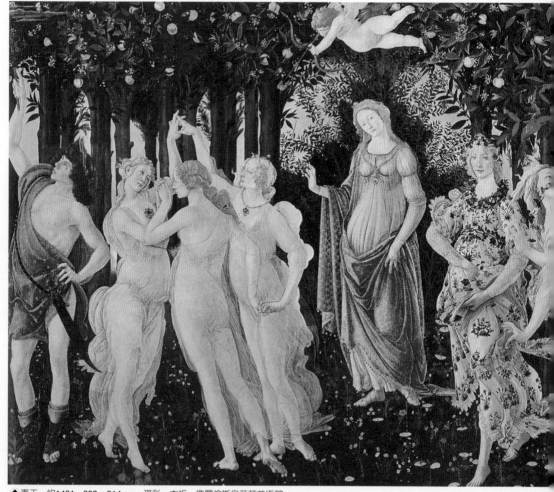

↑ 春天，約1481，203 x 314 cm，蛋彩、木板，佛羅倫斯烏菲茲美術館。

波蒂切利（Botticelli），西元1445~1510年

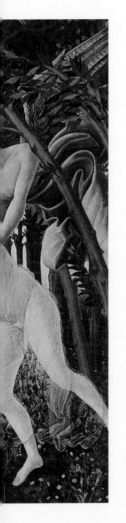

要用文字描寫春天的細膩變化很容易，用繪畫要如何表示呢？台灣俗諺說「春天後母面」，就是形容春天的氣候多變，一下子冷如多天，一下子暖如夏日，義大利的波蒂切利曾經用很貼切的方式描繪過春天的景色，他利用希臘羅馬神話裡面的春神，以抒情文學的方式來詮釋春天這個季節。

波蒂切利生於比達文西稍早的義大利佛羅倫斯，他的名字在義大利文是「小桶子」，原本這個暱稱是屬於他哥哥的，不知怎的這個可愛的綽號就傳給么子波蒂切利。小時候父親送他去和金匠學藝，後來又拜李皮為師學繪畫，所以波蒂切利畫出來的線條特別柔美，不會有太尖銳的稜角，想來是從雕金術紮根的緣故。波蒂切利以「春」以及「維納斯的誕生」聞名，被後人稱為文藝復興前期的大師。不過「大師」這個封號來得很晚，波蒂切利的生平、死亡都平淡無聞，他的畫也不紅，還是因為十九世紀末英國有些藝術家自稱是前拉威爾派，他們推崇拉威爾之前的義大利美術，這才重新發現當時有波蒂切利這樣一個畫家。

當時的藝術家都要有貴族教會的支持才能養家活口，許多偉大的創作都是在國家或城邦興盛時，由國家或貴族贊助才產生的，而波蒂切利主要的贊助者就是佛羅倫斯的梅迪奇家族，這幅「春」也是為了梅迪奇某家族成員繪製的，風格結合了當時流行的新柏拉圖主義，畫中都是羅馬神話中的神祇，他們好像飄浮在一個充滿花草樹木的背景上，看這幅畫其實可以從右到左的當成連環漫畫來看，配合臺灣的童謠「春神來了」，以一種愉快的心情來欣賞春天。

春神來了怎知道，梅花黃鶯報到，梅花開頭先含笑
黃鶯接著唱新調，歡迎春神試身手，來把世界改造

春天剛來的時候，其實冬天的梅花綻放得正盛呢！這幅畫的最右邊是明顯的灰藍色系，正代表冬天的尾巴，浮在半空的西風之神（塞佛羅斯），鼓起腮幫子吹著風，把口裡咬著花的花神送過來，這正是春天要來的前兆呢！

再來就是全身以鮮花裝飾的春神波瑟芬。這位女神被冥王搶去當老婆，當她每半年重回人間就表示春天來了，畫中的波瑟芬非常嬌美，圍在她身上、地上的花朵開得更茂盛了，她和下一個拉著紅裙子的美神維納斯看起來都像懷孕一樣，這象徵大地正在孕育新生命，連愛神丘比特也從空中飛來，正式宣告求偶季節來臨，難怪黃鶯也要婉轉賣力的啼唱。

再往左邊是美惠三女神，整幅畫的用色也屬這邊最明亮柔美，這三位都是宙斯的女兒，分別代表著光輝、喜樂、繁榮，在春天的運作下，三位女神手拉著手跳起舞來，樹上結滿纍纍的果實，草地上有數不清的小花小草，世界改造成一片欣欣向榮的景象。

畫面最左邊是宙斯的信差墨丘利，他的特徵是穿一雙有翅膀的靴子，可以替宙斯快速的傳遞消息，此刻他在畫裡一派悠閒的叉著腰，指著樹上飽滿的果實，趕走天上的烏雲，正式的宣布春天來了。

如果有機會到烏菲茲美術館看這幅「春」的原作，就會發現如此巨幅的連環故事不是一眼就可以看完的，波蒂切利把很多小細節一一表現出來，草地上有各種不同的小花組合，維納斯竟然和凡人一樣穿起涼鞋，小愛神眼睛矇了條白布，好像在說春天的愛情非常盲目。

波蒂切利的畫總帶點美麗與哀愁，畫中隱藏了新柏拉圖式的哲理，四季的演變、萬物的興替、神性與人性的交錯、愛情的理性與衝動……一幅畫除了描述春天，還要讓人咀嚼那麼多奧妙的人生問題，也只有大師級的波蒂切利才有這樣的巧思了。

和暴風雪搏鬥的畫家

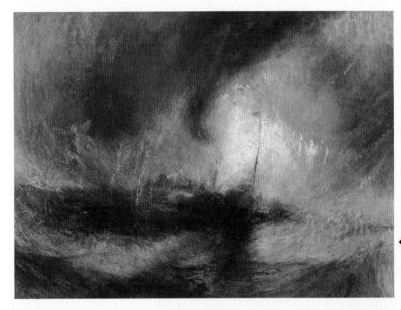

← 暴風雪
——離開海口的蒸汽船，
1842，91.5 x 122cm，
油彩、畫布，
倫敦泰特美術館。

　　風景畫在西洋藝術史的起源較晚，一直要到十八世紀中葉以後，才開始有專攻自然風景的畫家出現，英國的泰納就是其中之一。泰納一開始先畫素描、水彩風景，他的父親在科芬園附近開理髮廳，父親很得意的把泰納的作品掛在店內，驕傲的向前來理髮的顧客展示，透過這樣的親友介紹，泰納獲得一份地形繪圖的工作，讓他可以一面學畫一面打工，頗有繪畫天份的泰納在十五歲就以水彩畫在皇家藝術學院發表，二十一歲的第一幅油畫作品「海上漁家」就深獲好評。泰納很喜歡旅行，他的足跡踏遍英國各地，也多次前往歐洲體驗不一樣的民俗風情，異國風光讓泰納深深著迷，他的風景寫生充滿旅行的體驗和回憶。泰納到了三、四十歲已經是相當有名氣的風景畫家，許多王公貴族都很支持泰納的創作。

人物簡介

泰納（William Turner），西元1775~1851年

比較有趣的是泰納到了晚年地位反而一落千丈，大概是他創新得太快，當時的社會大眾完全跟不上泰納的腳步，不懂泰納的新風格，這幅「暴風雪——離開海口的蒸汽船」就讓藝評家看傻了眼，覺得畫面一片渾沌不明，沒有色彩也沒有形體，這種畫好像正著掛、倒著掛看起來都一樣，更惡毒一點的還批評泰納根本是用肥皂泡和石灰水打一打潑到畫面，這樣怎麼能稱為藝術？

據說泰納為了畫出真實的波濤洶湧，還選擇了一個暴風雨的天氣，要水手把自己綁在船桅上出海，不要命的親身體驗什麼叫驚濤駭浪，泰納在海上待了四個小時搏命演出，結果竟然只獲得冷冷的噓聲，這真是始料未及的事情。泰納擅長海景描繪，他在畫面中掀起一片狂風暴雨，讓一艘小船在暴風雪的旋渦中心打轉，人們見識到大自然的威力，但同時也看到人類和大自然搏鬥的毅力。

泰納對於大自然的氣氛掌握有獨到的功力，晨暮迷濛的光線、霧氣、水影波浪，任何季節、天氣都難不倒他，很能夠和大自然和諧相處，不過他的人際關係就沒有這麼得心應手，在常人眼裡泰納是一個「有點怪」的藝術家，有可能因為泰納小時候母親就瘋了，後來病逝在精神病院，泰納和父親相依唯命了三十年，他偶有情婦，但是一輩子沒有結婚，也沒有什麼知心的好朋友，讓人感覺是個相當孤僻的人。泰納作畫的時候不准任何人觀看，旅行的時候也喜歡單槍匹馬走天涯，他很寶貝自己的畫作，別的畫家巴不得每幅作品都有人買，泰納卻捨不得賣畫，每賣出一幅他就要沮喪好久，好像是賣掉自己的孩

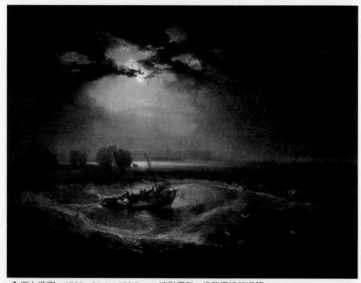

↑ 海上漁家，1796，91.4 x 122.2cm，油彩畫布，倫敦泰特美術館。

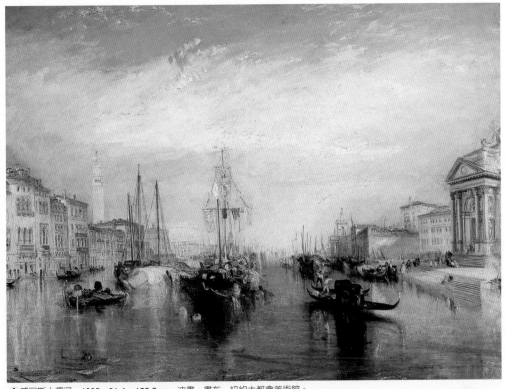

↑ 威尼斯大運河，1835，91.4 x 122.2cm，油畫、畫布，紐約大都會美術館。

子一樣，他還常常搞失蹤，有時候幾個月不見人影，也沒人知道泰納跑去哪裡，泰納似乎比較懂得和大自然對話，唯有在大自然的環境他才比較自在。

　　泰納死前又上演一次失蹤記，有一天他的管家突然找不到這位七十六歲的老畫家，一連尋找了幾個月，才在泰納位於雀兒喜（Chelsea）的宅內找到主人，那時候泰納已經病得很嚴重，被管家找到的第二天就與世長辭了。泰納立遺囑把全部的作品捐給國家，希望國家成立一個美術館展出這些畫作，生平最討厭賣畫的泰納，死後也不願讓遺作流落四處，英國政府特別在泰特美術館成立一個分館，專門展出泰納一生的心血，他的作品也許不太能被當代人理解，但是他對光線、戲劇張力的掌控早已成為後來現代藝術的楷模。

康斯塔伯的風景

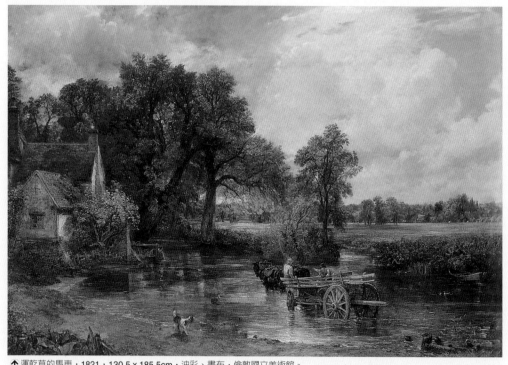

↑ 運乾草的馬車，1821，130.5 x 185.5cm，油彩、畫布，倫敦國立美術館。

在西洋藝術史中，最上等的藝術家總是承接宗教畫，只有第一流的畫家才有資格彩繪天神、聖人的榮光，再退而求其次的畫家則是替國王貴族、名流富商畫肖像畫，這二者是畫家名利雙收的途徑，選擇風俗畫是比較次等。沒有地位的藝術家，他們以地方風俗、市井小民當作題材，替當時的社會留下歷史紀錄，而所謂的風景寫生，幾乎是不入流的作品。一直到十九世紀才漸漸有獨立的風景畫派出現，英國就出現二位成就不凡的風景畫家，一位是周遊列國的泰納，一位是愛鄉更愛家的康斯塔伯。泰納的風景畫有浪漫派的澎湃情感，但康斯塔伯的風景畫則是

自成一格，無法將他歸到當時的任何一個流派。

康斯塔伯年輕的時候就希望成為畫家，家人雖然沒有反對康斯塔伯學藝術，母親卻希望他多幫人畫肖像，這樣收入才會比較穩定，不過康斯塔伯一直鍾情於自然山水，覺得只要畫得好，沒有宗教聖者和神話故事的風景也可以很高貴，他深信好的寫生作品應該是直接對著大自然取景，而不是模仿成名作品、依循前人公式去畫「二手風景」，康斯塔伯一生都在描繪自己熟悉的英國鄉間，他筆下的史鐸河畔、玉米田、索爾斯堡等等都是曾經停留過的景點，康斯塔伯一生沒有離開過英國，他的作品是最純正的英國風光。

雖然和泰納年紀相仿，二人的際遇卻完全不同，康斯塔伯不像泰納年紀輕輕就展露頭角，他算是大器晚成的藝術家，他二十四歲才正式進入學校學畫，四十歲結婚，四十八歲以「運乾草的馬車」在巴黎沙龍展出得金牌獎，五十三歲才終於當選英國皇家學會的會員。康斯塔伯生前在英國實在沒有太大的名氣和地位，風景畫的評價本來就低，在市場上也不容易賣到好價錢，要不是父親和妻子的祖父給他們留了些遺產津貼，光靠康斯塔伯作畫恐怕連養家活口都成問題。

「運乾草的馬車」在英國展出的反應平平，根本找不到買主，但是這幅畫在幾年後送到法國參展卻引起熱烈反應。康斯塔伯得了金牌獎，德拉克洛瓦很喜歡這幅畫的光影，還因此調整自己正在進行的「西奧大屠殺」，把遠方背景的用色明暗整個加亮，後來法國出現了巴比松畫派，柯洛、米勒等人也學著康斯塔伯走出戶外，到大自然中汲取靈感。康斯塔伯還試著用白色來畫樹上的光影，讓陽光照射到的葉面閃著點點白光，加大明暗對比，這種手法在十九世紀根本不足為奇，但當時卻讓英國的藝評家譏笑不已，以「康斯塔伯的雪」來諷刺樹上的白點，不過後來法國的印象畫派也開始追求大自然的光影變化，他們對這位英國前輩都是讚譽有加。

 人物簡介

康斯塔伯（John Constable），西元1776~1837年

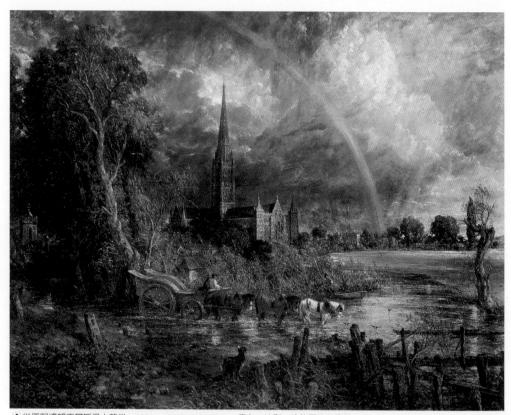

↑ 從原野遙望索爾斯堡大教堂，1831，151.8 x 189.8 cm，畫布、油彩，倫敦國立美術館。

　　「運乾草的馬車」畫的依舊是康斯塔伯的故鄉沙佛克郡（Suffolk），不過這幅畫最後是在倫敦的畫室完成的，康斯塔伯先是在沙佛克郡練習了幾張素描習作，再用同尺寸的畫布用油彩試畫一次，確定比例構圖都正確無誤以後，才重新進行準備參展的正式畫作。這是康斯塔伯慣用的作畫模式，他對作畫的理想是如此的慎重其事，讓平凡的風景展現樸實的風華，故鄉的景色一畫再畫，美麗的山川林木不只在畫布上閃耀著波光樹影，更是康斯塔伯心底深深的眷戀，康斯塔伯成功的融合了地方色彩和個人情感，只有真情流露的作品，才能成為最動人的風景。

愛吃蘋果的塞尚

提到塞尚，就會聯想到桌上一盤水果的靜物畫、一些白色花色的桌布，一堆看起來圓滾滾，像是要滾落下來的蘋果，除了亞當和夏娃的禁果以外，塞尚的蘋果大概是藝術史上最有名的水果了。

塞尚出生於南法普羅旺斯，原先應父親要求學習法律，但是好朋友左拉已經到巴黎發展，還建議塞尚到巴黎學畫，他開始期待加入巴黎的文藝生活。左拉自己成了小說家，他介紹塞尚認識

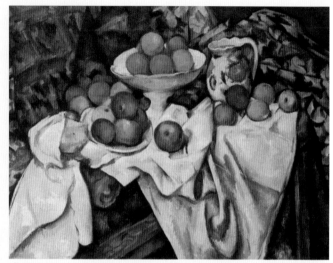

↑ 蘋果和橘子，1899年，74 x 93cm，油畫、畫布，羅浮宮。

雷諾瓦等人，帶塞尚開始接觸印象派的藝術圈。不過塞尚雖然同意印象派反抗傳統走自己的路，但是他本人的風格和印象派又不太一樣，他喜歡用自己的方式去表現人事物的質感。

塞尚的父親是一位成功的銀行家，他並不贊成兒子從事藝術創作，希望塞尚可以找有「錢途」一點的行業，儘管後來父親勉強同意塞尚到巴黎去，他還是很鄙視兒子這種不切實際的想法。塞尚向來懼怕父親的權威，以至於在巴黎認識了模特兒太太，還生了一個小塞尚，他都不敢把自組家庭的事情告訴父親，塞尚一直到父親病重，才把自己的秘密家庭向父母親稟報，也正式和太太辦理結婚登記，接著父親就過世了，留給塞尚一大筆遺產，塞尚終於可以獨立自主的追求夢想，沒有賣畫求生的壓力，他可以畫自己想

人物簡介

塞尚（Paul Cezanne），西元1839~1906年

要的東西。

　　塞尚的作品的確沒有多少知音人，他的作品幾乎年年被沙龍畫展拒絕，甚至連印象派畫家都反對塞尚參加他們的獨立畫展，塞尚畫的東西被認為是笨拙幼稚的塗鴉，只有少數幾個朋友懂得欣賞他，畢沙羅就是其中之一，他不但力排眾議的讓塞尚參加印象派畫展，還帶他到戶外寫生，教他光與影的奧妙，畢沙羅比塞尚大了九歲，是塞尚亦師亦父的好朋友。

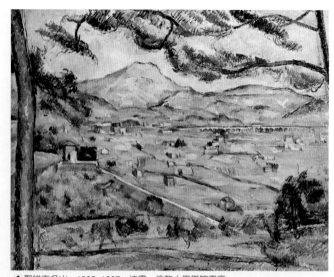

↑ 聖維克多山，1885~1887，油畫，倫敦大學學院畫廊。

　　後來塞尚也開始醉心於戶外寫生。他畫了不少聖維克多山的風景，利用不同的色塊表現立體的山林樹影，這種不以光線為主，而用色彩對比來主導畫面結構的方式，在當時的確是又怪異又前衛的作品。但是塞尚一生都在追求這種實在，不靠光影變化的永恆。

　　塞尚當時不但作品怪，他的個性也很古怪，有一次畢沙羅介紹馬奈和竇加給塞尚，塞尚竟然拒絕和馬奈握手，理由是自己有八天沒有洗手了，讓別人摸不著頭緒，不過馬奈倒是少數欣賞塞尚畫作的人之一，塞尚一直到晚年才開始受到肯定，還被尊稱為「現代藝術之父」，二十世紀的立體派尤其深深的受到塞尚影響。

　　塞尚很喜歡畫圓形，所以他常常畫蘋果或橘子，如何在一個平面的圓畫出立體的效果，是塞尚用顏色對比所呈現的魔術，塞尚自己是這樣說的：「藝術就是藝術，不代表其他東西，畫家畫出一個蘋果或是一顆頭，都只是線條和顏色的構成，並不代表其他的東西。」很多人奇怪塞尚為什麼那麼愛蘋果，還複雜的分析起塞尚的家庭、人格心理、性愛關係，其實都扯得太遠了，塞尚只是拿了一種隨手可得的東西，來練習形體與結構的分析重組，創造出一個表現物體質感的藝術世界罷了。

日出的印象

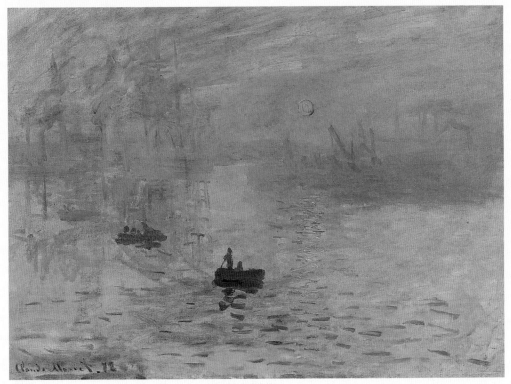

↑印象‧日出，1873，48 x 63cm，油畫、畫布，巴黎瑪摩丹美術館。

　　除了一顆圓圓的太陽，其他什麼都看不清楚，這是西元1874年「印象：日出」第一次公開展出時，評論家看得一頭霧水的意見，其中一位評論家還在報上寫了極盡尖酸刻薄的批評，說這麼粗糙的草圖怎麼可以叫做藝術？只是個模糊的印象嘛！記者因為這樣一句話，就把這群以莫內、雷諾瓦為首的寫生畫家統統稱作「印象派」；一件浮光掠影的作品，讓一個全新的畫派從此定名。

　　莫內在很小的時候就展露藝術天份，他一開始是畫諷刺性的漫畫，藉此賺點零用錢，一直到風景畫家布丹鼓勵他朝戶外寫生發展，他才開始感受到大自然變化萬千很值

得一畫再畫，後來莫內到了巴黎，先後認識了志同道合的雷諾瓦，就常常到郊外寫生，他們喜歡補捉陽光，喜歡在大自然下作畫，莫內甚至沒有自己的畫室，他的畫室就是在穹蒼之下。

當時的藝術主流作風比較保守，僅管莫內很有才華，他的努力並不是每次都能受肯定，那時候的藝術家只能透過巴黎每年舉辦的藝術沙龍來展出自己的作品，作品入選沙龍才有機會增加知名度，引起買主收藏的興趣，非主流的莫內有好幾次都沒有入選沙龍，不但生活拮据，也難免覺得沮喪，其他像雷諾瓦、畢沙羅、西斯勒等人也有同感，這群被傳統學院冷落的藝術家靈機一動，既然官方的沙龍展不喜歡這類作品，為什麼不自己來辦個展覽呢？於是第一次的「非沙龍」聯合展，在西元1874年向學院派發出挑戰，整整在巴黎展出了一個月。

雖然第一次的畫展被攻擊得體無完膚，莫內還是堅持理念畫自己想畫的東西，以前的寫實派畫家總要等到光線最好的時候再開始作畫，讓畫面明朗清晰，但是莫內卻喜歡在不同的光線下畫相同的事物，這樣才能感受晨昏晴雨等不同光線水氣所產生的變化，像莫內著名的盧昂大教堂，他起碼畫了二十張以上。

莫內喜歡把顏色分離，很多顏色都不是在調色板上事先把顏色調好，而是把好幾筆不同的顏色畫排在畫面上，讓觀畫者自己用眼睛去「混合」顏色，所以看印象派的作品要遠遠的看，才能看到色彩和光線透過眼睛的混和而產生神奇效果，如果太靠近畫作想研究細節，往往只看到一些雜亂無章的筆觸色塊，反而看不出來畫的是什麼東西，塞尚看過莫內的畫曾經驚嘆的說：「莫內只是一隻眼睛而已，但是我的天啊！那是多麼不尋常的一隻眼睛。」能夠把顏色這樣區分再重整，的確是非常不可思議的魔法。

要成為一個成功的藝術家已經很不容易，何況領導藝術革新，創造一個新的派別？讓藝術史展開全新的一頁？印象派原來是最不入流的一個弱勢團體，後來卻成為十九世紀後期大放光彩的一個主流，莫內堅持理想的努力，就像這幅印象日出一樣，當清晨的霧氣散去，就是光與熱的豔陽，其光芒銳不可擋。

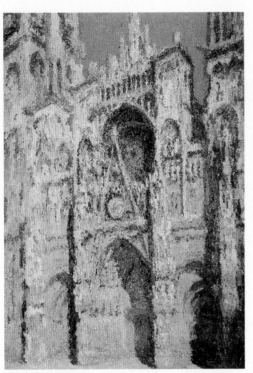

↑晴空下的盧昂教堂，1894，107 x 73cm，畫布、油彩，
　奧賽美術館。

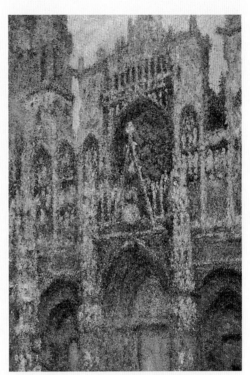

↑陰天的盧昂教堂，1894，100 x 65cm，畫布、油彩，
　奧賽美術館。

人物簡介

莫內（Claude Monet），西元1840~1926年

森林爲什麼會有沙發和裸女？

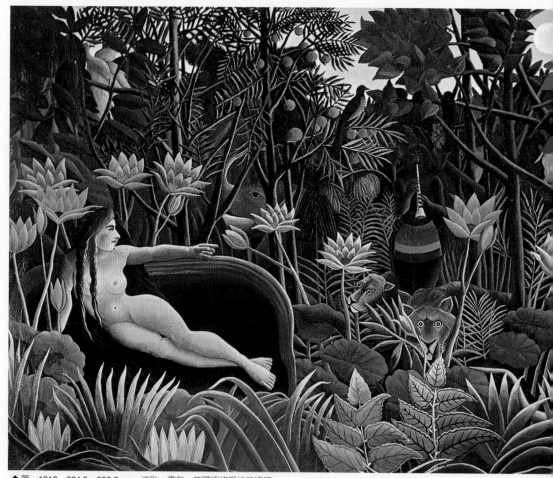

↑夢，1910，204.5 x 298.5 cm，油彩、畫布，美國紐約現代美術館。

盧梭 (H. Rousseau)，西元1844~1910年

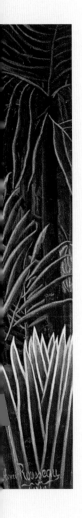

　　很少有人畫樹木和小學生一樣，一片一片的葉子這樣紋理分明，可是十九世紀的盧梭就是這樣在處理一連串的風景畫，雖然盧梭也是在巴黎寫生畫風景，可是他畫出來的景色卻一點也不巴黎，明明就是熱帶森林，為什麼森林中還有貴妃椅？渾身精光的裸女會不會被潛伏一旁的野獸吃掉呢？或者，獅子們已經被森林裡吹著樂器的巫師給催眠，正瞪著茫然的大眼睛不知所措呢？

　　盧梭的解釋是這樣的，他說這位女士在長椅上聽著音樂，迷迷糊糊就睡著了，她正在做一個有音樂的熱帶叢林夢，聽到這樣的解釋讓同期藝術家傻眼，不知道盧梭是故意裝可愛呢？還是他本性就這麼天真無邪？

　　盧梭和台灣的洪通一樣，都是無師自通的素人畫家，他是一名小小的關稅職員，只有假日才可以揹著畫架去寫生，所以大家叫他「關稅員」，這若是由朋友來叫當然是親密的玩笑，但是其他人這樣叫盧梭其實是諷刺他不是正統的畫家。這也難怪，十九世紀下半葉正是現代藝術蓬勃發展的時候，畢卡索、康丁斯基，立體派、達達主義隱隱匯成一股洪流，而盧梭在這片藝術園地真的很突兀，沒有辦法將他歸到任何一個派別，只能說盧梭就是盧梭，他那種童趣的想法和畫風是誰也沒有辦法學來的。

　　盧梭會畫這麼多異國風的熱帶森林，據說和當兵時曾被拿破崙三世遠派墨西哥有關，他曾在中美洲待了一年多，年輕時的回憶不知不

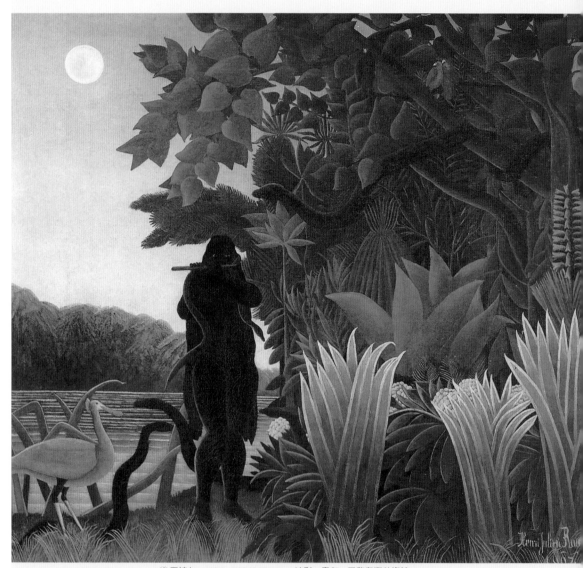

↑ 弄蛇女，1907，169 X 189 cm，油彩、畫布，巴黎奧賽美術館。

覺就進入畫中的世界，不過盧梭其實只是拿著畫布到巴黎的植物園寫生，他把植物園的闊葉木，加上水果攤的水果，再畫上動物園的獅子大象，就構成一幅宛如異國森林的幻想風景。

舉另一幅同樣迷人的「弄蛇女」來說，那是盧梭聽到朋友的母親去印度旅遊，知道印度玩蛇的故事，再加上盧梭曾經去馬戲團看過玩蛇的印象，就產生這幅神秘又迷人的叢林想像，幾條大蛇聽到樂音盤旋而來，綠色的森林配上詭譎的黑蛇，產生如神話般的奇幻世界。

畢卡索是少數幾個欣賞盧梭的藝術家，他曾在自己的「洗滌船」畫室宴請盧梭，讓盧梭大受感動，盧梭也會舉辦活動回請這些支持他的朋友，這些「朋友」中有畢卡索，有會計師，有詩人，還有附近雜貨店的老闆，盧梭好像不知道什麼叫藝術家，他就是天真的把這些五湖四海對自己友善的人全湊在一塊吃飯喝酒。

盧梭還常常在一些宴會不請自到，管你是鼎鼎大名的竇加還是馬拉梅，盧梭就是有辦法抽空上去攀談，還說要用自己在「藝術圈」的關係「幫助」竇加開創事業，類似這樣的「冷笑話」常讓人哭笑不得，但盧梭卻又慎重其事，人們永遠搞不清楚盧梭是在裝瘋賣傻，還是像金庸筆下的老頑童「周伯通」一樣，早已超脫世俗的活在反璞歸真的境界？

盧梭很像一個有男人外表的小男孩，他的個性天真單純，特別容易上當，朋友喜歡捉弄他，他也不以為意（有時候他根本信以為真，根本不知道自己被要了），或許就是有這樣一顆童稚無礙的心，才能把大家眼中平凡無奇的風景，幻化成謎樣的奇幻世界。看盧梭的畫就要拋開學院派觀點，不要去研究什麼明暗遠近，帶點童心來感受盧梭的魅力。猜一猜，找一找，除了裸女和巫師，盧梭在這片植物園藏了幾種動物？有沒有看到大象、老虎、獅子、蛇和小鳥呢？只有以輕鬆愉快的心情觀察欣賞，才會瞭解盧梭作品的趣味性。

超級變變變的風景

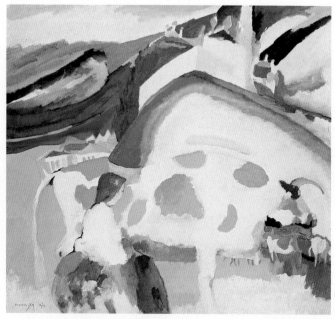

← 母牛，1910，95.5 x 105 cm，油彩、畫布，德國慕尼黑連巴赫市立美術館。

　　康丁斯基是俄國人，母親是蒙古公主，他後來到德國學畫，又因為世界大戰只好各處流浪，晚年在法國定居，他一生旅行過許多地方，創作就像各地多變的風景，如果把康丁斯基每一個時期的作品擺在一起看，有時很難想像是出於同一個人的手筆。

早期的寫實風景

　　康丁斯基在莫斯科出生，十幾歲的時候父母離異，他搬到奧德薩和姑姑住，在那邊上了一些體育、音樂、美術等才藝課，大學的時候回到莫斯科，主修法律和經濟，並留

人物簡介

康丁斯基（Vassily Kandinsky），西元1866~1944年

在學校教書。在三十歲時面臨一生的轉捩點，他回絕塔圖爾大學系主任的職位，決定要去學畫，當一個畫家。

　　康丁斯基帶著不太情願離開莫斯科的妻子到德國慕尼黑學畫，最早期的作品偏向浪漫寫實，二十世紀初康丁斯基先後到荷蘭、瑞士、義大利、法國、北非等地旅行，也回俄國老家幾次，他想看看進入新世紀的西方列國有沒有什麼不同。

　　進入二十世紀的康丁斯基受到塞尚和後期野獸派的影響，他筆下的風光更加多彩多姿，色彩極盡鮮艷豐富。在「巴伐利亞的秋天」裡面，轉黃的樹林和遠方的屋舍還很具體，到了二年後的「乳牛」時，顏色和畫面就更加大膽，乳牛的斑點變成最搶眼的黃，乳牛的身體輪廓已經快要消失，幾乎和後面的背景融為一體，康丁斯基開始超越具象的範圍，畫風更純熟也更隨心所欲。

　　或許因為學法律特有的理性，康丁斯基不斷在作畫的過程思考，他覺得繪畫應該可以突破具體的形象，就算只有彩色的圓圈或方塊都沒關係，西元1911年康丁斯基和馬爾克（Franz Marc）成立了「藍騎士」，開創新的藝術風格，這個名稱是引用康丁斯基的一幅畫，馬爾克和康丁斯基都喜歡馬，也喜歡藍色，於是就決定用這個名字稱呼自己的

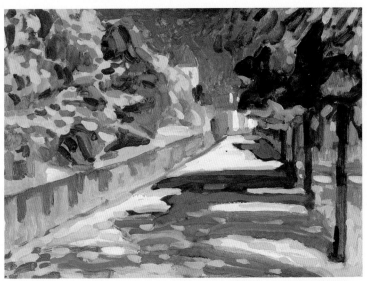

↑ 巴伐利亞的秋天，1908，33 x 44.7 cm，油畫、紙板，龐畢度文化中心國立現代美術館。

小團體。

藍騎士可以說把德國的表現主義帶到最高點，許多年輕的畫家紛紛擁戴康丁斯基，康丁斯基的作品開始出現非山非水的畫面，徹底粉碎唯物主義的包袱，他認為藝術家應該要表現內在的精神，而不是只畫眼睛看到的東西，他開始用觀念作畫，有時候腦海裡哼著一首曲子，筆下就畫出一幅樂曲的構成。

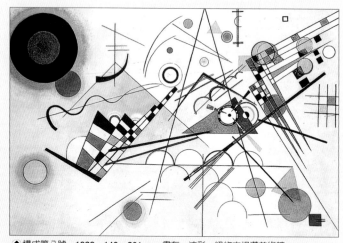

↑構成第八號，1923，140 x 201cm，畫布、油彩，紐約古根漢美術館。

西元1920年以後的康丁斯基風格完全是開闊抽象的，他的畫面只剩下一些幾何圖形，康丁斯基認為純抽象的點線面反而更能傳達內心的情緒，直角是冷靜理智，銳角是尖銳具侵略性。康丁斯基認為音樂可以透過一些旋律、節奏就讓人陶醉，不一定逼真的模擬鳥叫蟲鳴才叫美，那為什麼繪畫就必須畫出熟悉的人物山水，才能讓人感動呢？抽象幾何應該比寫實形體更純真，更具原創性，這才是康丁斯基追求的世界。

康丁斯基能彈琴又能畫畫，或者這就是為什麼他用這種角度去看藝術。有人說色彩就是他的琴鍵，視覺就是他的和聲，而靈魂是由無數的琴弦所構成，康丁斯基用畫筆觸動幾個色彩琴鍵，美麗的音樂就會在畫布迴旋，康丁斯基聲稱自己在創作「構成」的時候，是真的有音樂在心裡唱著。

康丁斯基在去世以前仍然不停的創作，晚年他雖然不再畫山畫水，把大自然的美都變成幾何圖形，但是這些活潑跳躍的色彩以及點線面，正是康丁斯基心裡最美的風景。

直線與方框的秘密

出生於荷蘭的蒙德利安在小學的時候就立志要當畫家，他的父親是小學校長，覺得當畫家收入不穩定，便建議兒子準備美術老師的考試，至少生活不至有問題。蒙德利安年紀輕輕就考上教師資格，並追隨荷蘭畫派的老師修習藝術，早年蒙德利安大多從事風景寫生，把荷蘭的風車、鬱金香、運河一一收進畫面，不過承襲傳統荷蘭畫派的風格漸漸不能滿足蒙德利安，他開始把風景畫的線條化繁為簡，顏色也減少漸層明暗的搭配，他開始追求一種單純簡約的風格，畫面簡化再簡化，最後竟然只剩下縱橫的線條與色塊，開創蒙德利安獨特的「新造型主義」。

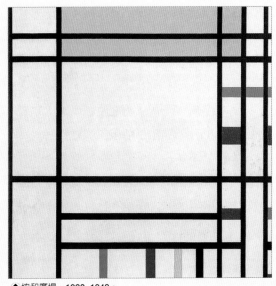

↑ 協和廣場，1938~1943。

從蒙德利安畫的樹木最能看出他漸漸演變的風格，蒙德利安的紅樹、灰樹還能辨識出樹幹和枝椏，但是到了蘋果樹已經很像勃拉克的風景，屬於比較立體抽象的表現方式，接下來的構成系列，蒙德利安正式進入純粹抽象的點線面，風景的表象完全消失，不管是紐約市還是協和廣場，蒙德利安都可以利用幾何形式表現，二十世紀藝術的蓬勃發展，讓創作有無限可能。

蒙德利安的「協和廣場」是新造型運動的重要作品，乍看之下很難想像這些黑線白框和巴黎的協和廣場有什麼關係？這種四四方方的色塊好像連小學生都會畫，不過蒙德利安的色塊是經過精心設計的，那些垂直和水平的黑線劃出了一個力度平衡的系統，上下左右的色塊儘管大小顏色都不一樣，整體感覺卻非常的均衡和諧，蒙德利安藉此來表

現城市的律動、街道的秩序感、地形的幾何棋布，這些都是協和廣場給他的印象。

晚年蒙德利安在紐約定居，同樣以這些元素創作了百老匯等音樂主題，線段的連接更活潑，顏色也更鮮明跳躍，讓人感受到愉快的音樂性，而且他的新造型運動在新大陸更加海闊天空，似乎天地萬物都可以簡化為線條方矩，抽掉具體的形象，蒙德利安給世人的是最純粹的本質。

蒙德利安認為藝術應該脫離外在既定的形式，丟掉表象才更容易找到藝術的精神，他畫出直線和原色的美麗，構築一個簡單有規律，平衡又安定的視覺世界，他的新造型運動不但在繪畫上受到世人肯定，更影響到建築美學、服裝時尚等設計，單純由線條和色塊的組合反而讓人耳目一新，蒙德利安藉著視覺的釋放，讓人們也釋放自己的心靈。

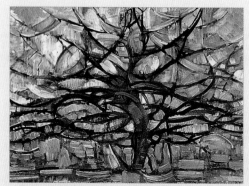

↑ 灰樹，1912，78.4 x 108.9cm，油畫、畫布，海牙市立美術館。

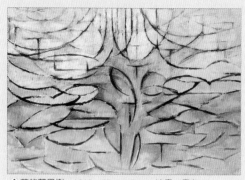

↑ 花的蘋果樹，1912，78 x 106cm，油畫、畫布，海牙市立美術館。

 人物簡介

蒙德利安（Piet Mondrian），西元1872~1944年

野獸的迷彩裝

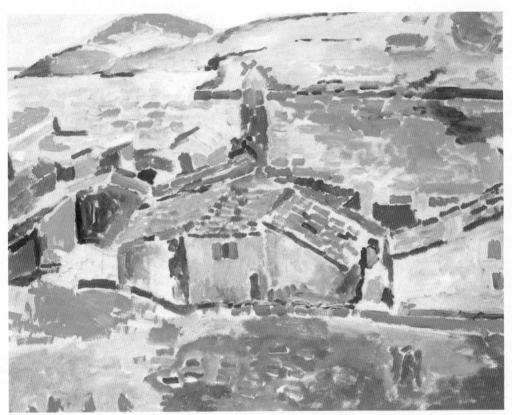

↑科里塢的屋頂，1905，59.5 x 73cm，油畫、畫布，列寧格勒俄米塔博物館。

　　藝術史上有二個派別，都是因為藝文記者在報紙上寫了諷刺的批評，反而替一個新的藝術潮流命了名。一個是因為莫內而取的印象派，另一個就是藝評家看到馬蒂斯「科里塢的屋頂」，忍不住叫這種前衛藝術為「野獸派」。

　　馬蒂斯在西元1905年的秋季沙龍展出幾張大膽的作品，差點沒炸掉藝評家的眼珠子，這些爆炸性的作品有幾個特色，第一就是鮮豔的原色完全不和諧，第二則是作畫竟然不打草稿，第三是畫布上還有留白沒有上色的地方。馬蒂斯犯了繪畫的

大忌，這麼原始、醜陋又粗糙的東西，簡直就像蠻荒野獸一樣。

馬蒂斯原本和塞尚一樣準備朝法律方面發展，他立志當畫家完全是個意外。因為盲腸炎住院太無聊，馬蒂斯用畫畫來消磨時間，沒想到這一畫竟然畫出興趣，他於是決定放棄法律而擁抱藝術，開雜貨店的父親很勉強的答應馬蒂斯轉行，這才造就一位屬於二十世紀的偉大畫家。

馬蒂斯也和畢卡索一樣，一生經歷多種繪畫風格的轉變，野獸派時期是他一舉成名天下知的關鍵。西元1905年馬蒂斯到南法的柯里塢渡假，在這個色彩鮮豔的美麗漁港找到靈感，畫了不少寫生，畫風也變得色彩奔放，讓人眼花撩亂。

科里塢有蔚藍的海洋，橘紅色的屋頂，這個小鎮常被稱為橘紅海岸的一顆寶石，馬蒂斯利用彩虹原色，直接在畫布上畫出一片紅紅綠綠。他沒有事先構圖也就算了，還故意在畫面上處處留白，說這樣會有不一樣的效果，這真是外行畫家才會做的事，怎麼可以讓人看到畫布的顏色呢？這就好像一個人衣服沒穿好，不小心

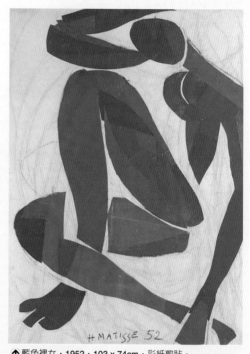

↑ 藍色裸女，1952，103 x 74cm，彩紙剪貼，馬蒂斯美術館。

穿幫露出肌膚一樣的讓人難堪。

不過把戶外寫生塗成五顏六色還不稀奇，馬蒂斯還在太太臉上畫了比印地安人還誇張的彩色圖騰。馬蒂斯太太戴著一頂大花帽，臉上青一塊、紫一塊，鼻頭還沾了黃色顏料，這麼強烈的色彩對比，讓

人物簡介

馬蒂斯(Mattise)，西元1869~1944年

當時的藝評家看傻了眼，咒罵批評聲不斷，因此野獸派只流行了短短三年，之後的藝術家紛紛改變作畫路線，只有馬蒂斯終其一生大致還保持色彩鮮豔、自由奔放的作畫風格。

馬蒂斯的作品乍看之下粗獷草率，事實上他並不是隨便亂塗，幾筆山水，幾抹眼影，處處都顯現馬蒂斯豐富的想像力和創造力，他除了解放色彩，也利用色彩堆砌出空間立體感，那些看來隨便亂畫的線條色彩，其實都是馬蒂斯深思熟慮的安排。馬蒂斯自己曾說：「直覺就好像樹枝一樣，也必須經過修剪，樹才會長得更好。」

晚年馬蒂斯又一次躺在病床上動彈不得，他的創作更行簡化，進而發展出有趣的彩紙剪貼，他請助手在紙上先畫上單色水彩，然後把這些「色紙」剪成不同的形狀大小，有花草樹木、海草魚類、動物蝸牛等等，這些作品充滿童趣，形體更自由、色彩更單一亮麗，是非常簡單卻又極具藝術性的作品。

病床也許限制住馬蒂斯的行動力，但沒有箝制馬蒂斯的創造力，無法起身作畫的馬蒂斯反而讓想像力完全解放，展現更為簡樸、原始、愉快又旺盛的生命力，馬蒂斯一直到去世當天都還在病床上剪著色紙，這位曾經被批評咒罵的野獸之王，如今早已成為享譽國際，倍受尊崇的大師，他的去世留給後人無限惋惜。畢卡索就感嘆的說：「從全方位考量，只有馬蒂斯才是真正的藝術家。」

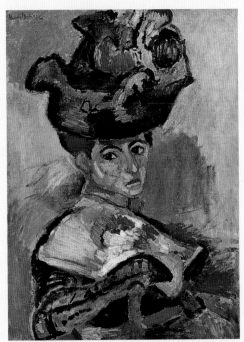

↑ 戴帽的婦人，1905，80.6 X 59.7 cm，油彩、畫布，舊金山美術館。

當房子變成了積木

塞尚曾經說過：「大自然就是以球體、圓錐體、圓柱體、六面體所構成的」，這樣的論調使塞尚成為立體派之父，但是「立體派」這個名詞的出現，是由於勃拉克在畫展上的一幅「勒斯塔克之屋」。

西元1908年的秋季沙龍展由馬蒂斯擔任評審選畫，當他看到勃拉克送來這幅「萊斯達克之屋」，忍不住笑笑的說，這簡直是立體方塊的畫法，結果被藝評家聽到，就在雜誌上報導這位勃拉克把一切事物都變成了立方體，從此這種追求幾何圖形美的藝術家就被定義成「立體派」了。

二十世紀初法國發展出二種相反的流派，一個是以馬蒂斯為主的「野獸派」，另一個是以畢卡索為主的「立體派」，野獸派重視色彩，立體派

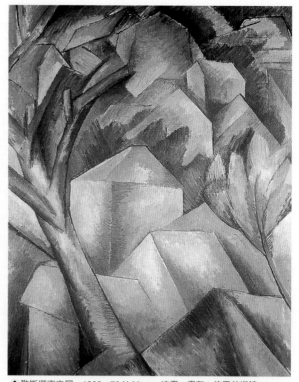

↑勒斯塔克之屋，1908，73 X 60cm，油畫、畫布，伯恩美術館。

重視形狀，二個流派各有擁護者，引導二十世紀朝向更多元的藝術發展。勃拉克早先受到馬蒂斯、塞尚影響，畫風明顯偏向色彩濃艷的野獸派，但後來他認識了畢卡索，勃拉克眼界大開，整個畫風偏向立體派，勃拉克一直在尋尋覓覓屬於自己的畫風，幾次嘗試之後，終於在立體派的幾何世界安定下來。

人物簡介

勃拉克（G. Braque），西元1882~1963年

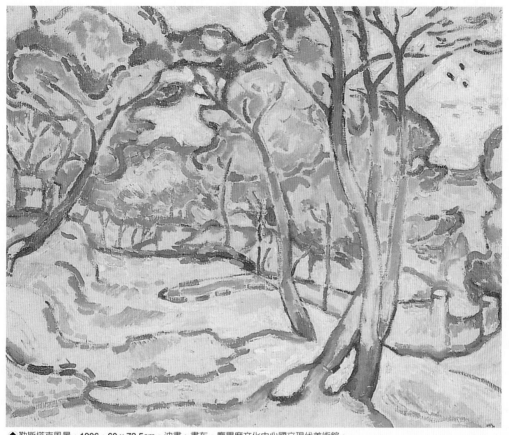

↑ 勒斯塔克風景，1906，60 x 73.5cm，油畫、畫布，龐畢度文化中心國立現代美術館。

　　勃拉克出生於亞尚特伊（Argenteuil），那裡是莫內等印象畫派最喜愛的寫生地點。勃拉克的父親是建築裝潢業者，閒時也喜歡拿起畫筆寫生，勃拉克白天跟著父親作裝潢，晚上到美術學校夜間部進修，十七歲的時候前往巴黎，繼續這種一邊工作一邊學習的模式，剛開始勃拉克沒有什麼作品，因為他到巴黎並不是為了要學畫，而是希望加強自己的裝潢美學，一直到二十歲服完兵役，勃拉克才取得家人的諒解不走建築裝潢，改和藝術學校的同學一樣，專心朝繪畫方面發展。

　　勃拉克一開始試畫了二、三張印象派的風格，西元1905年野獸派興起，勃拉克看了

馬蒂斯和德朗等人的作品，覺得很有興趣，隔年旅居勒斯塔克的時候，開始試著以野獸派的手法描繪南法風光。

西元1906年，勃拉克畫了不少色彩鮮豔的戶外寫生，但是勃拉克隔年又認識畢卡索，看到畢卡索剛完成的「亞維儂姑娘」深感震撼，他好像找到一個新的窗口，勃拉克開始收斂色彩，把焦點放在形狀的美感。

畢卡索從黑人雕刻得到的啟示，畫了一幅很有名的亞維儂姑娘，畫中五個裸女就像非洲木雕一樣，身體渾圓的曲線不見了，改由簡化的切面表現，這幅畫可以算是「立體派」的第一幅作品。

短短的一年，勃拉克畫出風格迥然不同的勒斯塔克風光，樹木從五顏六色變成

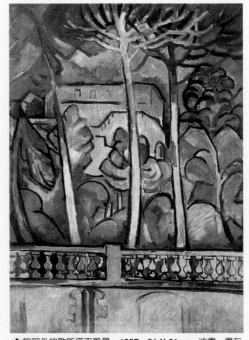

↑旅館外的勒斯塔克風景，1907，81 X 61cm，油畫、畫布，私人收藏。

棕綠二色，房屋變成一根根的水晶柱，勃拉克把畫面的風景打破成為許多不同的小平面，再整理排列的砌出立體圖形，畫面的構成反而有一種新鮮的趣味。勃拉克因為和畢卡索志同道合，二人成為很好的朋友，時常聚在一起討論交流，致力推展立體派的理念。

立體派有個特徵，就是物體的正側面、內外部、前後方等都可以在同一個畫面排列組合出來，把影像還原成簡單的幾何圖形，就好像是透過冰塊去看世界萬物，看似打亂了物體的形，卻是用另一種趣味去看待事物不同的層次和角度。立體派並沒有流傳很久，不過在當時的確引起極大的共鳴，有人形容立體派的世界就是鑽石的世界，只要瞭解它們的切割面，就可以發現其中迷人的趣味。勃拉克以畫筆為切割刀，將大自然雕琢成立體的水晶鑽石，從此風景畫有了不一樣的面貌，世人得以用全新的角度來欣賞這個大千世界。

烏鴉麥田

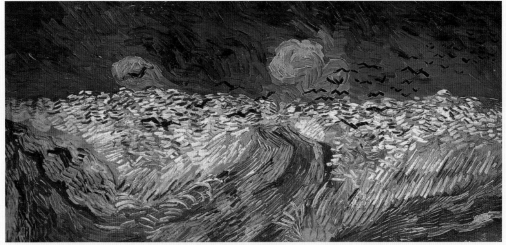

↑烏鴉麥田，1890，50 x 103cm，油彩、畫布，阿姆斯特丹梵谷美術館。

「我看到一片廣闊的麥田，籠罩在極其不安的天空下，我不需要特別去表達這種沉重的悲傷和無盡的孤獨。」

梵谷在寫給弟弟西奧的信裡是這樣描述「烏鴉麥田」的，這很可能是梵谷最後一幅作品，沒多久梵谷就舉槍自盡，他甚至來不及在畫作上簽名。如果梵谷沒有選擇繪畫這條路，他的人生會不會完全不一樣？

梵谷是荷蘭人，父親是牧師，叔叔是藝術經紀商，長大以後梵谷和弟弟西奧都到叔叔入股的美術店工作，幫忙推銷店內的畫給客人，不過梵谷不喜歡當一個「睜眼說瞎話」的推銷員，所以他又想著改行，先是希望當老師，後來又想和父親一樣朝宗教發展，一直到西元1880年梵谷才找到一生的方向，他決心成為一個畫家。弟弟西奧倒是一直從事藝術經紀的工作，他也是唯一相信梵谷有天份，給予經濟支援，盡力幫梵谷拓展事業的

人物簡介

梵谷（Vincent Van Gogh），西元1853~1890年

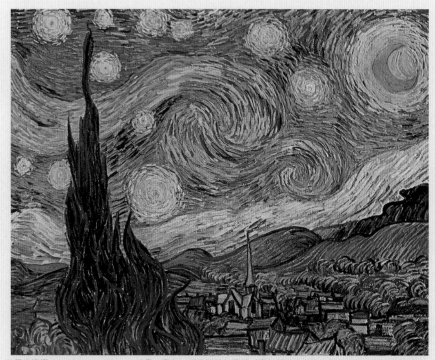

↑ 星光燦爛，1889，72 x 92 cm，油畫、畫布，紐約現代美術館（畫於梵谷自動進入聖雷米精神醫院療養時期。）

知音人。

　　早期梵谷的畫線條生硬，顏色陰暗，到了西元1886年去巴黎找弟弟，西奧幫他介紹許多印象派畫家，他的畫風才整個明亮起來。梵谷在巴黎畫了很多畫，雖然西奧試著幫忙推銷，但是一幅都沒有賣出去，梵谷深受打擊，只能貧困的仰賴弟弟接濟，住在巴黎的日子越來越痛苦，他決定離開到普羅旺斯，到亞爾這個小鎮另起一個創作天地。

　　亞爾的風景優美，大自然的色彩非常鮮豔，這裡有金黃色的麥田、向日葵田，導致梵谷很喜歡用大量的黃色。梵谷在南法的作品漸趨渾厚成熟，開創獨一無二的梵谷風，

可惜他的精神狀態每況愈下，甚至發生割耳悲劇，也因此梵谷二度到精神病院休養，在病中仍不停的創作，直到西元1890年才前往巴黎近郊的奧維鎮。奧維鎮離西奧住的地方比較近，這裡也有一望無際的麥田，秋天田裡收割後會有許多烏鴉飛來找麥穗，於是梵谷畫下一幅色彩奇特，筆觸大膽的「麥田烏鴉」。

「麥田烏鴉」總是給觀畫者很不安的感覺，梵谷用畫刀厚厚的刮上濃彩，金黃色的麥田好像燃燒起來，黑色的烏鴉彷彿地獄的使者，隱隱帶來不祥的預感，整幅畫有種山雨欲來之勢，梵谷似乎在宣洩壓抑日久的狂情燥動，拼命在麥田裡吶喊，所有的愛恨、善惡在畫面裡交織衝擊，麥田景觀也因此扭曲變形，這不是奧維的田園風光，而是梵谷面臨崩潰的寫照，畫中沒有循規蹈矩、沒有詩情畫意，只有一種管不住的瘋狂動力，是臨死前的燃燒，是最後一次的光與熱。

1890年7月27日，梵谷就在這個群鴉飛舞的田野舉槍自殺，不過沒有打中要害，梵谷搖晃著走回家，醫生因為梵谷傷得太重不敢取出子彈，於是西奧陪在梵谷身邊陪他渡過最後時光。西奧用荷蘭母語一直和梵谷說話，安慰哥哥會好起來，但是梵谷似乎活夠了，他告訴弟弟：「悲痛的事會一直持續，怎麼也好不起來，我倒希望可以就這樣死去。」梵谷拖到29日凌晨才去世，他終於平靜的沉沉睡去。

奧維鎮的天主教堂不讓西奧把梵谷葬在教區墓地，因為梵谷自殺是有罪的，後來鄰鎮同意讓梵谷葬在那邊，梵谷的小墳還可以面對著整片的麥田，那是梵谷最愛的景致。半年後西奧也去世了，原本他葬在荷蘭的烏德勒支（Utrecht），但是西奧的遺孀在西元1914年把西奧移到法國和梵谷合葬，她知道西奧生前念茲在茲就是要幫助梵谷，死後應該讓二人彼此作伴才不寂寞，她還從嘉舍醫師的花園要了一株常春藤，把它種在二人墓旁，這些常春藤到現在還長得很茂盛，像綠色地毯一樣的覆蓋著墓地。

梵谷生前或許默默無聞，但如今全世界都知道他，梵谷的作品就像那些欣欣向榮的常春藤一樣，展現無比堅韌的生命力，即使過了一百年，梵谷的油畫仍然讓人感動、讚嘆、驚奇。

沙漠之花

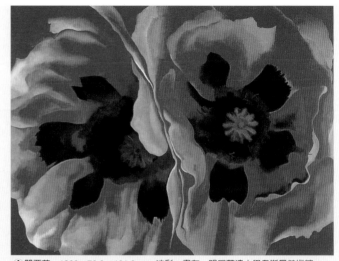

↑ 罌粟花，1928，76.2 x 101.9cm，油彩、畫布，明尼蘇達大學韋斯曼美術館。

　　歐姬芙是美國二十世紀最有名的女畫家，她喜歡畫沙漠，畫沙漠中曬得發白的動物骨頭，這些看起來毫無生命的東西，在歐姬芙的巧手下卻出現生意盎然的瑰麗鮮活，歐姬芙也喜歡畫花，她正像一朵鮮艷芬芳的花朵，盛開在美國的藝術世界中。

　　歐姬芙在美國威斯康辛州出生，十一歲就開始學畫，之後又到芝加哥藝術學院及紐約學生藝術聯盟繼續深造，這是美國培植藝術人才的兩大學術權威，歐姬芙已經對自己的畫家生涯做好準備。早年歐姬芙曾經把自己的作品全部排在房間裡面一一審視，但總覺得這些畫有前人的影子，於是她把舊作品丟掉，再從頭開始全新的創作，她要畫出完全代表歐姬芙的作品風格。

　　歐姬芙很喜歡康丁斯基的理念，她相當認同繪畫和音樂的關聯性，歐姬芙自己也是熱愛音樂的藝術家，她說因為自己不能唱，所以只好把熱情畫出來，歐姬芙的抽象畫融入了充沛的音樂性，流暢的線條和鮮艷的畫面很像歌頌自然的生命之花。

　　歐姬芙認識攝影家史泰格列茲（Alfred Stieglitz）是創作生涯的一個里程碑，史泰格列茲相當欣賞歐姬芙的才華，二人成為忘年之交，他鼓勵歐姬芙繼續創作，並且在自己經營的畫廊幫歐姬芙開了一次個展，從此他就成為歐姬芙專屬的藝術經紀。他一手打造這位風格獨特的女畫家，幫助她將藝術事業推到最高峰。二人惺惺相惜的情誼，促使他們在西元1924年結婚。

人物簡介

歐姬芙（ÓKeeffe），西元1887~1986年

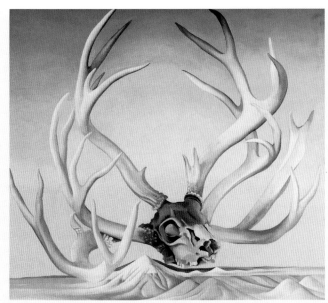

↑ 從古至今，1937，91.2 x 102cm，油彩畫布，紐約大都會美術館。

西元1928年法國收藏家花了二萬五千美元買下歐姬芙的六幅海芋聯作；西元1934年紐約大都會美術館買進歐姬芙的黑薯葵與藍燕草，歐姬芙的「花」名遠播，被稱為「最著名的花卉畫家」，奠定她在世界藝壇的地位。歐姬芙喜歡描繪一朵小花的特寫，清晰可見的花心、花蕊，一層又一層的鮮豔花瓣，常常整個畫面就只是一朵微不足道的花。歐姬芙表示花太平凡渺小，一般人很難去注意到它，所以歐姬芙寧可把花畫大一點，讓大家正視自然天成的美麗。

除了彩繪花朵的生命，歐姬芙也喜歡一望無垠的沙漠，她甚至會從沙漠中撿拾動物的荒骨，帶回家當寶貝珍藏起來，她開始把瑰麗的色彩帶入單調的沙漠和牛骨，讓了無生趣的死亡獲得美麗的重生。

史泰格列茲去世以後，歐姬芙甚至就搬到新墨西哥，離群索居的住在沙漠中的農莊。沙漠氣候變化無常，毒蛇蟲蠍處處可見，然而歐姬芙毫不在意，以她的身價早就可以住在紐約的豪宅別墅享福，但是她卻寧願與黃沙為伍，自己捉蟲打蛇，只為了畫下心目中最迷人的土地。

歐姬芙在八十四歲的時候幾乎全盲，只能停止作畫，她的畫作已經飆漲到百萬身價，各種榮譽學位也紛湧而至。她享年九十六歲，雷根總統特頒「國家藝術獎」肯定她的成就，她熱愛生命，擁抱大自然，致力描繪美國的特殊風貌，這份堅毅和熱情贏得全世界的敬愛與尊崇，歐姬芙堪稱是沙漠中最出色珍貴的花朵。

時鐘軟掉了

看不懂達利沒有關係，天才本來就不容易被人理解，尤其像達利這種超現實的前衛大師，常常讓人凝視著他的作品卻瞠目結舌，是什麼樣的人會畫出這麼奇怪的畫？是怎樣的思維讓達利把佛洛伊德的心理學和原子、核子攪在一起？達利究竟是瘋子？還是天才？或者二者都是吧！達利自己也承認，他和瘋子唯一的差別就是他沒有瘋，他就是這樣一個瘋狂的天才。

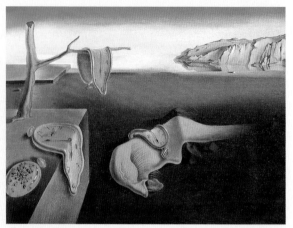

↑記憶的延續，1931，24 x 33cm，油畫、畫布，紐約現代美術館。

達利從小就有些叛逆，對很多「正常」的事物，他偏偏用很反常的角度去思考，比如說學拼字的時候，達立對Revolution這個西文單字就喜歡亂拼一通，因為這個字的意思是改革、革命，既然要革命就不應該照「常規」的拼法才對啊？這就是達利與眾不同的想法。

思想如此跳脫常規的學生，進了大學當然不太安份，年輕的達利很快成為帶頭和老師作對的學生，領著一群崇拜者流連酒吧、咖啡館，過著放蕩不羈的學生生活，當然最後也只有被退學的份，不過他的叛逆發揮在繪畫上卻變成全新的創意，他用行動證明自己的想法絕對有另一番道理。

達利最叛逆的一件事莫過於愛上朋友的太太。卡拉原本是超現實派詩人艾莒雅（Eluard）的太太，在一次超現實派的聚會中認識達利，達利立刻被大他十一歲的卡拉吸引，二人秘密的陷入狂戀，艾莒雅知道以後倒是很有風度的成全愛情，並沒有讓這件事影響三個人之間的友誼，不過達利的父親簡直氣壞了，他馬上寫信和達利斷絕父子關

人物簡介

達利（Salvador Dali），西元1904~1989年

係，從此不認這個兒子，不過卡拉和達利倒真的成為相知相守的伴侶，卡拉既是達利的母親，又是他的妻子情人，更是他事業上的幫手，靈感上的繆思。

「記憶的延續」是達利最有名的作品之一，他和卡拉在前一年才買房子安定下來，一整年的時間不外乎是吃飯、作畫、睡覺、作愛，生活如此規律，幾乎感覺不到時間的流動，就在一個非常熱的夏日午後，達利看到桌上的乳酪因為室內高溫而變軟了，他好奇的拿筆挑起一片乳酪，金黃色的卡門貝（Camembert）乳酪就軟軟的掛在筆上，達利馬上得到靈感，覺得自己看到的是軟掉的時鐘，畢竟乳酪是經過一段時間才慢慢變軟的。

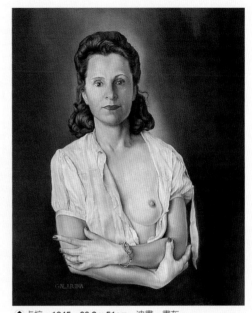

↑ 卡拉，1945，66.2 x 51cm，油畫、畫布，費格拉斯達利戲劇美術館。

達利用故鄉的克魯斯岬當背景，早期達利的畫作常有故鄉的景色出現，這或許是和家人斷交後對故鄉的一種懷念。達利放了三面軟時鐘，一面在樹枝上，一面從桌沿垂下來，另一面就在達利自己身上，沒錯，地上那個有長睫毛，完全不像人的形體就是達利的自畫像，好像達利也跟著時間的流動變軟了呢！

該如何描述無形的時間比較貼切？如果用文字敘述「時間宛如一條流動緩慢的長河」，相信大部份的人都可以理解這樣的比喻，但是運用在繪畫上就比較抽象了，達利想到把代表時間的鐘變軟，讓這些鐘好像可以在人類的空間流動，時間的流動是一種記憶的延續，這就是達利看似瘋狂，其實頗富創意的作品。

「記憶的延續」在畫展得到空前的成功，這是達利藝術生涯一個很重要的里程碑，晚年他還把軟時鐘用青銅鑄成立體的作品，神奇的達利不但讓無形的時間看得見，現在也可以觸摸到了。

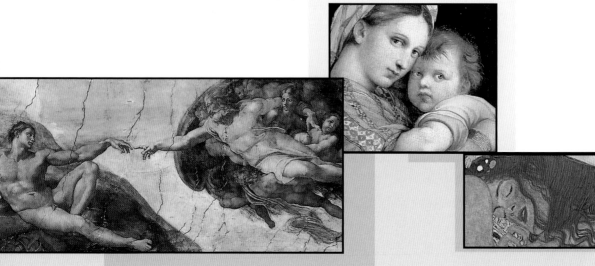

宗教與神話的傳奇

教堂被稱為藝術之母，

藝術起源於宗教信仰，

從希臘羅馬的神話傳說，

到舊約新約的宗教歷史，

透過繪畫與雕塑，

這些傳奇註定是永垂不朽的。

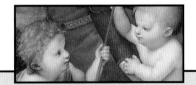

大家來找碴

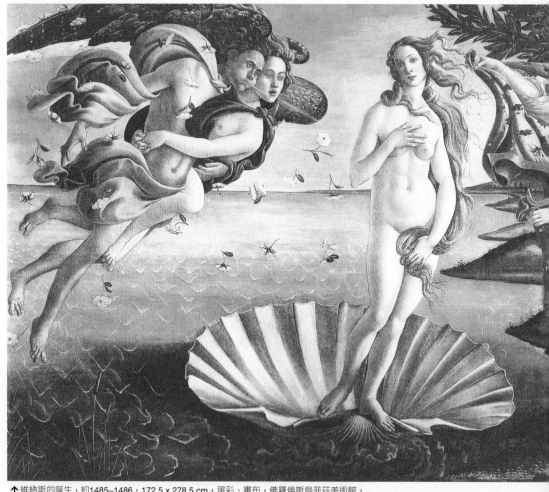

↑ 維納斯的誕生，約1485~1486，172.5 x 278.5 cm，蛋彩、畫布，佛羅倫斯烏菲茲美術館。

 人物簡介

波蒂切利 （Botticelli），西元1445~1510年

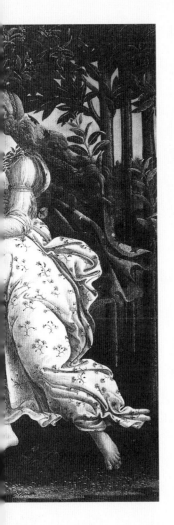

　　這幅畫早期出現在台灣的香皂包裝上，看來眞是典雅迷人，當時該浴皂在市場的知名度不低，也讓這幅維納斯的誕生成爲大家熟悉的作品。

　　波蒂切利因爲畫了「春」，以及這幅「維納斯的誕生」，被視爲早期的文藝復興畫家，在義大利的文藝還沒有被「復興」以前，絕大多數的畫作都是宗教畫，各種以宗教聖人、聖母瑪麗亞爲題材的畫作佔了絕大多數，可是波蒂切利卻選擇了更古老的題材，追溯到古羅馬希臘時代的神話傳奇，創造另一派和基督教神蹟完全無關的藝術，喚醒了義大利人的新美學。他們開始瘋狂的追尋古羅馬帝國時代的榮耀，義大利進入文藝復興的全盛時期。

　　波蒂切利爲什麼選擇維納斯的誕生來作畫？是不是剛出生的女神純潔無瑕，正好拿來代替基督教聖母瑪麗亞？或者當初接到貴族梅迪奇的指示才這樣畫？總之波蒂切利選擇了一個很好的題材，關於美神維納斯如何誕生，這是歐洲人都知道的神話故事，任何人只要看了這幅畫，都會立刻知道站在貝殼中央的美麗裸女就是維納斯女神。

　　關於維納斯的身世其實神話也出現幾種說法，有人說她是天王星烏拉諾斯的女兒，烏拉諾斯不小心割到生殖器官流血，血液滴到海裡而誕生了維納斯，也有人說是天王

星被兒子肢解後丟到大海，維納斯就從海泡沫誕生，甚至還有一說把維納斯歸成宙斯的女兒，在眾說紛云的故事中，有個畫面是大家比較熟悉的，就是維納斯是從海上一個大貝殼出生的，宙斯特命西風把她吹送到塞普路斯島，並請女兒季節女神去照料這個新生的女神。

傳說維納斯一出生就是個亭亭玉立的少女，她有一身雪白的肌膚，金黃色的頭髮，本身不需打扮就美豔無比，季節女神簡單的幫維納斯穿戴好衣服，領著她去見奧林匹亞眾神，美惠三女神領著白鴿子拉的車來迎接維納斯，她的抵達引起轟動，所有的神祇都很喜歡她。

瞭解維納斯出生的情景，再來看這幅畫會更覺得生動迷人，畫面的中心就是白皮膚金頭髮的維納斯，左邊是西風之神抱著花神，二個人從天界飛過來迎接她，西風徐徐的吹了口氣，把維納斯吹到岸上，花神則下起玫瑰雨，讓剛誕生的美神沐浴在愛情之花的氛圍下，等在一旁的季節女神已經張開一件紅袍，希望趕快幫維納斯穿戴好衣服，維納斯就不需要用雙手和長髮很辛苦的遮掩身體。季節女神的後方是天后赫拉的金蘋果花園，除了樹上會長金蘋果，樹上小白花的尖瓣、樹葉的梗脈，樹幹的垂直紋等等都是黃金，波蒂切利也在樹木上以金色勾勒，拿來加強維納斯的重要性。

很多畫家都曾經畫過維納斯，強調臉孔的柔美，身段的窈窕，波蒂切利其實稍微捨棄人物的正確比例，他比較想營造自己想要的故事性和整體流動的美感，他追求的是所有人物的對應都要和諧優美，這幅畫實在讓人驚豔，美得讓人沒有注意到它是不是有其他缺憾……

有沒有注意到？維納斯的脖子好像太長了？仔細看她的脖子其實不太自然？維納斯是斜肩嗎？怎麼肩膀削到好像沒有了一樣？維納斯拉著頭髮的左手彎得有點奇怪？美神的身體構造看起來不是很自然，不過波蒂切利希望讓整個身體線條更圓滿和諧，所以不得不在某些線條犧牲寫實，以便保有流暢的曲線，放眼看整張畫作，馬上就會覺得這是一幅很生動的神話故事。

透過波蒂切利半神話半幻想的畫作，傳說故事有了生動的影像，愛與美的女神，天地間最不可思議的造物……當維納斯緩緩從海中泡沫誕生，也代表美麗從此降臨人間。

消失中的壁畫

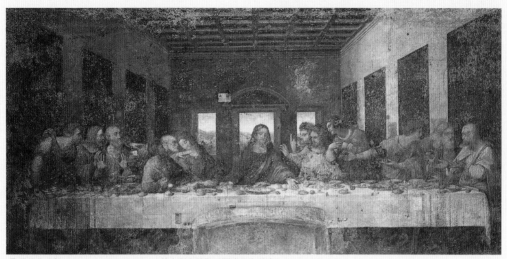

↑ 最後的晚餐，1498，460 x 880 cm，義大利米蘭聖瑪麗感恩修道院。

「最後的晚餐」是達文西最有名的壁畫，也是最後一幅殘存至今的壁畫，當初達文西接受米蘭聖瑪麗感恩修道院的委託，為修道院餐廳繪製這幅聖經故事。

最後的晚餐出自於馬可福音「這是我的身體，為你們打破的，這是我的血，為你們流出的。」耶穌在慶祝踰越節的前夕，和十二位門徒共享晚餐，這是十三個人最後聚在一起吃飯的場景，而耶穌已經哀傷的知道其中有人將背信而去。

達文西這幅畫運用了前寬後窄的透視法，人物三個三個一組，讓視線落在中央的耶穌身上，在晚餐中耶穌宣告了一項驚人的事實：「你們當中有一個人將出賣我。」這句充滿爆炸性的話一說出，十二個信徒的動作、表情各異，門徒都在議論紛紛，只有耶穌平和安詳的二手攤放，莊嚴鎮定又帶著一抹憂傷，達文西生動的描繪出當時的氣氛，畫中人物的驚恐、震怒、懷疑、猜忌很傳神的浮現，達文西刻畫的其實已經不是宗教，而是人性。

達文西的作畫速度比較慢，而傳統的濕壁畫卻需要趁著濕泥灰未乾之際，講究快狠準的上色作畫，否則一旦下筆就很

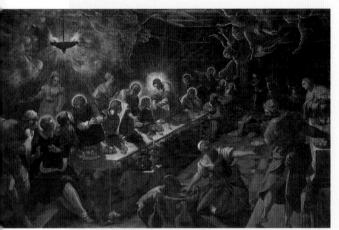

↑最後的晚餐，丁多列托繪，1594，366 x 570cm，油彩、畫布，威尼斯聖喬治教堂。

難再修改，很愛創新發明的達文西於是突發奇想，決定利用油彩混合蛋白和牛奶來畫在乾的灰泥上，想試看看效果怎麼樣，結果他在作畫的過程就發現這種顏料無法持久，不過他還是繼續的畫，就好像作畫只是一種實驗過程，成果可以流傳多久他並不在意。達文西一向不把自己定位成畫家，他覺得自己比較像是一個發明家，真沒想到這幅畫會成為曠世鉅作，讓後人花費無數心血的想把畫保存久一點。

據說此畫完成的五十年紀念，畫面就已經斑駁不堪，二次大戰的時候這座聖母感恩教堂還遭受到炸彈襲擊，幸好義大利人有先見之明，事先用沙袋裝上沙土，密實的捆紮在這面牆的四周，終於把達文西的名畫保存下來，不過當時的屋頂已經轟掉不見了，這面牆還是經過一陣子的日曬雨淋，等到戰事結束才能依著這片牆整修，蓋回原來的教堂。

幾世紀以來許多專家都曾經試圖修補這幅畫，但是卻也引發不少負面的批評；認為這些專家越補越糟糕，實在不能算是修補原畫，根本就是重新畫成另一幅四不像的作品，這些修補反而破壞達文西原有的畫面構圖，後來才採用更現代的方法，透過年代鑑定的科技，使用化學藥劑洗去非達文西時代的顏料，這才還原壁畫至最接近原創的面貌，接著義大利又花了十年的整修補強，才小心翼翼的對外開放參觀，目前如果想到米蘭觀賞這幅達文西的真跡，一定要事先預約門票，每次還限定最多只能放二十個人進去參觀，這大概是全人類最努力搶救的一幅作品吧！

儘管這幅作品已經殘破不全，很多細節幾乎無法辨識，但這些都不足以影響它在藝術史上的重要地位，許多畫家都畫過「最後的晚餐」，但是後人只要想到這個主題，第一個想到的還是達文西那幅日漸斑駁的壁畫。

 人物簡介

達文西（Leonardo da Vinci），西元 1452~1519年

男性的典範

　　米開朗基羅是義大利的文藝復興三傑之一，也是全世界最傑出的藝術家之一，即使歷經了數個世紀，他在美術史上的地位依然無人能出其右，是一位綜合了繪畫、雕刻、建築、詩詞的全方位藝術家。

　　米開朗基羅的母親早逝，他小時候由奶媽照顧，在一個採石的小鎮長大，奶媽的丈夫就是採石工人，難怪米開朗基羅對雕刻的鑿槌是如此的駕輕就熟。米開朗基羅很早就展露雕刻天份，十六歲的浮雕作品就有不錯的表現，二十五歲時創作聖母慟子像，作品已經相當生動成熟，而這座巨大的大衛像是他從羅馬回到佛羅倫斯之後所接下的工作。

　　當時的佛羅倫斯教會有一塊巨大的大理石石材，米開朗基羅和政府簽約，花了三年雕刻這座大衛像。大衛是《聖經舊約》中的一個故事，傳說當時菲利士人侵略以色列，大衛用投石帶打退敵方的哥利亞巨人，拯救整個以色列民族，最後英雄式的受到人民歡呼愛戴，還娶了國王掃羅的女兒爲妻。米開朗基羅基於愛國熱忱刻意選

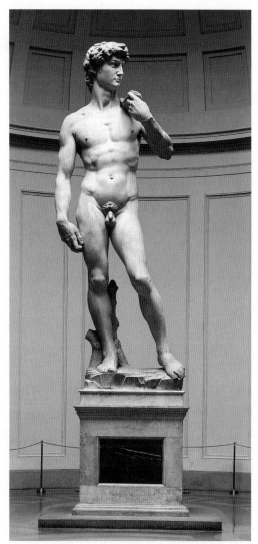

↑ 大衛像，1504，437cm，大理石，佛羅倫斯藝術學院美術館。

人物簡介

米開朗基羅 （Michelangelo），西元1475~1564年

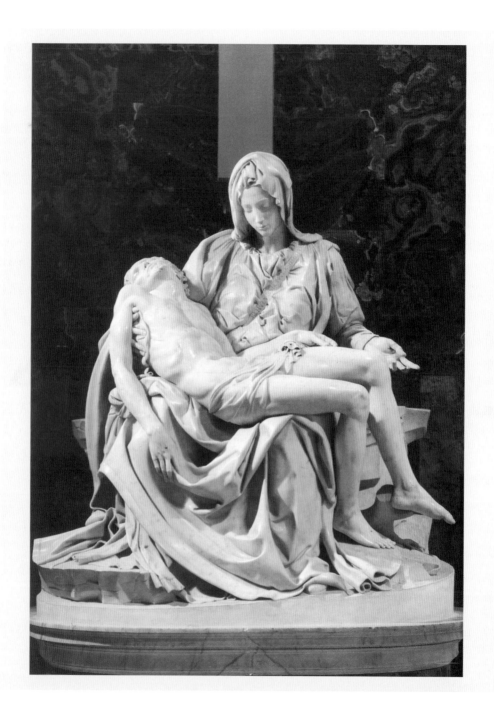

擇這樣的題材，當時的佛羅倫斯政局很不穩定，人民隨時要準備迎戰，米開朗基羅以大衛像當作是保衛城邦的象徵，告訴佛羅倫斯的人民要和大衛一樣勇敢，對上帝要有信心，有神的力量和保護，就可以和聖經中的大衛一樣打退敵人。

原本這座雕像是要放到大教堂之中的，但是因為這件鬼斧神工的作品實在是氣勢磅礡，當局決定改放到維奇歐宮的前庭，當成新共和國一個勇敢無畏的精神指標，不過這件作品實在太難能可貴了，義大利在西元1873年把大衛像移到藝術學院美術館，讓它不再受到日曬雨淋，而原本的維奇宮前庭就放複製的大衛像代替。

這座大衛像渾身散發著男性的力與美，米開朗基羅熱愛人體，還曾經學習人體解剖來加強自己對結構的瞭解，大衛像幾乎成為米開朗基羅的標誌，這座雕像的頭、手、足並不是比照真人的比例，米開朗基羅故意強調手腳來表現大衛的力量，大衛的手上拿著一顆石頭，臉部表情凝重，體格和運動員一樣矯健，他就像一個準備就緒，蓄勢待發的戰士，米開朗基羅以大衛像呼籲佛羅倫斯人民要善盡自己的力量，每個人都應該為了保衛城邦貢獻自己的力量。

米開朗基羅曾經在日記裡記載著：「當我回到佛羅倫斯的時候，我發現自己成名了，市議會要我從一塊十九呎高的石塊雕出一個大衛像，我把自己關在教堂前的工作室鑿鎚了三年，不顧其他藝術家的反對，我堅持要把這座雕像放在維奧奇宮前面，我希望大衛像可以成為共和國的象徵，為了將它拉到廣場前，還把街道加寬，把拱門拆掉，總共請了四十個男人花上五天來搬移大衛像，等到大衛像就定位，全體的佛羅倫斯人都感受到深深的震撼，一個新的城市英雄從此誕生。」

對米開朗基羅而言，大衛像是一個警惕的精神指標，任何一個保衛翡冷翠的人都應該有相同的勇敢，要保持警戒的眼神，要有公牛般勢不低頭的頸部，有戰士那雙強而有力的手，有一副充滿力量的身體，一站出來就是準備要戰鬥的英姿。

然而對廣大的藝術愛好者而言，大衛更是雕塑史上最傑出的作品之一，他代表著男性美，成為後來藝術家臨摹學習的典範。

← 聖母慟子像，1499，174 x 195cm，大理石，梵諦岡聖彼得大教堂。。

仰望上帝的日子

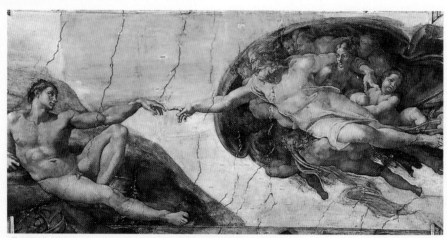

↑ 創世紀（局部），1508～1512，約2.8 x 5.7公尺，梵諦岡西斯汀禮拜堂。

「創世紀」出自舊約第一章，描寫天地萬物是如何的從無到有，第一天創造了光明與黑暗的晝夜，第二天創造了天空和海洋，第三天創造了有花草樹木的陸地，第四天創造時間季節的變化，第五天創造了飛鳥、游魚，第六天在陸上創造了「人」，希望有人來管理這個新開創的世界，到了第七天檢視成果，看到生生不息的宇宙萬物，於是上帝才放心的休息。

上帝花了七天創造世界，而米開朗基羅卻花了整整四年才創造出西斯汀教堂的天井壁畫，這四年的作畫過程非常辛苦，幾乎耗盡他的精神體力，讓該年才三十七歲的米開朗基羅一完成壁畫就累壞了，總覺得自己已經是個垂暮老人。

米開朗基羅會去畫西斯汀教堂其實是被對手陷害的，原本他正興致勃勃的替教宗設計陵墓，教宗卻聽信讒言，覺得還沒死亡就蓋墳墓很不吉利，硬生生取消米開朗基羅的工作，還沒有付工資給他，嫉妒他的對手故意建議米開朗基羅來畫西斯汀教堂，認為他

人物簡介

米開朗基羅 （Michelangelo），西元1475~1564年

只會雕刻，讓他來作畫一定會搞砸失寵，於是米開朗基羅就莫名其妙的被指派這項工作。剛開始作畫因為工作的高難度及不熟稔，米開朗基羅經常和教宗吵架，米開朗基羅憤憤不平的在日記中寫下：「西元1508年5月10日，我堂堂一個雕刻家，開始畫西斯汀教堂的天花板。」

據說米開朗基羅心灰意冷之下跑到酒館去喝酒，還和老闆抱怨酒有怪味，結果老闆竟然把所有的酒桶都砸掉不要了。米開朗基羅很慚愧，也領悟到要做就要做最的完美，不然就沒有保存價值，於是米開朗基羅回到教堂，刮掉原本邊氣邊畫的壁畫，開除所有的助手，他打算從頭來過，不假手他人來完成這項曠世鉅作。

禮拜堂的天花板大約14×38公尺，以九大主題來呈現創世紀裡面的故事，全部的天井壁畫包含了四百多個人物，要靠一人的力量獨自完成，實在是一件辛苦的工作。由於長年累月仰著頭畫天花板，導致米開朗基羅畫完教堂天花板後，頭頸都僵硬得彎不下來，連讀信看書都要把它舉到頭頂上來看才習慣。

米開朗基羅刁鑽固執的把自己關在教堂裡，除了拒絕助手幫忙，也不准任何人偷看，唯一允許參觀的只有教宗朱理斯二世，教宗希望他能儘快完成作品，不時的爬上高腳梯來審視壁畫的進度。

根據舊約聖經的記載，上帝用泥土照著自己的樣子塑形，再從泥人的鼻孔裡吹氣，給人類神奇的生命力，這天地第一個人就是亞當，上帝怕亞當一個人太寂寞，就取下亞當一根肋骨，創造另一個女性人類，也就是夏娃。

米開朗基羅很傳神的把這個故事表現出來，壁畫中的亞當有上帝賜予的完美體態，沒有靈魂生氣的躺著，上帝伸出強而有力的手臂，準備把生命的力量傳給初生的亞當，整個畫面充滿戲劇性的動態，手指即將碰觸的緊張感，呈現巨大無比的能量。米開朗基羅不畫則已，這一畫創造出此生最偉大的作品。

如果上帝創造世界是一項神跡，那麼米開朗基羅完成這個不可能的任務何嘗不是奇蹟？這不但是米開朗基羅足以為傲的成就，也是西洋藝術史光輝燦爛的一頁，即使到了二十一世紀，梵諦岡的西斯汀教堂每天仍然大排長龍，西斯汀禮拜堂更是滿滿的坐了一屋子人，大家不約而同的抬起頭來瞻仰米開朗基羅的傑作，接著大概會不可思議的搖搖發痠的頭頸，是怎麼的耐力和信仰，讓米開朗基羅可以仰著頭和上帝對話了四年？

母親

拉斐爾在佛羅倫斯的時候繪製一系列的聖母圖，他筆下的聖母典雅安詳，彷彿就像是慈詳的母親一樣，創新了宗教題材的寫實手法。

以前的「西恩那畫派」認為神是至高無上的，祂們不是凡人，所以不應該有喜怒哀樂的表情，結果這樣的聖母畫像就變得表情呆滯，有時還會故意拉長扭曲她的身體，來營造人神的區分。

但是拉斐爾的聖母就不會這樣，他筆下的聖母溫柔秀麗，聖子可愛圓潤，其身長比例，甚至畫像後面的背景，乍看之下很像凡人的嬰兒與母親，也只有從聖子頭上的光環，還有聖母身上的藍袍，才恍然大悟這是一幅聖母聖子圖，以前藍色的顏料比較貴，通常只有在畫聖人的衣飾才會使用藍色，藍色也代表眞理，聖母的斗蓬通常會用藍色來畫。

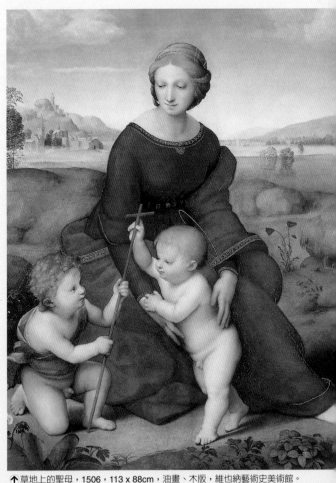

↑草地上的聖母，1506，113 x 88cm，油畫、木版，維也納藝術史美術館。

拉斐爾 Raffaelo Sanzio，西元1483~1520年

　　拉斐爾常常以聖母和聖子的題材作畫，這幅「草地上的聖母」以文藝復興時期最典型的三角型構圖法排列，或者可以說是一種金字塔的構圖，這種安排讓各人物之間呈現活潑又和諧的氣氛，聖母赤著腳坐在有花有草的原野，溫婉的看顧著二位玩耍中的聖子，一片綠地往後延伸，遠處有隱約蜿蜒的山巒，整個畫面非常生動，卻又井然有序，這在當時是很不一樣的宗教畫。

　　拉斐爾的金字塔構圖可能是受到達文西「岩中聖母」所影響，然而他採用明亮的背景來襯托主體，又是受到老師貝魯基諾的潛移默化，不過拉斐爾融會貫通各家的精髓，創作出完全屬於自己的聖母風格。

　　當時的藝術家只有幾條途徑生存，一是幫教會製作宗教畫，二就是幫王公貴族繪製肖像畫，宗教畫似乎比較好表現，畢竟耶穌、聖母瑪麗亞、聖人等等都是聖經中的傳說人物，沒有任何影像紀錄可以判斷畫得逼真與否，但是如何在眾多宗教繪畫中脫穎而出，讓教會滿意的指派繪畫工作，就必須各盡巧思。拉斐爾畫出美麗溫婉的女子，給予她血肉精神，他把傳說中的聖靈俗世化，但又營造柔美聖潔的光輝，仍然保有宗教畫應該具備的美麗神聖。

　　再看看另一張更平凡的聖家族畫作。拉斐爾採用圓盤式的構圖來創作這幅「椅子上的聖母」，畫面

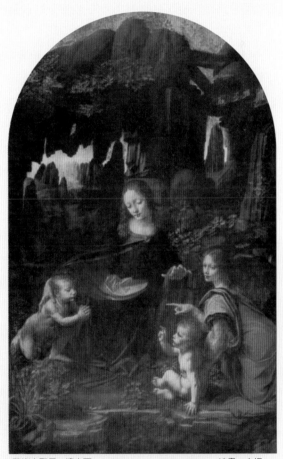

↑岩中聖母，達文西，1482~1486，189.5 x 120cm，油畫、木板，羅浮宮。

飽滿卻不擁擠，顏色同樣亮麗活潑，焦點凝聚在聖母懷抱中的小耶穌身上，這次聖母、聖子的衣著、神情，更是生活化的近似平民，據說這是拉斐爾在某個聚會看到一個慈愛的母親抱著孩子，腦中靈思泉湧的讓他抓起筆就在身邊的木桶上勾勒試畫，他心目中的聖母子圖就是要這樣的真情流露；聖子親膩的依偎在母親胸前，母親愛憐的擁抱懷中的愛子，左邊的聖約翰雙手合十，仰慕的看著幸福滿溢的聖母聖子，三人形成巧妙生動的畫面。

　　拉斐爾的聖母既美麗又有女人味，讓人覺得很有親切感，聖母可以一邊看書，一邊陪聖子逗弄著手上的金翅雀，聖母也可以腳穿涼鞋，抱著聖子在原野間休憩，聖母還可以頭戴美麗藍冠，輕揭罩紗的看著聖子……

　　拉斐爾一生繪製過四、五十幅聖母圖，與其說他是把聖母聖子擬人寫實的表現出來，倒不如說他是藉用宗教聖家族來歌頌母子親情，表現自然愉快的天倫之樂。

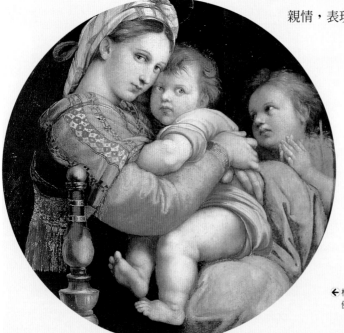

← 椅子上的聖母，1514，油畫、木版，
佛羅倫斯烏菲茲美術館。

提香的維納斯

維納斯是最常被畫家拿來表現女性美的題材，尤其在不當的裸露是猥褻下流的年代，也只有繪畫女神才可以光明正大的裸露身體，因為神的裸體是聖潔無比，不會讓人產生退念的。

提香也畫過很多次維納斯，而這幅「烏爾比諾的維納斯」堪稱當中的代表作，為往後幾個世紀的女體之美樹立典範，有不少畫家曾經仿效提香的維納斯去創造自己心目中的女神。

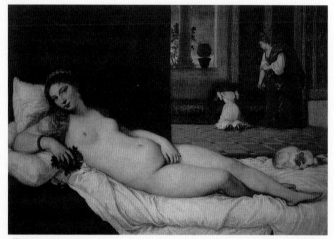

↑烏爾比諾的維納斯，1538，119 x 165 cm，油畫、畫布，佛羅倫斯烏菲茲美術館。

提香的畫風和同門師兄吉奧喬尼非常類似，二人同在大師貝里尼的畫室學習，後來還合作開設繪畫工作室，可惜吉奧喬尼英年早逝，一幅尚未完成的「沉睡的維納斯」就由提香接手完成。

吉奧喬尼的維納斯優美靜謐，她在山林間沉沉的睡去，表情超脫凡俗，有一種光輝聖潔、氣質不凡的美麗，然而後來提香自己創作了「烏爾比諾的維納斯」，雖然女神的姿勢類似，整個環境氛圍卻已經大大不同，維納斯似乎由天上走向人間，成為民間一個美麗慵懶的貴婦。

畫中的維納斯斜躺在床上，美麗的臉龐，豐滿動人的軀體，腳邊竟然還蜷伏著一隻可愛的小狗，後方的僕婢正翻著衣櫃幫維納斯找衣服，如此自然生動的畫面，如果標題

人物簡介

提香（Titian），西元1482~1576年

不是維納斯，誰不會猜想這是哪家的貴婦？

　　據說提香就是以烏爾比諾的貴婦爲模特兒，畫下這幅閨房中的人間維納斯。雖然提香的維納斯沒有吉奧喬尼那麼端莊典雅，但是仍然展現驚人的女體美，另有一番親切的魅力與趣味。

　　提香喜歡歌頌女性美，女性是生命的泉源，何必拘泥於穿衣或裸體？想要畫出女性婀娜多姿的體態，以及肌膚吹彈可破的質感，提香只好拼命畫維納斯，他畫中的維納斯可以逗著小狗玩，可以聽風琴師彈奏樂曲，就算是創作「維納斯誕生」這樣的主題，維納斯也好像是個沐浴後整理頭髮的少女，那個貝殼絲毫不起眼的點綴在角落，簡直就像個肥皂碟大小，只是裝飾性的告訴世人這的確是維納斯。

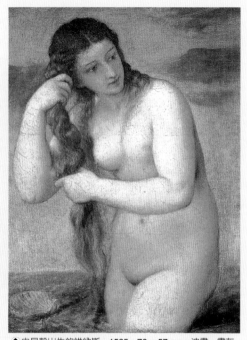

↑由貝殼出生的維納斯，1525，76 x 57 cm，油畫、畫布，蘇格蘭國家畫廊。

　　提香是有點「掛羊頭賣狗肉」的味道，「烏爾比諾的維納斯」根本就省略了貝殼或小愛神等屬於維納斯女神的裝飾，他似乎只是借著維納斯之名，展現動人女體之實，或許這是當時情色藝術得以生存的特殊方式吧？這幅畫正是應烏爾比諾公爵的要求完成的，因爲公爵要一幅可以掛在臥室的女性裸體畫，提香就創作了這幅閨房味十足，身段完美的維納斯。原本應該不食人間煙火的女神，大方的入住貴族家的臥室，而且雙眼直視著幾百年來的觀畫者，提香給予維納斯人性，如此特殊的維納斯令人更想親近她。

　　提香是一位熱愛生命、享受歡樂的偉大畫家，他以人文思想對抗中古教會的清規嚴律，帶給人們健康美麗的女性新形象，之後哥雅的裸體瑪哈，魯本斯、委拉斯蓋茲的鏡中維納斯，甚至十九世紀馬奈創作的奧林匹亞，無一不是受到提香的啓發。提香的女性美不僅在十六世紀發光，其影響力更是貫穿整個藝術史，他所創造的完美女性在幾百年後仍然可以讓世人驚豔讚嘆。

聖經中的亂倫疑雲

舊約創世紀有一則非常不可思議的故事，就是羅德（Lot）和女兒的不倫情事。希臘神話雖然有伊底帕斯王誤殺父親而娶母親為妻的例子，但畢竟他是在不知情的狀況才犯下錯誤，然而羅德的女兒卻是刻意導出這一齣倫理亂劇。

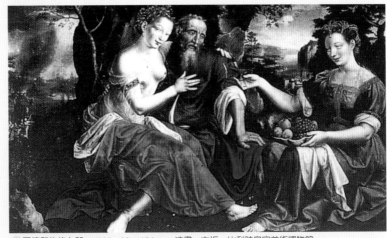

↑ 羅德和他的女兒，1565，92 x 154cm，油畫、木板，比利時皇家美術博物館。

故事起源於上帝要摧毀作惡多端的索多瑪城，但是由於羅德曾好心的接待過天使，於是天使幫羅德帶著家人往山上逃，要他們無論聽到什麼都不能回頭，於是羅德帶著妻女趕緊逃命，只不過走在最後的妻子感覺背後的城鎮似乎被燒得厲害，她忍不住好奇回頭，結果馬上變成一根鹽柱，據說羅德妻子死去的地方就是現在的死海，所以這邊的鹽份特別多，草木都養不活。

羅德和二個女兒逃到罕無人煙的山上，父女三人躲在山洞裡生活，久而久之女兒開始苦惱了，他們可能是世界上僅存的三個人，難道讓人類就這樣絕種嗎？於是姐姐對妹妹說：「我們的父親已經老了，地上又沒有男人能依照世俗來與我們親近。要不然我們來灌醉父親，與他同睡，這樣就可以從父親那邊懷孕生子了。」於是姐姐讓父親喝到不醒人事，晚上就和父親同寢，隔天姐姐要妹妹也如法泡製，總算姐妹二人都懷孕了。姐

人物簡介

馬賽斯（Jan Massys），西元1510~1575年

姐生的兒子取名為摩押（Moab），意思是從父親得來的孩子，妹妹生的兒子叫亞孟（Ammon），意思是同一家族的孩子。

這是個匪夷所思的宗教性故事，然而楊·馬塞斯根據這個故事畫的作品更荒唐，幫助羅德的天使只在畫面左邊佔了極小的位置，天使後方的索多瑪城還燃燒著熊熊火光，可是羅德一家三口竟然在森林中尋歡作樂；大女兒坐在老羅德的腿上，半裸著上身還挑逗的看著正前方，小女兒端著水果盤，向父親殷殷勸酒。馬賽斯一點也不像在畫逃難場面嘛！

楊·馬塞斯是法蘭德斯畫家昆亭·馬塞斯（Quentin Massys）的長子，父親死後他就繼承家裡的繪畫工作室，也收了不少學生，不過西元1543年卻因為疑似同情異教而被驅逐出境，此後流浪到義大利和法國居住，闊別家鄉十五年才又回到安特衛普。十六世紀的歐洲正經歷馬丁路德的宗教改革運動，他們反對教會腐敗，提倡應該直接讀聖經正典，而不要聽信教士為了賣贖罪券拿煉獄恐嚇人，也因為這樣的時代背景，許多畫家都是以聖經預言來當成作畫的題材。楊·馬塞斯正是這類受路德教派影響的藝術家。他以希臘神話及聖經故事畫了不少細膩華麗的作品，畫風融合義大利矯飾主義和楓丹白露畫派，馬塞斯最好的作品都是流浪歸國以後的創作，包括「花神」、「埃及豔后克利歐佩特拉」，以及「羅德和他的女兒」。

聖經的故事那麼多，馬塞斯為何單單選擇不倫的主題呢？以當時的文化背景來看，有可能是用來闡述女性權力的可怕，也可能想警告世人喝酒過量會帶來災害，不過這幅畫的宗教意味很低，情色暗示倒不少，二位女兒肌膚勝雪、體態嬌媚，腿上還放了象徵成熟的水果，根本就是藉宗教之名，行意淫之實，說穿了這很可能是應顧客要求所繪的「閨房畫」罷了。

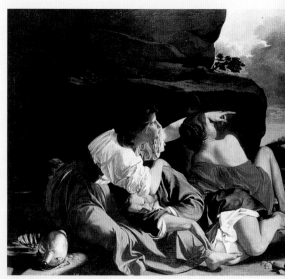
↑ 羅德和他的女兒，簡提列斯基繪，1622-1623，204.9 x 261.9 cm，柏林國立美術館。

聖經的性騷擾疑雲

約瑟與波蒂法的故事出自於創世紀，也是十七世紀義大利佛羅倫斯派很喜歡的作畫題材之一。不管古今中外，有關性騷擾的控訴因為缺乏證人，常常是兩造各自表述，很難認定誰是誰非，尤其遇到聖經中這位年輕貌美的少婦求歡不成反栽贓，那真是一時之間百口莫辯了。

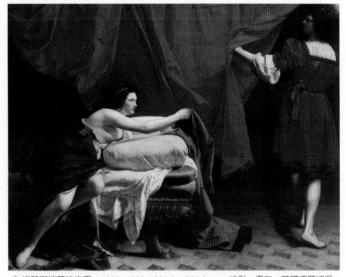

↑ 約瑟與波蒂法之妻，1626-1630，204.9 x 261.9 cm，油彩、畫布，英國溫莎城堡。

約瑟是雅各十二個兒子當中最受父親疼愛的，他聰明正直，英俊挺拔，雅各還特別做了件七彩長袍送給堪稱人中之龍的兒子，其他兄弟難免嫉妒這個小弟，就瞞著父親把約瑟賣給以實瑪利人，再殺隻山羊把鮮血染在約瑟的七彩長袍，讓雅各以為約瑟已經被野獸吃掉了。

以實瑪利人把約瑟帶到埃及去，這麼一個體格健美，面貌清秀的年輕人，當然可以賣到很好的價錢，法老王的內臣波蒂法大人就買下約瑟回家幫忙，由於上帝一直眷顧著約瑟，讓約瑟即使在埃及主人家裡工作，也是樣樣得心應手；波蒂法看到約瑟做事俐落又可靠，就把家裡大小事情都交給他管理，約瑟這個異鄉人反而最受主人寵信。

波蒂法的妻子看到約瑟相貌堂堂，每每以眼神挑逗這位新任的當家總管，然而約瑟

人物簡介

簡提列斯基（Orazio Getileschi），西元1563~1639年

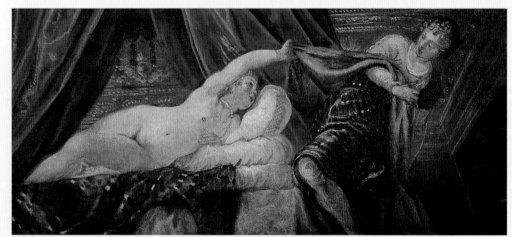

↑ 約瑟與波蒂法之妻，丁特列托繪，1555，54 x 117cm，油彩、畫布，西班牙普拉多美術館。

明言拒絕主人的妻子，表示不能辜負主人的信任，更不能犯下違背上帝的罪，不過波蒂法的妻子並不死心，趁著家人不在，她請約瑟進房間幫忙整理東西，約瑟一進房卻發現女主人裸著身體躺在床上，多情的女主人摟住約瑟，要求和約瑟同床歡愛，約瑟連忙推開她，二個人就掙扎起來，最後約瑟雖然掙脫女主人的糾纏，身上的外袍卻被女主人給扯了下來，惱羞成怒的少婦就拿著約瑟的外衣一狀告到波蒂法面前，梨花帶雨的聲稱約瑟調戲自己，於是無辜的約瑟就被關進監牢裡面。

　　虔誠信仰耶和華的約瑟最後當然洗刷了不白之冤，只是如此戲劇性的故事讓藝術家忍不住對房內拉扯交戰的場面產生很多想像，大部份的畫家會突顯不安於室的人妻如何緊緊抓住年輕的約瑟，像丁特列托、林布蘭大概都是這種畫法，不過簡提列斯基卻採取另一種方式，讓約瑟轉身背對著女主人，表達他正直不為所動的一面，鮮紅色的帷幔大幅的垂掛下來，和波蒂法妻子雪白的膚色成了最強烈的對比。

　　簡提列斯基出生於義大利的一個藝術家庭，長大後就到叔父的工作室接受繪畫訓練，但是他的繪畫事業起步很晚，大約到四十歲才有一些進展，可能是他認識了開創寫實派的大師卡拉瓦喬，二人不但成為好朋友，簡提列斯基還從卡拉瓦喬那邊學到很多作

畫的技巧，畫風很快的有所突破。簡提列斯基在藝術史上並沒有太輝煌的地位，主要是他都畫一些大尺寸的圖，許多人常批評他的人物臉上都沒有表情，不夠生動細膩，但他畫的人物在舉手投足間不失莊嚴優雅，在英國還是有很多王公貴族欣賞他，所以後來他移居英國去擔任查理一世的宮廷畫家。

　　簡提列斯基在眞實的生活中也遇上一次性騷擾疑雲。他有個聰慧的女兒繼承繪畫事業；這位阿特米西亞·簡提列斯是藝術史上難得一見的女畫家，她在父親的繪畫工作室擔任助手，卻被父親同事奧古斯汀納性侵害，於是父親帶著她向法庭控訴自己的工作夥伴，當時的男女不平等從審判可以一窺端倪，法院的調查不但要阿特米西亞把被強暴的過程重述一遍，並且還質詢她在這之前是否仍是處女？阿特米西亞在法庭上等於遭受二次強暴，憤恨不平的她於是畫了「朱迪絲殺死赫洛夫尼斯」，藉由另一幅聖經畫作殺掉傷害她的奧古司汀納，替自己出一口性騷擾疑雲的怨氣。

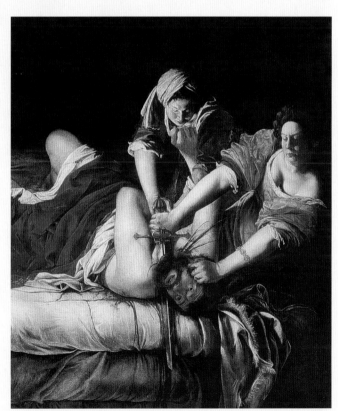

↑朱迪絲殺死赫洛夫尼斯，阿特米謝繪，1611~1612，158.8 x 125.5 cm，油畫、畫布，義大利卡波迪蒙美術館。

金蘋果的禍事

魯本斯畫過二次這個神話故事，據說畫中裸體的維納斯是以魯本斯第二任太太爲模特兒所繪製的，魯本斯在1623年喪女，1626年喪妻，到了1630年回到家鄉安特衛普，又娶好友的小女兒爲妻，當時魯本斯五十三歲，而新婚妻子才十六歲，如此的老少配不管在古今都是罕見，魯本斯在年輕妻子的身上又找到幸福青春，也讓這幅眾所周知的神話故事更傳神。

這則神話故事的起源有點像「睡美人」，也是有個盛大的婚

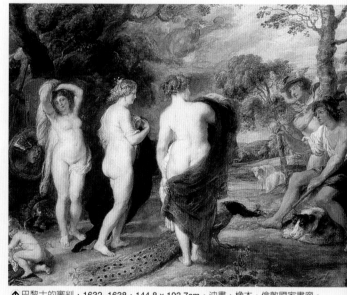

↑ 巴黎士的審判，1632~1638，144.8 x 193.7cm，油畫、橡木，倫敦國家畫廊。

禮，每位神祇幾乎都被邀請參加，只有唯恐天下不亂的女神艾利斯故意被排除在賓客名單之外，艾利斯當然很火大，故意拿了顆閃亮奪目的金蘋果到婚禮會場來，說是要讓宙斯把這顆美麗的金蘋果送給最美麗的女神。

艾利斯這個害死人的舉動果然引起女神好勝爭鬥的心理，最有力量的三位女神出列，天后赫拉、戰爭女神雅典娜以及美神維納斯都覺得自己應該擁有這顆金蘋果，聰明的宙斯知道自己不能淌這渾水，不管把蘋果給了誰，其他二個女人都不會讓自己有好日子過的，他就把這個燙手山芋交給特洛依城的王子──巴黎士，要女神去找王子評選，於是宙斯的信差墨丘利就帶著三位女神去找當時被流放成牧羊人的巴黎士。

人物簡介

魯本斯（Rubens），西元1577~1640年

　　巴黎士出生的時候父親找人替他算命，神諭表示這個孩子會導致城邦的滅亡，所以父親就讓他到郊外放羊，只可惜凡人仍逃不過命定的神諭。當三個女神帶著金蘋果請巴黎士裁決時，就註定特洛依城一定會遭受報復，不管哪一個女神得到這顆蘋果，其他二名落空的女神哪裡會善罷甘休？

　　巴黎士就沒有宙斯那麼聰明，三位女神直接以賄賂的方式想贏得蘋果，天后赫拉允諾要給他權力，雅典娜願意給他聰明才智，而維納斯許他一個全天下最美麗的女人，巴黎士禁不住色誘，把金蘋果給了維納斯，於是維納斯幫他搶來最美麗的海倫。當時海倫是斯巴達國王的妻子，此舉引發斯巴達聯合其他城邦攻打特洛伊，明裡是城邦間的廝殺，暗底是三位女神互相較勁，女神們各自支持二方城邦，鼓動這場戰爭，當年的神諭終於成真，特洛伊城果真因為巴黎士而滅亡。

　　魯本斯畫的正是巴黎士替三位女神仲裁金蘋果的畫面，畫中拿著金蘋果的就是信差墨丘利，他的帽子和涼鞋都有翅膀，幫助他快速的幫天神傳遞消息，旁邊的巴黎士拿著牧羊杖，托著下巴正在思考應該把蘋果判給誰，三位女神擺動著嬌媚的身體，希望能得到這顆金蘋果。左邊的女神是雅典娜，她的腳邊放著盔甲戰袍，中間拉著紅袍的是維納斯，小愛神還靠在母親的腳邊以壯聲勢，右邊是天后赫拉，她的身旁永遠跟著一隻象徵皇后的孔雀。

　　最擅長畫人體肌肉的魯本斯呈現了女神豐潤的肌膚色澤，這幅畫是替西班牙國王菲利普四世所繪製的，當時國王請魯本斯進行一批古代的神話故事，用來裝飾他在馬德里近郊的夏宮，魯本斯晚年飽受痛風所苦，但仍然完成這批多達五十六件的神話故事，可見他的創作力和耐力有多麼驚人了。

　　特洛伊戰爭在希臘故事中佔了很重要的地位，這顆金蘋果的禍害不輸給亞當和夏娃的麻煩，透過魯本斯鮮活的故事重現，到底應該把金蘋果給誰，還真是一個無法抉擇的難題。

就是那個光！

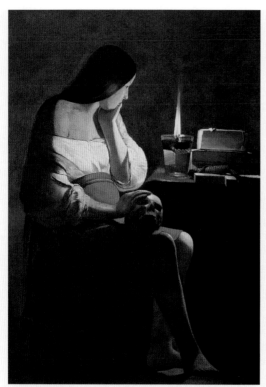

↑懺悔的賣春婦，1640，128 x 94cm，油彩、畫布，羅浮宮。

　　夜幕低垂，四週一片漆黑，點燃一枝燭光，照亮局部的臉龐，這種黑暗中隱隱透著光的溫暖畫面，就是十七世紀拉圖爾最擅長的技巧，拉圖爾也因為畢生作品都在描繪夜間光源的幽微神秘，而被稱為「燭光畫家」。

　　拉圖爾最常畫的不是油燈，就是燭台，畫面四周不是全黑就是深棕色，只有靠近光源的地方才有局部暖暖的明亮，這麼強烈的明暗對比，就算很注重光影變化的維梅爾、林布蘭都不敢這樣表現，拉圖爾可能是受到卡拉瓦喬的影響，對夜晚搖曳的燭光特別著迷，所以他喜歡在畫面點亮一盞燈，致力揭開黑夜神秘的面紗。

　　拉圖爾最常畫一位長髮少女在黑夜裡點燃蠟燭，少女總是若有所思的看著徐徐放光的燭火，這位女子就是馬德琳，她原本是位妓女，在還沒有遇到耶穌以前，她是代表女性魅力的妖豔美麗，已是很多畫家喜歡表現的主題，後來她認識了真主，哭倒在耶穌腳邊，用淚水洗去耶穌雙足的塵埃，又用自己的長髮抹乾耶穌的雙足，虔敬的親吻祂的腳，並抹上帶來的香油，雖然馬德琳渾身充滿罪惡，遭受城裡人的唾棄，但是耶穌赦免了她的罪，於是馬德琳前往深山修行，在法國山間過著餐風露宿的生活，她放棄過去的珠寶華服，身邊只有一個木頭十字架，一

人物簡介

拉圖爾（Geogres de La Tour），西元1593~1652年

個骷髏頭，一本聖經陪她渡過長年的苦修，最後她成為聖女馬德琳瑪麗亞，是妓女、理髮業、園丁和香精業者的守護神。馬德琳在畫中常常是披著綢緞般的長髮，身旁有替耶穌淨足的香膏瓶，照見自我的鏡子，偶爾也有骷髏頭和聖經出現，象徵應該要勘破死亡，唯有沉靜苦修才是正道。

拉圖爾的表現手法和前人不太相同，他筆下的馬德琳不是悟道那一刻的戲劇張力，而是寂靜苦修，在夜晚沉思自省的畫面；比較特殊的是桌上除了十字架和聖經以外，竟然還有鞭子。馬德琳裸露著雙肩，似乎她在苦修之餘，還會鞭打自己來洗滌罪惡，這幅畫有拉圖爾的親筆簽名背書，有些作品因為沒有畫家簽名，到現在只能就風格和年代來猜測是拉圖爾的作品。

拉圖爾雖然在當代很受路易十三的喜愛，他去世之後竟然就像熄滅的燭火一樣遁入黑暗，不但作品流失各處，連名字也不再被人提起，一直到西元1915年幾位學者發現到他的作品，才開始努力追回這位畫家的生平事蹟。拉圖爾應是出生於法國的洛林區，娶了一名貴族富家女，他是國王的常任畫家，生活似乎相當優渥，繪畫的技巧寫實細膩，一些像撲克牌作弊、女算命師的人物表情尤其生動逼真，至於明暗二元化的夜光作品則是神秘又迷人，似乎可以感受到燭火在黑夜中煙霧裊裊的氣氛。

專家小心翼翼的考證拉圖爾的藝術世界，僅管有少部份作品還是有爭議，但是有越來越多的畫被鑑定為拉圖爾的真跡，他被認為是十七世紀一位重要的寫實畫家，他的榮光漸漸被找了回來，就像黑暗中的蠟燭，一旦點上了火，就很難不正視他的光芒。

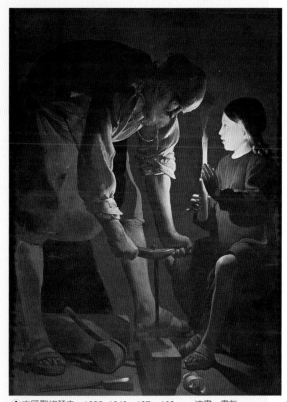

↑ 木匠聖約瑟夫，1635~1640，137 x 102cm，油畫、畫布，巴黎羅浮宮。

那一場黃金雨

　　戴娜和黃金雨是宙斯的風流情史之一，也是藝術家最愛表現的主題，戴娜是阿爾戈王國的公主，父親因為神諭告知戴娜的兒子將來會殺了祖父，就嚇得把女兒鎖在高塔裡，不給戴娜和男人接近的機會，以為只要戴娜不懷孕，自己的王國和性命就安全無虞。

　　獨自被關在高塔的戴娜卻被天神宙斯瞧見了，宙斯驚豔於戴娜的美麗，風流成性的天神就化成一陣黃金雨從天空降落。戴娜一直很喜歡黃金，禁不住宙斯的誘惑而懷孕，生下有名的英雄柏修斯，阿戈思國王想到神諭還是心神不寧，於是狠心的把戴娜和新生兒裝箱丟進河裡，幸而二人都被救了起來，長大後的柏修斯殺掉蛇髮女妖美杜莎，成為一個勇敢的大英雄。然而在一次運動會擲鉛球的時候，卻不小心擊中也去看運動會的外公，果然神諭是命定的，凡人怎麼想逃避反而更朝著既定的命運前進。

　　天上降下金黃色的光芒，幻化成醉人的甘露，落在嬌羞純潔的少女身上，這樣的畫面總讓人充滿想像，也難怪藝術家特別愛畫這個主題。義大利的提香就畫了二、三幅戴娜，他筆下的戴娜還算溫和的

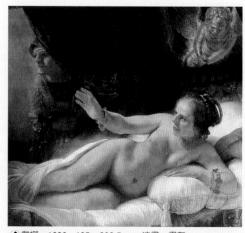

↑戴娜，1636，185 x 202.5cm，油畫、畫布，聖彼得堡冬宮博物館。

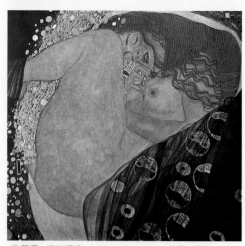

↑戴娜，克林姆繪，1907，77 x 83cm，油畫、畫布，私人收藏。

 人物簡介

　　林布蘭（Rembrandt），西元1606~1669年

168

接受命運，而克林姆想像中的戴娜又是另一種風情，戴娜在克林姆筆下簡直成了嘴角含春的蕩婦。

十七世紀的林布蘭也畫了戴娜。荷蘭畫派特別注重光線的表現，林布蘭被稱為光影魔術師，他讓戴娜籠罩在一片光亮之中，眼神有驚訝也有喜悅，床頭的丘彼特雙手被銬住，點出戴娜的愛情一直被束縛著，簾後的僕婦躲著偷看，戴娜朝著光源舉起了手，彷彿天神宙斯就要走進來，畫面的意境和女體都非常動人。

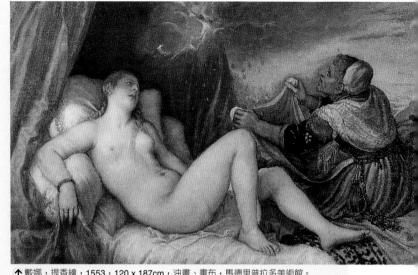

↑ 戴娜，提香繪，1553，120 x 187cm，油畫、畫布，馬德里普拉多美術館。

林布蘭以神話為題的創作並不多，他畫的多半是肖像畫或宗教故事，不過在荷蘭他算是一位很幸運的畫家，同時期的維梅爾為了作畫過著相當貧困的生活，那時候一幅畫要是能賣到十個金元就算不錯的收入，然而出身農家的林布蘭卻因為娶到富家千金，日子過得相當優渥。他最出名的畫作「夜巡」，竟然賣出上千金元，這可是比一般行情高上百倍的行情，顯示林布蘭的才華在當時極受肯定。不過「夜巡」之後林布蘭就開始走下坡，他先是因為妻子去世大受打擊，加上藝術市場的品味改變，來找林布蘭作畫的人越來越少，林布蘭又不擅理財，沒有幾年就宣告破產，房子、畫作被法院一一拍賣，晚年竟是一貧如洗的死去。

一生大起大落的林布蘭看盡世態炎涼，晚年由於沒人買畫，他就畫自己的肖像當作娛樂消遣，他對藝術自始至終的執著，不願媚俗市場品味而改變理想，林布蘭在生前也許沒有獲得全面性的肯定，但是幾百年後卻得到空前的勝利，經過歲月的沉澱，林布蘭被公認是最能代表荷蘭黃金世紀的藝術大師，他的光與影果然真金十足，經得起時代的考驗。

恐怖的猜謎遊戲

安格爾除了很會畫裸女，其實他也用希臘神話為題材畫了一幅男性裸體，他選擇了伊底帕斯和史芬克斯的猜謎遊戲。伊底帕斯的故事大概是希臘神話中最有名的悲劇，伊底帕斯由於誤娶了自己的母親為妻，讓十九世紀的佛洛伊德將有戀母情結的人稱為「伊底帕斯情節」。

伊底帕斯是特拜國王的獨子，國王好不容易向神求來一個兒子，誰知道神諭說這個孩子長大之後會殺父娶母，並生下一堆可怕的孩子，國王和王后不願見到這種人倫悲劇產生，就把孩子的腳踝刺傷，要牧羊人把王子抱到野外讓野獸吃掉，「伊底帕斯」就是腳部腫痛的意思。

結果牧羊人不忍心棄小嬰兒於荒野，就把伊底帕斯交給鄰國來的牧羊人帶回去，剛好鄰國的國王也沒有子嗣，歡天喜地的把伊底帕斯當成親生兒子撫養成人，長大後伊底帕斯去阿波羅神廟祈求神諭，同樣得到他會弒父娶母的駭人命運，他一直以為自己是養父母的親生小孩，為了不釀成悲劇，伊底帕斯決定離開王宮，

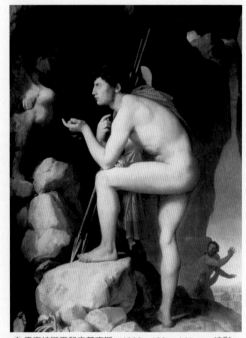

↑ 伊底帕斯王和史芬克斯，1808，189 x 144cm，油彩、畫布，巴黎羅浮宮。

到其他國家去避險。

伊底帕斯往特拜國走去，在路上遇上一輛窮兇惡極的馬車，他和馬車上的主僕三人發生口角因而打鬥起來，不小心殺了二人，另一名受傷的僕役匆匆逃離，伊底帕斯也不以為意，繼續往城裡走去，此

人物簡介

安格爾（Ingres），西元1780~1867年

刻他還不知道自己無意中已經殺掉自己的父親。

特拜國王急急的駕車出城是為了要去神廟祈福，當時特拜城出現了一隻有翅膀的史芬克斯，史芬克斯有女人美麗的臉龐和胸部，但是卻有獅子的身體和胃口，她守在城外以謎題詢問過往行人，答不出來的人就會被吃掉，國家出現這樣的怪獸，也難怪國王斥喝行人讓路，逕自的揮鞭急行，讓初來乍到的伊底帕斯看不過去才引發一場禍事。

特拜王國陷入空前的災難，國王在路上暴斃，怪獸把人民一個個吃掉，弄得城裡人心惶惶，於是皇宮貼出告示，誰能殺了史芬克斯為民除害，就可以入宮當國王，並且娶美麗的王后為妻。伊底帕斯自願向史芬克斯挑戰，去回答怪物的謎語。

「什麼動物在早上四隻腳，中午二隻腳，到了晚上卻用三隻腳走路？」史芬克斯的題目很怪，聰明的伊底帕斯卻立刻猜到是「人類」。人類的嬰兒期、少壯期和年老期就是謎題所暗示的意義，史芬克斯沒想到有人猜得到，又氣又羞的從石岩上摔死，特拜舉國歡騰，擁著伊底帕斯進入皇宮，和王后成立幸福美滿的家庭。

伊底帕斯是個好國王，他和王后生了二男二女，人民對他相當尊敬愛戴，不過有一年國內發生大瘟疫，古時候認為這是神祇發怒才降罪於民，伊底帕斯身為國王當然要請示神諭，得知必須抓到殺死老國王的兇手，終止一樁可恥的罪惡才能讓國家得到救贖。伊底帕斯渾然不知兇手就是自己，還很積極的調查當年的事件，抽絲剝繭查每一項證據，等他發現自己不但是兇手，竟然還是國王的親生兒子。他和妻子，也是他的母親，二個人都傻了，王后掩面飛奔入房，隨即上吊自盡，伊底帕斯取下母親的鉤帶，用鉤子刺瞎自己的雙眼，他知道自己罪孽太深，一死不足以謝罪，於是眼盲心死的伊底帕斯拄了根拐杖，從此像個乞丐似的浪跡天涯，自我懲罰這樣的逆倫大罪，伊底帕斯的大女兒覺得父親很可憐，也放下公主的榮華富貴，陪父親一步一腳印的贖罪。

這無疑是史上最慘絕人寰的家庭悲劇，伊底帕斯和父親都很想逃開神諭，沒想到越是想逃，越是往宿命裡去，再看一次伊底帕斯和史芬克斯猜謎的畫面，或許當初他猜不出來反而沒有後面一連串的苦痛。

聖經裡的摔角大賽

　　《舊約創世紀》花了很多篇幅講述雅各驚險波折的一生，從一開始巧取哥哥的福份繼承權，到躲避哥哥追殺而遠赴舅舅拉班家，接著換成雅各被舅父欺騙，白白幫舅舅拉班工作十四年分文未取，才娶得舅舅家的二個女兒，而後兒女成群的雅各不堪長年被舅舅壓榨，再次帶著妻兒牛羊，偷偷從舅舅家出走，準備回故鄉看看思念已久的親人。

　　在歸鄉路最讓雅各擔心的莫過於哥哥以掃是否還記恨自己？這麼多年過去了，以掃應該氣消了吧？當雅各聽說以掃帶了四百名隨從要來迎接自己，內心驚懼不已，不知道哥哥是前來歡迎還是帶來殺機，於是他把牛羊分做三隊，讓隨從帶著禮物先行，希望能解以掃心頭之恨，而雅各自己留在河邊，向上帝耶和華祈禱，求上帝救他脫離哥哥的毒手，別讓哥哥前來

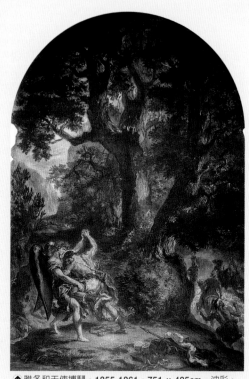

↑ 雅各和天使搏鬥，1855-1861，751 x 485cm，油彩、畫板，巴黎聖蘇爾畢斯禮拜堂。

擊殺自己和妻兒，他想起天主答應過會恩待自己，讓自己的後代如海沙一樣多不可數，現在也只有虔誠的禱告，尋求主的庇護了。

　　等家人都過了河往家鄉前進，雅各獨自一人留在河邊營地過夜，卻突然有一個男子前來和雅各搏鬥，二人一直奮戰到黎明，還是無法分出勝負，於是陌生男子就在雅各的

人物簡介

德拉克洛瓦（Delacroix），西元1798~1863年

大腿窩上拍了一下，雅各的腿就脫臼不能再打，然而雅各知道了此人絕非凡人，硬是抓住對方的腳，要對方給自己祝福才肯放他離去，這位男子正是上帝派來的天使，他給雅各取了個新名字：「從今天起你不叫做雅各，你要叫以色列。」雅各和天使打架竟然沒有輸，他成了以色列人的祖先，也因此以色列人再也不吃大腿窩上的筋。

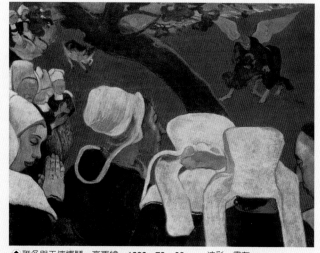

↑ 雅各與天使搏鬥，高更繪，1888，72 x 92 cm，油彩、畫布，蘇格蘭愛丁堡國立博物館。

　　法國浪漫派大師德拉克洛瓦曾經承接教堂的裝飾工程，其中就有這幅雅各與天使搏鬥，雅各拼全力想扳倒天使，天使只好把手按在雅各的腿窩上。畫面動感而寫實，目前這幅畫作仍然由巴黎聖蘇爾畢斯教堂珍存著。三十年後高更也以這個主題替阿凡橋教堂繪製一幅雅各和天使搏鬥，不過他用的是全新的思維。他利用一顆蘋果樹把畫面分割，右邊是和天使角力中的雅各，左邊卻是一群穿著當代布列塔尼服裝的婦女，在高更的想像中，一群婦女剛聽完講道，腦海裡面不禁浮現佈道中提到的雅各和天使，這樣的構思很有趣，一邊想像，一邊真實；一方是凡間，另一方是神界，不過保守的教堂可不這麼認為，認為這個畫古不古，今不今，天使在搏鬥怎麼可以有現代婦女當觀眾？這麼荒謬的作品實在不好掛在教堂，所以就把畫退回去給高更，讓高更沮喪不已。

　　雅各其實稱不上好人，他工於心計，誘騙巧奪哥哥的繼承權，然後才擔心害怕會被追殺，近鄉情怯的過程的確是天人交戰，或許因為他對上帝的允諾始終抱著信心，願意用全身的力氣和天使打上一架替自己贏得一線生機，所以才用來當成教化世人要信仰上帝，只要對上帝有信心並且真心懺悔祈禱，他會原諒世人的欺騙、詭詐、手段等等，這也就是宗教希望傳達的意義吧？

雅各的夢

夏卡爾以宗教主題畫過不少作品，其中有幾幅都是在講雅各的故事，夏卡爾希望藉由雅各（Jacob）被迫逃亡的故事，來抒發猶太人因為納粹迫害而流離失所的心情。

雅各的夢出自舊約創世紀，他有一個雙胞胎哥哥叫做以掃（Esau），哥哥活潑好動，比較

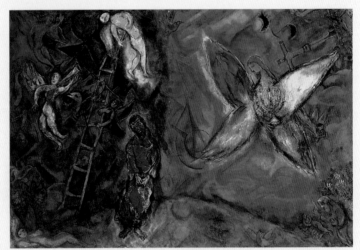

↑ 雅各之夢，1960～1966，195 x 278 cm，法國尼斯夏卡爾美術館。

受父親疼愛，弟弟沉靜，較受母親喜歡。當他們的母親在懷孕時很痛苦，上帝表示因為腹中的雙胞胎在打架爭鬥，所以才會不舒服，上帝同時預言這對雙胞胎將來會成為敵對的二個族群，不過「小的必須服從大的」，這在古代是理所當然的事，長子本來就可以繼承最大的家產和福份。

這件事大概一直擱在雅各心頭，有一次哥哥以掃從外面回來又餓又累，雅各剛好在煮紅豆湯，於是就要以掃讓自己當哥哥，他才把紅豆湯分給哥哥喝，頭腦簡單的以掃太想喝紅豆湯了，就對上帝耶和華發誓，把長子的繼承權賣給弟弟雅各了。

父親臨死的時候，就要長子以掃去獵取野味回來祈福，準備把上帝的祝福賜予以掃。比較疼愛雅各的母親在這時候和雅各串通好，欺負父親年老體衰眼力又不好，就讓雅各穿著以掃打獵的毛皮衣服冒充哥哥，騙父親把祝福送給自己，等以掃回來向父親要

人物簡介

夏卡爾（Marc Chagall），西元1887～1985年

祝福才發現雅各的狡猾欺騙，雖然父親後悔莫名，但是上帝的祝福已經送了出去，沒有辦法收回來改送以掃，以掃非常生氣，揚言要殺了雅各，從此雅各就害怕的開始逃亡。

雅各一方面擔心哥哥的追殺，一方面要適應異地外族的敵意，這樣的心情和夏卡爾看到被納粹驅趕的猶太人是雷同的心情，雅各一邊逃可能還一邊擔心自己騙來的祝福不知道有沒有效？上帝會不會棄他不顧？

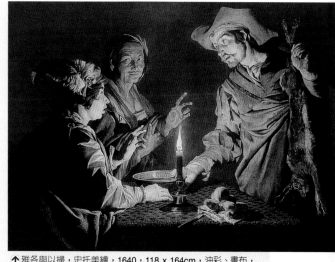

↑ 雅各與以掃，史托美繪，1640，118 x 164cm，油彩、畫布，聖彼得堡冬宮博物館。

這時候雅各做了一個夢，夢見一把天梯通往天上，而上帝就在雲端看顧著他，在雅各最恐怖、懼怕、和孤單的時候，耶和華應許與他同在，並答應要安全地帶領他歸回迦南地。醒來之後的雅各才明白原來神一直都在他的身邊，他也終於平安的逃過以掃的追殺。

西元1930年夏卡爾已經畫過這樣的主題，當時他被迫離開俄國轉到法國定居，於是他畫下一幅天使從天而降的「雅各天梯」來安慰自己。深藍的夜裡發出大白光束，雅各從睡夢中驚喜的飛起來，迎向平靜、希望之光。

夏卡爾經歷過第二次世界大戰以後，感觸更深，當他再畫一次相同的主題，已經是看盡納粹對猶太人高壓殘忍的迫害，所以畫面更流動著不安定的夢境，夏卡爾把沉睡的雅各塗滿猩紅色，象徵危險的警示，上帝和天使則出現在雲端，安慰雅各表示神將與之同在。這對夏卡爾而言是信仰上的一大安慰，不管他再怎麼流亡海外，神都會與自己同在。然而不可抹滅的陰影應該是猶太人終生難忘的悲歌吧！

夏卡爾的一生正像是雅各流亡的一生，而信心在當中扮演著重要的角色，即使環境再苦難，夏卡爾相信聖經中提過的上帝應許，他相信神的允諾是永恆不變的，納粹的暴行只是暫時的動亂，上帝並不會忘記那些受苦受難的子民。夏卡爾是這樣告訴自己的：「只要內心有堅定的信仰，將可以挪去如山的憂慮。」

我看見了！聖母在打小耶穌！

大概只有超現實主義的前鋒——馬克恩斯特才敢顛覆傳統，把一向神聖美善的宗教主題畫得如此驚世駭俗；聖母瑪麗亞竟然丟掉端莊優雅的形象，用力的摑打光著屁股的小耶穌，很不巧的這幕打人的荒謬劇還被窗子後面的三位超現實派大師給看到了。

這三位目擊者是恩斯特自己、布烈東（Andre Breton）、艾莒雅（Paul Eluard）。布烈東是畫家，艾莒雅是詩人，三位都是超現實主義運動的成員，恩斯特自己既能畫又能寫，他是達達主義和超現實主義的一名大將。

達達主義是恩斯特在第一次世界大戰後發起的運動。恩斯特在德國出生，大學主修哲學，對心理學、文學、藝術史也多有涉獵，這樣一個文藝青年被送到戰場去打仗，回來之後不免提出很多疑問，當時有不少年輕人對戰後的社會產生茫然、失落甚至叛逆的反感，造成達達主義的興起，他們反對戰爭、反對傳統美學，恩斯特和幾位達達主義的前衛藝術家在西元1919年開了個畫展，把一些破銅爛鐵搜集起來展出，氣壞了有關當局勒令以後不准這樣搞破壞，這些東西怎麼能夠叫藝術？

在德國不被認同的恩斯特決定移居到巴黎，那邊的藝術風氣比德國開放許多，果然恩斯特的拼貼藝術在巴黎受到歡迎，稍後也在巴黎展開超現實

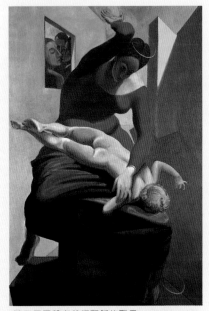

↑ 三個目擊者前打耶穌的聖母，1926，195x 130cm，油畫、畫布，科隆路德維格美術館。

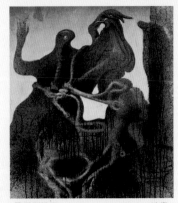

↑ 獸形情侶，1933，91.5 x 73cm，油畫，私人收藏。

主義運動，超現實主義甚至成為巴黎美術界的中心思想。當人們在奢華安逸的社會裡，自然會好整以暇的欣賞優雅的藝術，所以膚色動人的裸女或風光明媚的寫生都很受歡迎，然而這種精巧唯美的藝術不能滿足經歷戰爭的藝術家，他們對戰爭，對社會和人生有太多問題要探索，所以必須衝破現實，展現內心的世界。在超現實的領域裡，人物扭曲也好，畫面不合理也罷，他們只是想藉由創作來抒發內心鬱抑難解的情緒。

瞭解這樣的創作背景，就知道恩斯特是故意要挑戰傳統的天主教教會，這群超現實主義人士都是無神論者，但小時候都隨著父母接受過傳統的教會養成，於是恩斯特大膽的畫了如此褻瀆神明的作品，顛覆天主教最重要的二名聖人，嚴峻的聖母高高的舉起手臂打著小耶穌的屁股，小耶穌的屁股都被打紅了，頭上神聖的光環還被打得掉在地上，更諷刺的是光圈還圍住恩斯特的簽名呢！

這樣的創作主題對達達主義來說根本是司空見慣，畢竟達達主義代表的就是偏激破壞，像這樣的油畫表現還算是恩斯特比較「傳統」的創作呢！恩斯特的創作一向前衛另類，他喜歡用廢棄物拼貼創作品，喜歡在畫布下放木板、石頭等粗糙表面的東西，再用刮刀把質紋拓到畫布上，也喜歡在用二張紙夾住顏料，讓顏色在紙縫中流動，自動形成畫面，端看以下神秘難解的恩斯特式超現實作品，就會發現其實一幅「聖母打小孩」要表達的意思真是清楚明白。

恩斯特不喜歡解釋他畫中的意義，因為他的作品反映了他個人的心理、他的夢境，他為什麼需要和別人解釋自己的內心世界呢？恩斯特還曾經在自己的展覽上放把斧頭，要參觀的人看到那個作品討厭，可以自己搞破壞砸爛它，真是把反抗的藝術發揮到最高點。

不屑宗教信仰的恩斯特，藉由一幅反宗教的油畫說他看到聖母打人，這對衛道人士來說簡直是荒謬無恥，恩斯特因此被趕出教會，但是對於這群急於挑戰傳統觀念的藝術家而言，他們眼中所見的一切才是荒謬的可以，為什麼要恪守宗教規範？戰爭又到底為了什麼？社會的權力鬥爭、腐敗墮落，難道不是荒誕無恥的事情？對於恩斯特而言，既然聖母處女生子都有人相信，他當然可以看到聖母打小耶穌了。

人物簡介
馬克斯恩斯特（Max Ernst），西元1891~1976年

達利的基督

一向是無神論者的超現實主義，竟然會開始出現一連串宗教畫的作品？這種無法聯想在一起的事情，也只有西班牙國寶級的天才達利可以做到。達利邁入五十歲以後，又重新詮釋天主教的古典藝術，他畫了「聖母慟子圖」、「最後的晚餐」等等，其中以這幅掛在十字架上的耶穌最有名。

居高臨下的耶穌低頭看著里加港（Port Lligat），這是達利和卡拉回西班牙定居的地方。達利在阿維拉（Avila）的加爾默羅教會看到一幅聖十字約翰畫的耶穌聖像；聖十字約翰是十六世紀的西班牙教士，他有一天在睡夢中看到耶穌，醒來就畫了一幅基督聖像，這給了達利靈感畫下這幅十字架上的耶穌。

當時達利作了一個「宇宙夢」，在夢裡他看到彩色的原子核，自從日本被原子彈轟炸以後，達利似乎對原子、核子的議題特別有興趣，達利把原子核引申為宇宙獨一無二的神，也就是基督，而達利取景的角度和以往的宗教畫完全不一樣。首

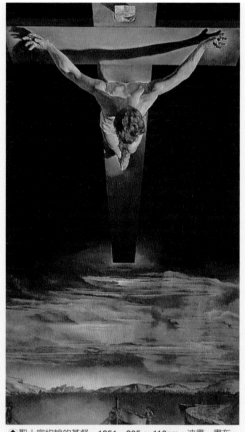

↑ 聖十字約翰的基督，1951，205 x 116cm，油畫、畫布，蘇格蘭格拉斯哥美術館。

先，達利的耶穌並不是被「釘」在十字架上的，這幅畫完全看不到釘痕，其次耶穌基督是從天空往下俯看人類的世界，而不像其他宗教畫都是凡人仰望著十字架上的耶穌，也就是說達利在夢中不但見到了神，

人物簡介

達利（Salvador Dali），西元1904~1989年

而且他是以耶穌的角度來看這個世界，看神的子民，光是這點就已經超越傳統宗教畫的思維了。

這幅畫剛在倫敦展出的時候反應不是很好，一位資深的藝評家覺得這幅畫很平庸，實在太不「達利」了，然而幾年後這幅畫在格拉斯哥（Glasgow）展出，竟然被一名宗教狂熱者揮刀亂砍，可見這幅畫帶給人的影響力有多麼大。

達利在完成此畫的時候也受盡折磨，當時他們在里加港的屋子出奇的冷，達利的妻子卡拉決定要裝一台中央暖器，而達利這幅耶穌聖像的油料還沒有乾，為了預防施工中的灰塵不會沾黏到畫布上，達利連忙把畫搬到臥室好繼續畫完，並且在上面蓋一層不會沾油彩的白紙來防堵灰塵，達利很怕這幅畫一旦毀於意外，他再也畫不出夢中的耶穌聖像了。

事實上達利在西元1954年又畫了一幅十字架上的耶穌，同樣沒有用釘痕來表現耶穌的受苦，耶穌被架於幾個立方體組成的十字架上，形成一個完美的宇宙結構，耶穌成了三元立體世界的中心，這正像達利在自傳中提到的：「上帝既不在天上，也不在地下；不在右邊，也不在左邊，只要有信仰，上帝就在你的心裡。」對達利而言，耶穌有沒有被釘死在十字架

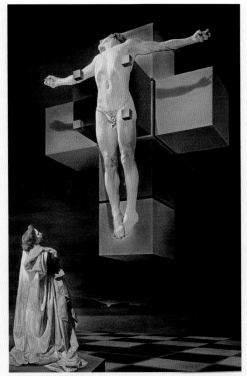

↑十字架上的耶穌，1954，194.5 x 124cm，油畫、畫布，紐約大都會美術館。

並不重要，只要有信仰，耶穌就是宇宙間最完美的性靈。

天主教會稱許達利一系列的耶穌聖像是二十世紀最傑出的宗教作品，達利在還沒有確認信仰時，曾經害怕死後見不到上帝，然而當他以八十五歲高齡平靜安詳的去逝，早已不擔心這個問題，他不但是一個可以看見上帝的人，也是一個化身耶穌來看普羅世界，是一個真正懂基督精神的人。

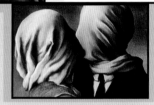

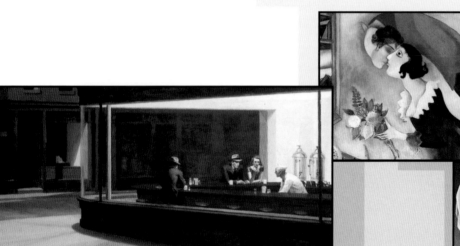

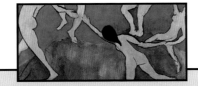

分卷五

生死愛恨之謎

生的喜悅、死的悲傷、愛情的濃烈，

還有嫉妒、憎恨、苦惱等等的七情六慾，

藝術家會用什麼獨特的手法，

來呈現人類複雜的情感？

用繪畫上戰場

讀法國歷史的時候常在十九世紀的章節看到一幅插畫「自由領導人民」，這是當時的浪漫派大師德拉克洛瓦目睹革命，心有所感的時事畫。

西元1830年巴黎爆發七月革命，推翻專制橫行的查理十世，當時查理十世頒布許多新法令，條文明顯偏袒貴族和教會，限制人民的出版自由和選舉權，這些措施激怒了中產階級，人民受不了繁瑣的新規定，加上失業、低薪、物價上漲的生活壓力，於是巴黎市民帶著武器上街頭暴動，成功迫使查理十世下台，改由民選的路易菲利普擔任國王。歷史上稱為「榮耀三日」，因為這是一場為自由奮戰的光榮革命。

德拉克洛瓦並沒有參加革命，但是他看到一群小市民正奮不顧身的爭取自由，也感染到他們熱烈激昂的情緒，忍不住畫下這幅史詩般的作品，他寫信告訴哥哥：「雖然我沒有站出來打這場仗，但至少我可以把這個事件畫出來。」德拉克洛瓦把自由幻化成一位女神，揚著三色旗帶領人民作戰，利用一個有形的女神來比喻抽象的自由，寓意非常巧妙；「自由」領導人民群起抗爭，她是這幅畫的焦點，也是革命的精髓。站在自由女神旁邊的高帽子男士正是德拉克洛瓦自己，德拉克洛瓦用這種方式參與戰事，而另一旁拿著手槍的小男孩，據說是參考雨果小說《悲慘世界》的男孩迦夫羅契（Gavroche）所得來的靈感。這是一個虛構的戰爭場面，德拉克洛瓦要表達的是同胞熱愛自由的精神，並不是要寫實的描繪榮耀三日的街頭戰，這正是典型的浪漫主義。

新上任的菲利普國王買下這幅畫，然後就收起來不再展覽，因為政局仍然敏感不安，如此激勵人心的作品很可能鼓動另一次革命呢！一直到西元1848年以後人們才又看到這幅畫，最後並納入羅浮宮的館藏，畢竟這是一幅描繪時事的歷史畫，紀錄著法國追求自由平等博愛的一段歲月。

人物簡介

德拉克洛瓦（Delacroix），西元1798~1863年

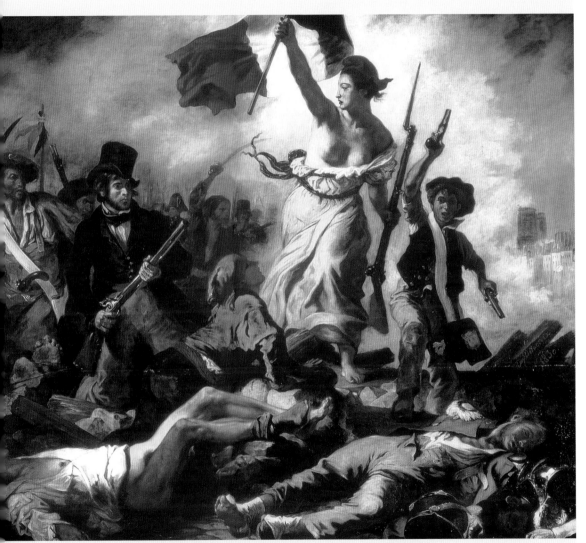

↑自由領導人民，1830，260X325cm，油畫、畫布，巴黎羅浮宮博物館。

德拉克洛瓦透過畫作進行一場藝術的「革命」，浪漫主義逐漸興起，德拉克洛瓦充滿浪漫的幻想，在構圖和色彩上盡情奔放，可是當時法國還是以新古典主義為正統，向來遵循大衛、安格爾的理念，認為構圖必須精緻嚴謹，畫面要平滑細緻，只有德拉克洛瓦卻毫不在乎的畫自己的風格，大膽的筆觸都像是一種挑釁。許多參與革命，勇於改革的年輕藝術家紛紛認同德拉克洛瓦的改變，詩人波特萊爾、音樂家蕭邦都是他的好朋友，德拉克洛瓦的創作因而充滿詩意、音樂的浪漫豪情。

德拉克洛瓦的父親曾擔任過法國的外交官和地方行政首長，不過據說他的生父另有其人，很有可能是當時知名的貴族達勒鴻（Talleyrand），除了他們的長相特徵神似，也因為德拉克洛瓦流露出一種貴族氣質，這或許可以解釋為什麼德拉克洛瓦的藝術生涯似乎頗受貴人照顧，他雖然七歲喪父，十六歲喪母，但年紀輕輕的德拉克洛瓦在二十四歲就有作品入選沙龍，政府也常常高價買下他的畫，他也接攬許多教堂、皇宮的裝飾工程，這點讓對手安格爾望塵莫及。

然而德拉克洛瓦很想像安格爾一樣，可以成為藝術研究院的院士，不過他年年申請都沒有成功，僅管他的作品在政界受到肯定，但是傳統的學院派還是抵制這群浪漫主義份子。晚年的德拉克洛瓦深受疾病所苦，最後帶著這個遺憾去世。雖然在生前一直沒有受到研究院的肯定，但是德拉克洛瓦的成就帶動往後二個世紀的創作，讓各家各派得以蓬勃發展；重視光線的印象派、用色大膽的野獸派，甚至解放形體的抽象派，都曾經從德拉克洛瓦的浪漫主義得到靈感，因為有德拉克洛瓦的堅持，藝術之路變得無限寬廣，他就好像藝術史上的「自由女神」，是一個揮舞大旗的精神領袖，告訴後代的藝術家應該勇敢的向主流傳統挑戰，爭取自由創作的舞台。

浩浩蕩蕩的送葬進行曲

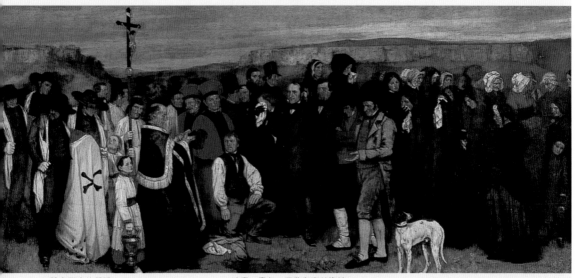

↑ 奧爾南的葬禮，1849~1850，314 x 665cm，油畫、畫布，巴黎奧賽美術館。

　　很多藝術家都處理過死亡的議題，但是沒有一個藝術家像庫爾貝一樣，用一幅三公尺高，六公尺寬的畫幅去畫一場浩浩蕩蕩的葬禮，這又不是在遊行，有必要這麼隆重嗎？如此大場面的作品，庫爾貝是在戶外進行寫生嗎？哪來這麼大的地方讓他作畫呀？

　　庫爾貝並沒有接受正統的繪畫教育，他最好的啟蒙老師就是羅浮宮，庫爾貝常常到那裡臨摩名作的技巧，不過他學的只是繪畫的基本手法，庫爾貝打算建立一個全新的風格。他發表過「寫實主義宣言」，認為藝術不是美化，而是誠實的畫出真理，畫出當代風格，這樣的藝術才有生命。這種革命性的論調讓庫爾貝的作品毀譽參半，因為寫實，庫爾貝的裸女有時難免臀肥腿粗，看慣美女圖的拿破崙三世就很受不了，氣得拿鞭子猛抽庫爾貝的裸女圖洩憤。

 人物簡介

> 庫爾貝（Courbet），西元1819~1877年

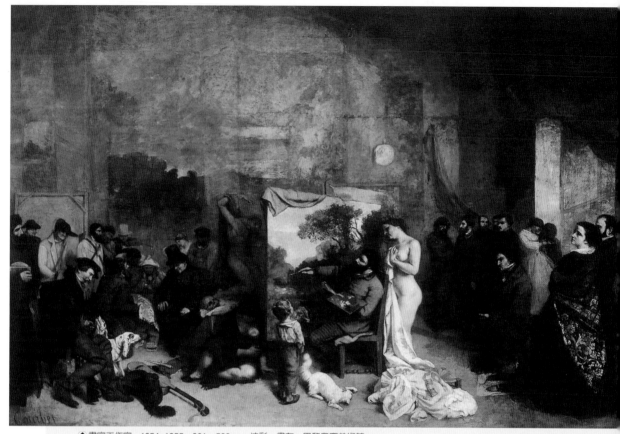

↑ 畫家工作室，1854~1855，361 x 598cm，油彩、畫布，巴黎奧賽美術館。

「奧南的葬禮」是庫爾貝最有名的寫實主義作品，他幾乎把家鄉全村的人都畫在畫布上，有村長、牧師、農民、挖墳者、抬棺人等等，連他的父親、朋友也在裡面，這些人都是全市井小民，他們在三公尺高的畫布上甚至大過真人的尺寸。以往只有貴族偉人才配「放大」到畫面上，憑什麼庫爾貝要把微不足道的小人物擺在畫面中央？這些無名小卒根本就「不重要」嘛！

這幅畫沒有什麼遠近法，不過風景色彩運用巧妙，送葬隊伍一字在畫面排開，好像一種群體的肖畫像，因為庫爾貝用來當作畫室的穀倉不夠大，他不能後退幾步來觀看自

己究竟畫了些什麼，只好捨棄遠近法，專心的把每個人物的表情呈現出來；有些人臉上有哀悼的神情，有些人看起來卻無動於衷，每個人物的表情、心理各不相同，從這些小人物可以看到勞動階級臉上的風霜，大大的紅鼻子、粗粗的皮膚，這些鄉親當然和高貴文雅沾不上邊，這種源於生活記實，既不像安格爾充滿理想美，也不像德拉克洛瓦表現誇張的戲劇性，庫爾貝獨立於二大派系之外的畫作在當時被認為醜到不行，這幅畫和另外一幅「畫家工作室」雙雙在沙龍年展中落選。

庫爾貝並不灰心，沙龍不要他的作品，他索性自己租了一個場地，在沙龍展對面展出四十多幅作品，讓來看沙龍展的群眾也可以順便認識另一種風格，可惜畫展的收入不佳，但是他開創了藝術的另一條道路；原來除了新古典的安格爾和浪漫派的德拉克洛瓦，還可以有第三種寫實主義的出現。庫爾貝選擇歌頌勞動者，帶領藝術從貴族世界走進平民生活。他畫工人、畫乞丐、畫農婦，這些中低階層的人物或許不夠唯美浪漫，卻非常的真誠踏實，庫爾貝成了寫實運動的先鋒，引導後來的米勒等巴比松畫家繼續追求自然寫實的理想。

勇於革命的庫爾貝在政治上也有他的看法，還因為參加過幾次政治活動而入獄，後來庫爾貝參加巴黎公社，支持無產階級的工人起來組織政府，可惜革命失敗，庫爾貝被迫流亡海外，最後在瑞士因病去世。

庫爾貝不只是一個畫家，他更是一個有社會使命的理想家。在「畫家工作室」裡庫爾貝安排的人物有中高階級的藝術雅痞，也有勞動基層的窮苦人家，這幅畫網羅了庫爾貝各行各業的朋友。如果畫室就是畫家的世界，那麼庫爾貝的世界絕對不會只有貴族和文人雅士，他希望各個不同層面的人都可以被世人關注，這才是真實的世界。

愛情能否固若磐石？

　　羅丹最有名的雕塑有二個，一個是「沉思者」，另一個就是「吻」，二者都是從地獄門獨立出來的作品，但表現出來的情境卻大異其趣。「沉思者」是理智冷靜的在思考生死的議題；「吻」則是無視於死亡地獄就在眼前，在還能愛的時候，寧可把握最後時間熱情的擁吻，化瞬間爲永恆。

　　「吻」取材自但丁神曲的二個戀人──保羅和法蘭西斯，他們是義大利十三世紀的眞實人物，大約在西元1275年的時候，法蘭西斯嫁給貴族喬切托，喬切托不在的時候就把新婚妻子交給年輕英俊的弟弟保羅照顧，不料這對俊男美女卻墜入愛河，他們情不自禁的親吻卻被喬切托撞見，憤而殺死這對偷情背叛的男女，但丁描述著愛情令這對戀人走向死亡，不倫的戀情會導致沉淪毀滅。

　　「吻」原本被放在地獄門的左邊門頁，用來表示肉身愛慾的罪，但後來被羅丹拿掉了，也許是這對雕像散發出純粹的喜悅美好，和地獄門的悲劇調性不太契合。羅丹在西元1887年獨立展出這個作品，卻受到輿論的強烈批評，人們覺得這對戀人一絲不掛，身上沒有半點裝飾可以證明他們是法蘭西斯和保羅，不過羅丹就是不要那些繁文矯飾，他要雕最原始直接的情感，情感又何需穿上衣服？

　　羅丹在創作「吻」的期間正和卡蜜兒相戀，這二人因爲熱烈的情感因而激發出豐沛的創意靈感，也難怪這件作品充滿了熱情

↑ 吻，1888~1889，181.5 x 112.3 x 117 cm，大理石，泰特美術館。

和愛意，讓人心醉神迷。羅丹在四十三歲的時候認識十九歲的卡蜜兒，卡蜜兒從小對泥土石頭特別有興趣，所以跑到羅丹的工作室擔任助手，和羅丹學習，並擔任他的模特兒。卡蜜兒是位才華洋溢的少女，讓羅丹不得不正視這位女弟子的光芒，他們相差了二十四歲，卻不顧一切的相愛了，這段時間他們共同研究切磋，如何在人體造形表現出愛情的熱度和痛苦，而後「吻」、「永恆的偶像」、「背麥的少女」一一出現，羅丹和卡蜜兒共同創造了新的雕塑語言。

羅丹和卡蜜兒愛恨糾纏了十幾年，最後還是恩斷義絕的交惡不相往來。羅丹早有家室，情婦蘿絲為他生兒育女，地位形同妻子，他始終無法割捨這個「家庭」，追求完美的卡蜜兒空有一腔熱愛，卻得不到平等的回應，她的狂情傲氣無處寄託，只有自己折磨著自己，最後（幾近崩潰的帶著滿身傷痛離開）發狂的搗毀自己的作品，但願這一生從來不識羅丹。卡蜜兒之後三十年都在精神病院渡過，這對戀人相愛的時候熾熱如火，絕裂的時候寒冷如冰，讓人感嘆愛情的脆弱，遠不如一尊相互擁抱親吻的石像。

羅丹的「吻」替脆弱的愛情留住永恆；男女戀人深情的環抱，二人宛如一體，身體和靈魂都完美的貼近，他們把全世界拋在腦後，全心全意的吻在一起。愛情不正是這樣？即使未來可能面對分手、絕裂、死亡，但是愛得義無反顧的戀人哪裡管得住自己？在能愛的時候就儘情的相愛吧！羅丹把愛戀的秘密刻在戀人身上，赤裸裸的呈現愛慾沉淪卻深情不悔，冰冷的石像因此有了歡愉熱烈的溫度。愛情雖然無常，羅丹卻留下它固若磐石的一刻，即使明天愛情將要接受無情的試鍊，但此刻唯有「愛」是唯一的救贖，羅丹的「吻」，正是愛情最神聖的封印。

 人物簡介

羅丹（Auguste Rodin），西元1840~1917年

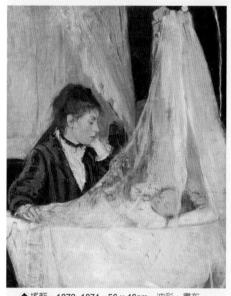

↑ 畫家的母親和妹妹，1869~1870，101 x 81.8cm，
油彩、畫布，華盛頓國家畫廊。

↑ 搖籃，1872~1874，56 x 46cm，油彩、畫布，
巴黎奧賽美術館。

母性與親情

　　莫莉索是藝術史上少數成功的女畫家之一，
她出生的時代法國並沒有女性從事藝術創作，不
過莫莉索是洛可可派畫家福拉哥納爾的姪孫女，
父親又是喜愛藝術的政府高官，因此莫莉索和妹
妹愛瑪都和父親的畫家朋友學畫。愛瑪後來選擇
婚姻，滿足於相夫教子的生活，但貝爾黛・莫莉
索卻是立定志願要當畫家，她成為柯洛（Corot）
唯一的女弟子，之後又嫁給馬奈的弟弟尤金，他
們的婚姻並不全然是因為愛情，而是尤金瞭解藝
術家的生活，莫莉索可以在先生的支持下全心的
創作。

　　莫莉索的繪畫生涯深受馬奈影響，馬奈也從
莫莉索身上學到一些印象派技法，他還以莫莉索
為模特兒畫了幾幅有名的作品，二人不但是姻
親，也是教學相長的好朋友，但是莫莉索在畫這
幅「母親和妹妹」時，卻對馬奈相當生氣。

　　莫莉索以女性的細膩畫下母親和妹妹。當時
妹妹愛瑪懷了第一胎，回娘家和親愛的家人一起
過冬，畫面洋溢著幸福溫暖，莫莉索很滿意這幅
作品，打算送去參選沙龍展，得失心很重的莫莉
索在最後一天請馬奈到家裡先看一下畫，原本是
希望馬奈給點意見，誰知道馬奈看得高興，一時

人物簡介

貝爾黛・莫莉索 （Berthe Morisot），西元1841~1895年

興起竟然拿畫筆直接幫莫莉索改畫。馬奈花了一個下午把莫莉索母親的肖像整個修過，母親臉部和黑色洋裝有馬奈輕快的短筆觸，這和莫莉索畫的妹妹以及沙發花紋一比，差異實在相當明顯，最慘的是馬奈改得正起勁，來載畫去評選的車子就到了，莫莉索很生氣，但也無可奈何，只好把馬奈改到一半的畫作照樣送走。

幸好這幅家居作品仍然入選沙龍，幾年後莫莉索也在印象派沙龍展重新展出這幅畫作。莫莉索是印象派畫家的中堅份子，她不但在經濟上給予支援，幫忙籌劃展覽，自己也提供畫作參與印象派運動，許多文人畫家常常利用周末在莫莉索家中聚會，雷諾瓦、莫內、卡耶伯特、畢沙羅、惠斯特都是她的座上賓，其中作家馬拉美（Mallarme）更是仰慕莫莉索的才華。

莫莉索擅長畫女性和小孩，她常常畫親人的家居生活，她先是畫下愛瑪懷孕的模樣，幾年後又畫妹妹守在搖籃旁，畫中盡是溫柔的母性，那時候愛瑪已經生了第二胎，雖然為了家庭而放棄繪畫，愛瑪似乎甘之如貽。莫莉索和尤金也生了一個女兒，她自己也是相當盡責的母親，女兒茱麗葉聰明快樂，她不但常常出現在母親的畫布上，甚至連雷諾瓦都忍不住畫下莫莉索母女真情流露的畫像。

莫莉索生前並沒有受到藝壇的全面肯定，反而因為參加印象派沙龍而被藝評家一起罵進去，不過她去世之後朋友幫忙辦了一次紀念性的大型畫展，展出的作品高達三百幅，由詩人馬拉美負責作目錄介紹，這也是第一次有女性畫家舉辦單獨的個展。莫莉索的作品充滿母愛、親情，畫面洋溢著家居生活的快樂，她已經和卡莎特並列為十九世紀最重要的女畫家，不過比起卡莎特終身未婚，莫莉索的作品相對投入更多個人的情感，從她明亮溫暖的畫風可以看到莫莉索的母愛天性、姐妹情深，這是莫莉索獨特的個人風格，因為畫中人物不但是模特兒，更是摯愛的親人，那些畫面不光是線條和色彩的組成，更是莫莉索自然不過的生活。

莫莉索去世的時候把畫作都留給好友雷諾瓦，雖然大家都知道她是印象派畫家，但是她的死亡證明竟然被記載「沒有職業」。莫莉索自己就曾經說過：「我覺得從來沒有一個男人可以平等的看一個女人，這是我一直努力想達到的訴求，我知道我和那些男人一樣好，我值得接受公平的對待。」

最溫柔的畫——母親和小孩

　　十九世紀法國印象派興起，一時如莫內、馬奈、竇加等畫家漸漸展露頭角，在這群以巴黎為中心的印象派畫家中，有一位比較特殊的畫家竟然是女性，而且還是從美國遠渡重洋到歐洲取經的單身女郎，她的名字是瑪麗卡莎特。

　　卡莎特的父親是美國匹茲堡一帶的富商，一開始很不贊成女兒學畫，後來拗不過女兒的堅持，才讓她到藝術學校上課，不過當時對女人學畫也是束縛重重，女人不能上人體寫生課程，那實在太不文雅了，所以卡莎特轉而去醫學院修人體解剖，想辦法補強繪畫所需要的技巧。只是當時美國所能獲得的藝術師資有限，於是瑪麗啟程到歐洲尋找願意教女子作畫的老師，不要說是美國，當時就算是藝術興盛的歐洲也沒幾個女人會想把畫家當成一生志向呢！

　　除了拜師學藝，歐洲有太多美術館、教堂可以讓卡莎特去臨摹學習，她到歐洲短短三年，作品就入選巴黎的年度沙龍，天份實在不容小覷，在作品連續二年獲得沙龍肯定之後，卡莎特曾試圖回美國發展，不過當時美國還是個文化沙漠，卡莎特屢屢受挫，終於還是回巴黎，從此以巴黎為舞台中心。

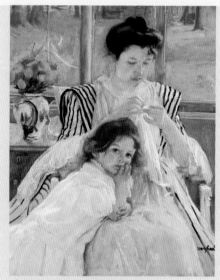

↑ 縫紉的母親，1902，92.3 x 73.7cm，油畫、畫布，美國紐約大都會美術館。

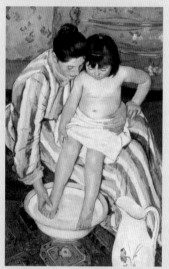

↑ 孩童沐浴，1891，100 x 66 cm，油畫、畫布，芝加哥藝術中心。

　　卡莎特和莫內那群印象派畫家有一點不同，就是她比較沒有風景寫生，而是專攻人物肖像，她的畫像幾乎清一色都是女性，也許因為本身是女性，所以特別能掌握女子的神韻，卡莎特幾乎不以男性題材作畫（除非是幫哥哥或其他親友畫的肖像），不知是不是她一路習畫的過程比男人辛苦，所以不自覺的想把焦點放在女性身上，讓人們多關心女性這個弱勢族群？

　　卡莎特畫得最多的題材就是母親照顧子女的畫面，像母親為小孩沐浴，母親抱著小孩親吻、餵乳等等，畫面生動溫暖，親子間的樂趣表露無遺。

　　卡莎特終身未婚，這些栩栩如生的親子畫一來是描繪卡莎特對母親的記憶，二來是卡莎特在歐洲觀摩很多聖家族的畫作，從聖母、聖嬰的光輝聖潔轉化而來，這種題材在印象派畫作中算是比較少見的，然而母親的慈愛面容，孩童天真無邪的面孔，反而因為情感豐富，很容易就讓大眾接受，身為印象畫派中唯一的女畫家，卡莎特以獨特的風格走自己的道路。

　　可能也只有來自美國的卡莎特才會選擇幫孩童沐浴的題材，因為歐洲人並不愛洗澡，有時一個星期才洗一次也不稀奇，卡莎特讓畫中的母親穩穩的抱著小孩，用另一隻手幫孩子洗腳丫，二人的頭親密的貼在一起，色彩明亮豐富，畫面生動自然，讓人看了不禁流露出溫馨的微笑。

　　卡莎特的親子系列似乎在宣導母親應該親力親為的照顧小孩吃奶、喝水、梳頭、哄睡，以前歐洲流行請奶媽褓姆來做這些工作，直到西元1870年以後，法國的科學家和醫生才出來鼓勵母親要照顧孩子的衛生和健康，當時歐洲霍亂頻起，醫生也提倡應該多幫小孩洗澡，洗澡可以去掉身上的異味和細菌，也能幫助小孩提高抵抗力，看來卡莎特真是有先見之明。

　　也許出自女人與生俱來的母性，讓卡莎特成為一個彩繪親情的高手，她透過畫布呈現自然流露的親子之樂，那些溫暖動人的生活片段，通通被卡莎特收進畫作裡保存，她因為沒有結婚，無緣成為一個幸福的母親，這些畫作也是一種母愛溫柔的寄託吧？

人物簡介

瑪麗卡莎特（Mary Cassatt），西元1844~1926年

吻

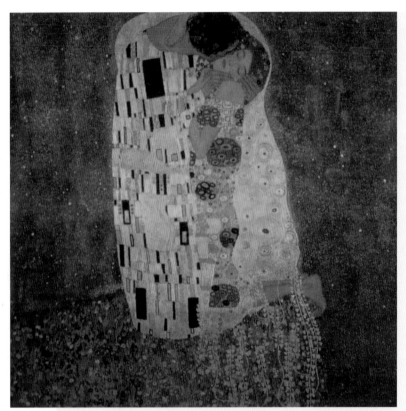

↑吻，1907~1908，180 x 180cm，畫布、油彩，維也納奧地利美術館。

克林姆的「吻」無疑是詮釋男女情愛最美麗的作品，當時克林姆的畫作常被批評成下流猥褻，然而這幅畫卻讓奧匈政府認同的買下來，如今「吻」已經成爲奧地利美術館的鎮館之寶，這也是克林姆最出名的作品。

克林姆畫這幅畫的時候正和艾蜜莉熱戀，從畫面可以感受戀人之間的濃情蜜意，畫中男子珍愛的捧著女子的頭，深深的印上一吻，女子的頭已經被深吻壓得歪向一邊，但是她正閉著眼睛全心全意的感受，絲毫沒有覺得脖子已經扭曲，二人的身體在擁吻中合而爲一，分不清楚彼此的界線，好像融合成一片金黃色的光，半跪在花團錦簇的地上，這像極了一幅歌頌愛情的祭壇畫。

克林姆這種簡化二人形體的靈感來自日本的春宮畫，當時歐洲有很多藝術家對日本的浮世繪有興趣，克林姆也是其中之一，他還在這幅畫作貼上華麗的金箔，讓人很難把視線從這對戀人的身上移開，這幅畫幾乎佔了整整一面牆，如果站在牆壁前面凝視這幅畫作，會讓人覺得全世界只剩下眼前這個吻。

克林姆大概是二十世紀最擅長描繪性與愛的藝術家，不過他在品嚐性愛的美好時，

其實也接觸到生死的問題，這是人類命定的輪迴。克林姆除了擅長表現性愛，也洞悉生死，這四個主題常常在同一個畫面交織糾纏，形成強烈的視覺震撼，克林姆和北歐表現主義的孟克一樣，也藉著「女人的三個階段」來象徵人類的生死循環。

克林姆筆下的三個女人比孟克更直接而明顯，代表生命初始的嬰兒是那麼柔嫩，代表青春的少婦依舊姣好，頭上有片片花朵散落，然而一旁垂垂老矣的婦人則殘酷的點出再怎麼灼熱的性愛歡愉都不會是永恆不變的，生命終究會有興替，任誰也無能為力。畫中的老嫗摀著眼睛不忍看，美麗的母女緊緊的依偎在一起，閉上眼睛幸福的睡著，殊不知人生如夢，一場生老病死轉眼就成過往雲煙。

克林姆在「死亡與生命」中更是把生、死並排的呈現出來，代表生命的群體宛如一個卵形胚胎，青春與性造就美好的生命，然而死神早已悄立一旁無情的竊笑，手裡舉著槌子，隨時準備打破生命的圓，人生不過是這

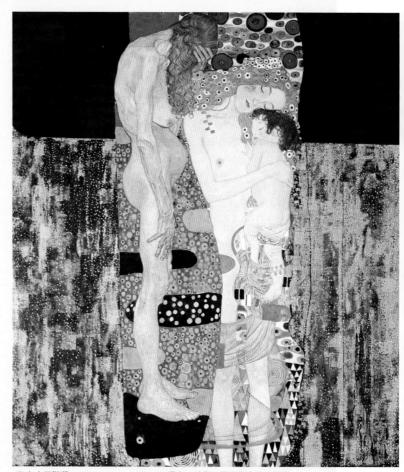

↑ 女人三階段，1905，180 x 180 cm，畫布、油彩，羅馬國家現代藝廊。

麼回事，克林姆似乎看透了生死議題。

　　美國在越戰時期普遍瀰漫著恐慌無力，人們渴望拋開煩惱，單純的享受性愛，形成一個嬉皮、大麻、性解放組成的特殊文化。克林姆的情況也有些類似，世紀末的恐慌，新舊世界交替的衝擊，讓克林姆利用作品表達內心的吶喊，眼看奧匈帝國岌岌可危了，這個時候何必還去顧忌衛道者譴責的眼光？克林姆任由灼熱的情慾在畫裡肆意流竄，讓美麗的女人有情愛淋漓的表情；戀人就該轟轟烈烈的相愛，能擁抱的時候不要握手，能接吻的時候就不要說話，即使甜美華麗的背後可能包藏著頹廢及腐敗，趁著末日來臨之前，只管用力的愛，盡情的吻，或許渾然忘我的一個深吻，可以讓時間暫停在甜美的片刻，化瞬間為永恆。

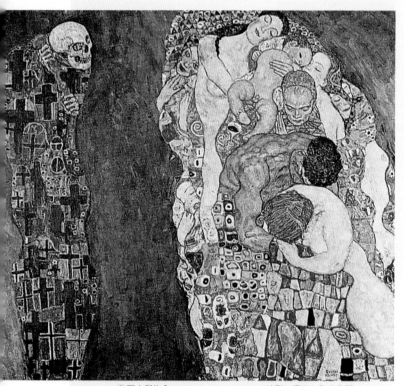

↑ 死亡與生命，1911，178 x 198 cm，油彩、畫布，私人收藏。

人物簡介

克林姆（Gustav Klimt），西元1862～1918年

來自北歐的吶喊

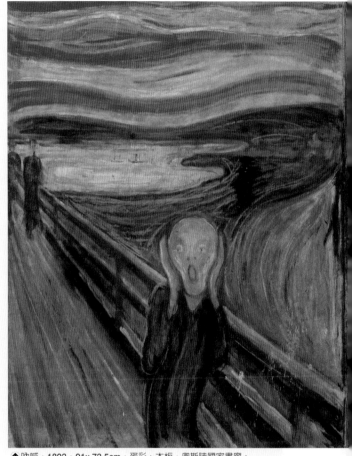

↑ 吶喊，1893，91x 73.5cm，蛋彩、木板，奧斯陸國家畫廊。

「吶喊」大概是孟克最廣為人知的一幅畫，孟克站在橋頭似乎受到了驚嚇，他二手抱著頭，臉部扭曲得像個骷髏頭，似乎用盡全身力氣在吶喊著，究竟發生什麼事？讓畫中的孟克幾近瘋狂？

孟克為這幅畫寫下當時的心情：「我和二個朋友在路上走著，夕陽漸漸落下，突然間天空變成一片猩紅，我停下腳步，覺得精疲力盡的靠在欄杆上，我發現黑藍色的峽灣和城市快被天空那片血紅的火舌吞噬了，我的朋友還是繼續往前走，我卻焦慮的站在那裡渾身發抖，感覺整個世界歇斯底里的在吶喊。」

這幅畫很傳神的描繪出孟克的焦慮與絕望，不管這樣的心情來自本身的遭遇，或是對世紀末的無力感，整個畫面就是能讓人感覺驚懼震撼，觀畫者似乎都能感受到孟克內心的不安。孟克用幾個簡單的線條拉長五官和人形，讓人物的曲線幾乎和身後的景色溶為一體，配上強烈的紅黑色對比，這幅畫真是驚悚得可以。

藝術評論家一直用這幅畫在探討孟克內心世界的衝擊和絕望，但是科學家又有不同的意見，他們覺得天空怎麼會「突然」變成一片火海的顏色呢？美國天文學家還特別去

人物簡介

孟克（Edvard Munch），西元1863~1944年

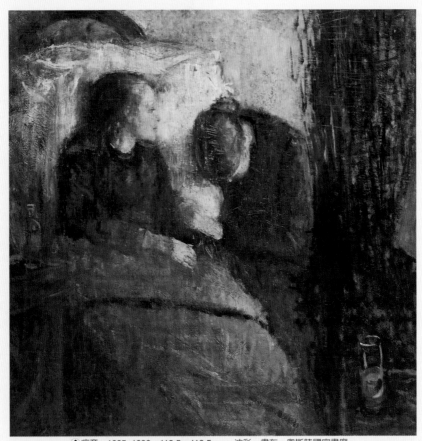

↑ 病童，1885~1886，119.5 x 118.5 cm，油彩、畫布，奧斯陸國家畫廊。

調查孟克和友人遭遇的地點，發現當時在印尼有大規模的火山爆發，所以那時候北歐地區應該可以看到火山灰產生的紅光。科學家認為孟克是真的看到紅色的天空，所以才有「創作」吶喊的靈感。

孟克的畫作一直圍繞在疾病、死亡、孤寂、衰老、焦慮這些主題，這的確和他成長的背景有很大的關係。孟克生於挪威，五歲的時候母親死於肺結核，那時他可能還沒有什麼印象，喪偶的父親希望從宗教上獲得解脫，卻因為太過狂熱而變得怪異瘋狂，孟克十四歲的時候姐姐又死

於肺結核，這次的死亡在孟克心裡留下深深的烙印，孟克自己也染上肺病徘徊在生死關頭，這些不愉快的往事後來都成為孟克創作的靈感。孟克用相同的主題一畫再畫，好像他一生都逃不開生老病死的陰影。

「病童」是孟克早期的代表作，畫中充滿孟克對死亡的恐懼，畫中人物的輪廓也不清楚，他只是用畫刀拼命的刮著畫面，一層一層的上著厚厚的顏料，和梵谷的油畫一樣有類似浮雕的效果。孟克一直記得姐姐生病時的樣子，對於疾病纏身的不安和無奈他何嘗不是感同身受？床上病著的是姐姐，也是孟克無力的心情，床邊照料的親人疲倦又絕望的低下頭去，仍然是孟克敏感痛苦的心情。

「病房中的死亡」則是孟克對姐姐去世的回憶，這二幅畫孟克都是一而再，再而三的畫了好幾次，好像每賣出一幅，孟克就忍不住要再畫一幅似的，他用強烈的色彩和線條把自己的心情迅速發洩到畫布上，他主要不是畫人物寫實，而是表現生老病死的輪迴。孟克一生被死亡、瘋狂、疾病環繞，因為懼怕死亡，所以不安的活著、絕望的吶喊。這種焦燥沒有安全感的個性，卻讓孟克的作品情感豐富強烈，而成為北歐的表現主義大師。

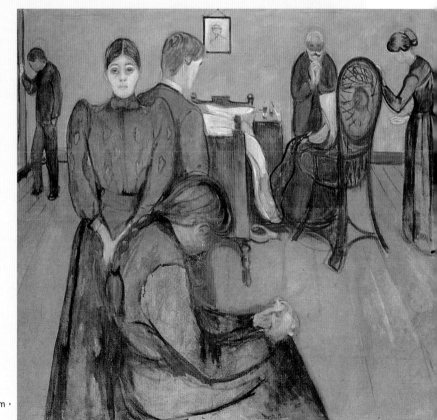

→ 病房中的死亡，1894，150 x167.5cm，
油彩、畫布，奧斯陸孟克博物館。

生命的喜悅

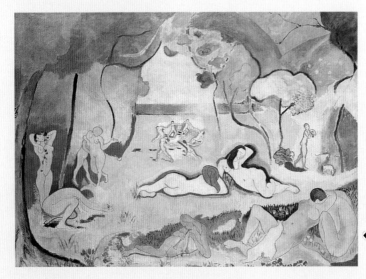

← 生命的喜悅，1905～1906，
175 x 239cm，油畫、畫布，
美國巴恩斯基金會。

　　這幅「生命的喜悅」是馬蒂斯在科里塢時期的寫生，也是往後發展出「奢侈」、「舞蹈」、「音樂」、「裸女」等主題的重要作品。美國企業家亞伯特·巴恩斯獨具慧眼的買下這幅畫，但後來卻在遺囑中禁止這幅畫出借到各地參展，也不准彩色拷貝，所以這幅畫被神秘的禁錮了七十二年，看來巴恩斯只想獨自品嘗生命的喜悅，捨不得與世人分享？

　　巴恩斯出生於費城的工人家庭，後來到歐洲深造，在海德堡唸醫藥學，接著回到紐約，從事抗菌藥物的生產而漸漸累積財富，他在二十世紀初開始對現代藝術產生興趣，先是透過畫家朋友從歐洲買回畢卡索、馬蒂斯、梵谷等人的作品，接著又自己籌劃一趟藝術之旅，親自跑到巴黎去採購喜歡的畫作。買畫買出心得，巴恩斯甚至覺得買畫也要有科學化的鑑定，價值才能有個準則，因此他還發表一篇如何鑑定買畫的文章。西元1912年，巴恩斯撥了六百萬美金成立基金會，把自己收藏的數百幅作品全數放到基金會中，希望對

人物簡介

馬蒂斯（Mattise），西元1869～1954年

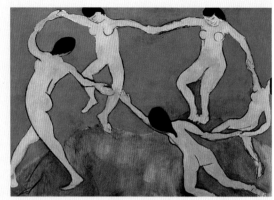

現代藝術的養成和賞析做出一點貢獻。巴恩斯認為馬蒂斯是二十世紀最偉大的藝術家，他也是在這一年為基金會買下「生命的喜悅」。

「生命的喜悅」宛如一首歌頌人文的田園詩，在野獸派的彩色森林裡有幾組愉快的人群，他們或是跳舞，或是吹奏樂器，或者就是擁抱歡樂的情愛，整個畫面宛如色彩繽紛的伊甸園，給人繁榮快樂、安詳喜悅的感覺。

馬蒂斯後來衍生出一系列名為「跳舞」的畫作，就是擷取「生命的喜悅」裡面的舞者放大而來的。「舞蹈」這幅畫的尺寸比原本「生命的喜悅」還要大，也因此畫面簡化到只剩下單純的人體律動，五個人手拉手圍成一個和諧平衡的圓，這是一種喜悅、豐收的舞蹈。

馬蒂斯在自傳中曾經說過，他追求一種平衡、純粹與寧靜的藝術，盡量避免會讓人覺得苦痛不安的題材，藝術應該要和沙發椅一樣，讓人坐下來就覺得放鬆安詳，因為這樣的理念，馬蒂斯筆下的人生是光明的色彩，是愉快的音樂舞蹈，是美好和諧的人群，也是熱情洋溢的溫度。歷經工業革命的歐洲正值富強繁榮的巔峰期，生活富裕使人們好整以暇的追求藝術之美，生命的喜悅就該是這麼奢侈、馥

↑舞蹈，1909，259.7 x 390.1 cm，油畫、畫布，紐約現代美術館。

郁，儘管初期並不是每個人都能瞭解馬蒂斯的作品，但還是有少數像巴恩斯這樣的收藏家，看懂了馬蒂斯的色彩天地。

原本這幅「生命的喜悅」一直存放在基金會中，既不能印製圖片，又不能對外展覽，直到西元1993年基金會要籌募款項重整美術館，這才破天荒的挑選八十幅重要作品舉辦世界巡迴展，世人終於看到這幅作品的全貌，分享巴恩斯博士對藝術的熱情以及他洞燭先機的眼光，曾經大肆蒐購現代畫的巴恩斯，後來索性賣掉製藥公司，專心發展藝術基金會的各項計畫，如今基金會擁有眾多的收藏品，市值早已超過六億美金。巴恩斯不但欣賞馬蒂斯的作品，更身體力行馬蒂斯的精神，實踐馬蒂斯的「奢侈、寧靜、閒情逸緻」，徹底享受生命的無限喜悅。

畫一張悲傷的臉

克利是瑞士人，早年和康丁斯基、馬克創立「藍騎士」畫派，是二十世紀初期的表現主義大師，他和其他足跨二個世紀的藝術家一樣，面對新舊世界的交替，經歷二次世界大戰的衝擊，忍不住用多樣化的作品來調整自己的心情，克利曾經說過，世界越動亂，藝術就會越抽象，看起來真是一點也沒錯。

克利出生於瑞士，那裡是母親的故鄉，不過克利的父親是德國人，所以他後來跑到德國去學畫。克利小時候音樂、美術、文學的成績都很好，他自己也很徬徨到底應該走哪一條路？一直到高中畢業他才決心要當畫家，也因為有紮實的音樂、文學底子，克利的繪畫世界充滿了詩歌的意境，畫面彷彿有音符跳躍。

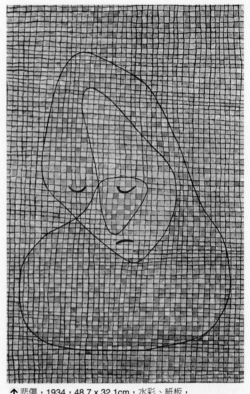

↑ 悲傷，1934，48.7 x 32.1cm，水彩、紙板，柏恩克利基金會。

克利在德國娶了一名音樂教師為妻，二人生了一個兒子，從此克利畫畫，太太教音樂，日子過得平實甜蜜。克利在家裡的工作室不大，所以他只能畫一些小幅的作品，然而這些小小的方框就像一個小宇宙般的豐富，他的作品頗富童趣，一些簡單的線條色塊，往往就能帶給人們直接的感動，他常常隨性的勾勒一些臉譜、金魚、小鳥、植物，也利用各種不同材質的紙張、布帛、顏料來完成不同風格質感的作品，克利的小小的方矩之中，蘊藏著源源不窮的樂趣。

人物簡介

保羅克利（Paul Klee），西元1879~1940年

　　這幅「悲傷」的背景全部是馬賽克似的小方塊，他把這種畫作稱之為「分割主義」；大地被灑了一地的種子，被分割成一塊一塊的，而克利在上面用線條畫了張悲傷的臉。簡簡單單的曲線，就能呈現一個人閉著眼、垮著臉的難過心情，這就是克立看似簡單，卻深刻動人的地方。

　　西元1930年以後，克利漸漸感覺到德國官方對現代藝術的打壓，尤其他們懷疑克利是猶太人，對他的作品更是大加抨擊。西元1933年的聖誕節，他被迫離開父親的故鄉，前往瑞士定居避禍，隔年就畫了這幅悲傷。這幅悲傷有藍色的憂鬱，似乎預告了克利的未來所剩無幾。

　　西元1935年克利因為德國麻疹引發一連串併發症，染上一種皮膚硬化症，克利花了一整年的時間在治療養病，或許他知道生命將近，晚年反而以更驚人的速度和數量在作畫，光是西元1939年他就畫了一千二百多幅作品，而克利一生更是留下近九千幅畫作，這種源源不絕的創造力實在教人嘆為觀止。

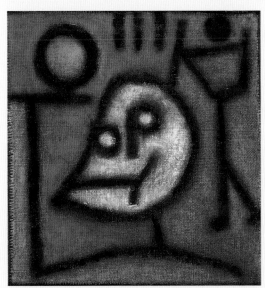

↑死亡與火，1940，46 x 44xcm，油彩、漿糊、麻布，
伯恩克利基金會。

　　克利最後幾年深受硬皮症所苦，沒辦法再畫太細密的線條，他必須把筆綁在手上才能作畫，所以後期作品的線條比較粗曠，但另有一種收放自如的氣勢。他臨終前的「死亡與火」彷彿透露著生命終結的預兆，一個黑色男子走向白色的骷髏頭，手上還拿一根黑色棍棒敲打它，圓形的太陽照得火亮，底下的骷髏頭似乎有一抹曬得暖烘烘的微笑。其實黑色的人影就是克利自己，他已經安然的準備面對眼前的死亡。死亡不會是克利的終點，他真摯的藝術已經讓生命變得溫暖而永恆。

那是個戰亂的年代

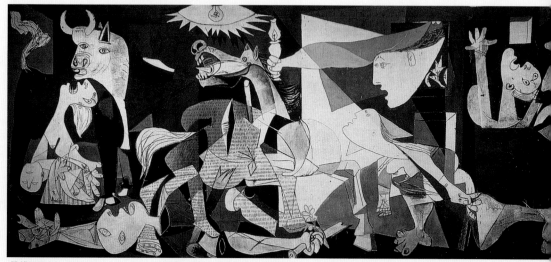

↑ 格爾尼卡，1937，349.3 x 776.6cm，油畫、畫布，西班牙蘇妃雅藝術中心。

　　格爾尼卡是二十世紀最重要的反戰作品，也是畢卡索最重要的作品，身為西班牙人的畢卡索畫出德軍塗毒格爾尼卡城的慘狀，抗議戰爭的冷血殺戮，悲悼同胞的無辜受害。

　　事情要從西班牙的內戰說起。西元1936年的時候西班牙爆發內戰，佛朗哥將軍崛起並席捲整個西班牙，共和國被迫遷都瓦倫西亞，強勢的柏林和羅馬都承認佛朗哥政權，然而畢卡索是支持共和國的，他的母親妹妹都還在巴塞隆納，內戰爆發以後，畢卡索很擔心家人。

　　隔年德國介入西班牙內戰，1937年的四月二十七日，德國派遣法西斯空軍把格爾尼卡城夷為平地，三個小時的轟炸，無辜的百姓傷亡慘重，這樣殘酷的舉動不但震驚全世

　人物簡介

畢卡索（Pablo Picasso），西元1881~1973年

界,更是讓畢卡索一股怒氣無處宣洩,正好西班牙的共和國政府要求他繪製大幅油畫在巴黎萬國博覽會展出,畢卡索馬上開始進行格爾尼卡的繪製,他的紅粉知己朵拉還幫忙拍下整個作畫過程,見證這幅曠世巨作的誕生。

　　畢卡索把對德軍的憤怒以及對同胞的哀悼全部揮灑在這幅作品上,畫面左側,一位母親驚恐無助的抱著嬰兒,身後一個高大的牛頭怪卻冷酷的微笑著,畫面中間有一匹受傷的馬正在痛苦的嘶鳴,畢卡索用這匹馬來象徵受難的西班牙人民,馬的下面有一位倒下的士兵,一手握著鮮花,一手握著斷劍,這是畢卡索對死去戰士的哀悼,畫面右側有個婦女舉著油燈,從窗戶探出頭來照亮畫面。畢卡索一心想揭露德軍殘暴猙獰的面目,特地點燃油燈要全世界都看見,畫面右邊又是一名呼救的婦女,畢卡索只用了黑白灰三色來完成這幅畫,讓整個畫面更沉重哀傷,但蓄積的力量反而更強大。

　　畢卡索希望藉這張畫宣達反戰的信念,於是「格爾尼卡」輾轉從巴黎出借到各國展出,十幾年來旅行近三十二個城市,所到之處都引起強烈的共鳴,畢卡索更誓言西班牙一天沒有獲得民主,「格爾尼卡」就不回西班牙,這幅畫就這樣到處旅行,西元1940年以後暫時存放於紐約現代美術館。

　　據說幾年後爆發第二次世界大戰,巴黎被德軍佔領,很多德國軍人也好奇的到美術

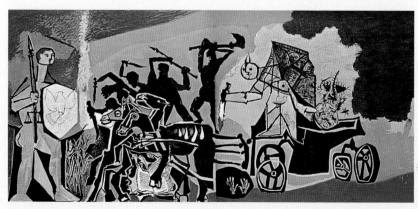

← 戰爭,1952年,
470 x 1024 cm,
油畫、硬質纖維板。

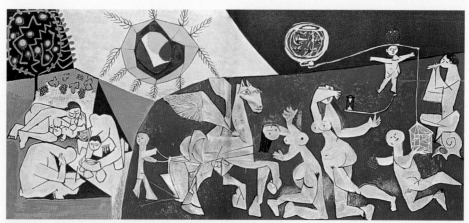

↑ 和平，1952，470 X 1024cm，油畫、硬值纖維板，瓦洛里和平教堂。

館去欣賞大師畢卡索的作品，可想而知這些德國人受到很冷淡的對待。有一次畢卡索還站在美術館出口，把「格爾尼卡」的複製卡片分送給來看畫的德軍，其中一位蓋世太保就客氣的問畢卡索：「這幅畫也是您的傑作之一嗎？」畢卡索很嚴肅的回答這位白目軍官：「不，這是你們的傑作」。

　　畢卡索一生都在為和平努力，只要藝術不要戰爭。看到戰爭帶給人類的創痛，畢卡索另創造了和平鴿的圖像，希望人類不要再自相殘殺，要像純潔美麗的鴿子振翅高飛。西元1950年韓戰爆發，他還親自製作擁護和平的海報，接著又幫瓦洛里和平教堂繪製壁畫「戰爭與和平」，無一不是希望大家要記取戰爭可怕的教訓。

　　西元1973年，畢卡索因為感冒引發肺炎病逝，享年九十一歲。他臨終希望可以把「格爾尼卡」歸還西班牙，紐約現代美術館遵照畢卡索的遺願，在1981年把畫交給西班牙馬德里的國立美術館，這一年剛好是畢卡索百歲冥誕，這次的回歸展覽真是別具意義。西元1992年「格爾尼卡」轉交蘇妃雅王妃藝術中心收藏，經過近六十年的流浪，「格爾尼卡」有了自己的家。

孤獨與寂寞的顏色

霍伯是二十世紀活躍於美國本土的畫家,他的畫風寫實,擅用色彩和光線明暗來構築畫面,霍伯應該可以算是一個紀錄美國生活的寫實畫家,但是不管風景畫或是生活畫,他的作品總有一股說不出的憂鬱寂寞,這種孤獨的情緒反而成了霍伯的特色。他是一個彩繪寂寞的畫家。

霍伯一開始先學插畫,因為成績不錯又有天份,於是轉而學習真正的繪畫,他三次到歐洲遊歷,到處去參觀名家的作品,雖然當時歐洲流行立體派等

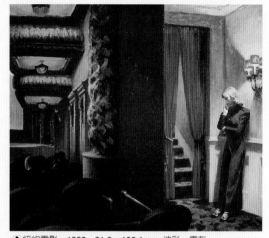

↑ 紐約電影,1939,81.8 x 102.1cm,油彩、畫布,
紐約現代美術館。

現代藝術,霍伯卻受到哥雅、委拉斯蓋茲、馬奈的吸引,還是喜歡用寫實手法來描繪美國的風景,只不過他的作品並沒有馬上受到重視,為了維持生活,霍伯還是必須靠插畫維生。他一直孤獨的堅持著自己的理想,一邊工作,一邊構思新作品。霍伯在四十一歲才獲得肯定,布魯克林美術館買下他的一幅畫,人們漸漸知道霍伯這位畫家。

霍伯也相當晚婚,他在四十二歲和妻子妮葳遜結婚,妮葳遜本身也是畫家,同時精通各國語言和文學。二人的志趣相投,妮葳遜不止是霍伯的伴侶,也是霍伯最愛用的模特兒,「紐約電影」中的沉思女子就是妮葳遜,「少女秀」的裸女也是她,當時妮葳遜已經五十幾歲,很難想像五十多歲的妻子為了成全先生的藝術,在寒冬中全裸演出是怎樣的一種毅力。

霍伯和妮葳遜都喜歡戲劇,二人常常到百老匯看秀,也喜歡去看電影,霍伯和竇加

人物簡介

霍伯(Edward Hopper),西元1882~1967年

一樣，畫了不少劇院場景的作品，只是不管畫面是熱鬧的電影院，或是跳著豔舞的少女秀，霍伯式的孤獨還是會不自覺的流露出來。

最能代表霍伯的孤獨性應該是他的作品「夜鷹」，夜晚無人的街道陰暗寂靜，只有二十四小時的咖啡館亮著冷冷的日光燈，映照出陌生人孤獨的背影，吧台一對男女關係微妙，二人的手碰觸在一起，但彼此又沒有交談，好像各擁各的心事。霍伯常常畫著一群人，人群之中非但不見親密互動，反而有層層的疏離感，美國雖然有的是熱鬧繁華的大城市，但城市也有城市的淒涼孤寂，深夜靜思的時候最容易流露出內在寂寞的情緒。

芝加哥藝術學院買下「夜鷹」，紐約現代美術館也跟著買下霍伯的「加油站」，霍伯的聲譽日隆，僅管美國籠罩在戰爭的陰影之中，霍伯還是孜孜不倦的旅行、作畫，用自己的方式熱愛這個國家。

晚年霍伯已經成為美國家喻戶曉的畫家，一些把焦點放在歐洲的收藏家，如今也開始重視美國本土的藝術創作，許多博物館紛紛舉辦霍伯的回顧展，知名的報章雜誌不約而同的訪問年高德劭的畫家，但霍伯並沒有因為名利雙收而自得自滿，他反而隨著其他藝術團體抗議紐約博物館舉辦太多抽象畫的展覽，忘了真實的東西也可以很美麗。他隨即擔任「真實雜誌」的主編，希望帶領大家從現實生活去表現內在的精神。霍伯的作品的確不是二十世紀主流的抽象主義，但是他用純粹寫實的手法，也可以把無形的寂寞和淡淡的哀愁表達得適切傳神。霍伯簡約鮮明的風格深深影響了後來的普普主義，也難怪時代雜誌直稱霍伯是當代最偉大的美國畫家。

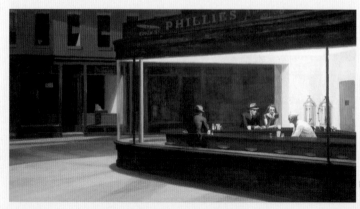

← 夜鷹，1942，油彩、畫布，84.5 x 152.7cm，芝加哥藝術中心。

生之喜

夏卡爾很喜歡用畫畫寫日記，他常畫下生活中值得記憶的片段，這幅「生日」畫的就是夏卡爾在西元1915年過生日的場面，畫中的女子是夏卡爾的女朋友貝拉，二人在這場生日宴會之後沒多久就結婚了。

夏卡爾在西元1909年認識貝拉，貝拉是富

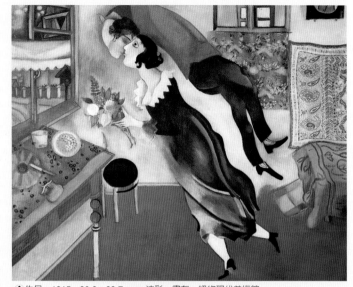

↑生日，1915，80.6 x 99.7 cm，油彩、畫布，紐約現代美術館。

家千金，夏卡爾的父親是鹹魚工廠的工人，二人門不當戶不對卻墜入情網，隔年夏卡爾隻身到巴黎開始他的藝術學習，還對貝拉念念不忘。夏卡爾在西元1911年畫的新娘，心裡想的就是貝拉。直到西元1914年夏卡爾到柏林參加畫展，順道回俄國家鄉，才終於有機會再見到他的日夜思慕的愛人。

西元1915年的七月七日是夏卡爾28歲生日，從畫中的窗外可以看到俄國鄉間的景色，房間鋪著溫暖的紅色地毯，美麗的貝拉吻了夏卡爾，並送上生日花束，幸福滿溢的夏卡爾感覺輕飄飄的，整個人快樂的飛了起來。這是多麼詩意浪漫的畫面呀！原本貝拉的母親很反對他們交往，經過大半年的努力，貝拉的家人終於同意他們在一起，這是婚前甜蜜相聚的單身派對，二人在七月二十五日正式舉行婚禮，這個生日宴會也就特別有意義，二人充滿喜悅、幸福感，對未來有無限期待。

夏卡爾（Marc Chagall），西元1887~1985年

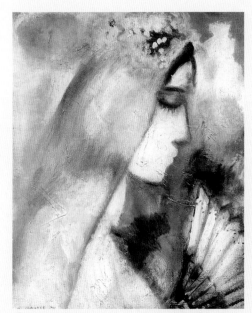

↑拿著扇子的新娘，1911，46 x 38cm，油畫、畫布，
私人收藏。

說過，自己出生的時候本來是死胎，後來大人們用瓶子刺他毫無反應的身體，又把他浸到水裡，他才虛弱的哭出來，撿回一條小命。夏卡爾曾經照這個故事畫了出生的情景，畫面的色調明顯沉重陰暗許多。

貝拉隨同夏卡爾避居美國的時候，突然因爲一場急病驟然去世，該年五十七歲的夏卡爾震驚悲傷了好一陣子，大約有一年的時間都無法再提筆作畫。隔年夏卡爾畫了一幅環繞的女神，表達自己對亡妻的思念，夏卡爾全身漆黑的樓身在畫面左下角，仰起頭來整個世界儘是環繞著貝拉的身影，樹上有二人結婚時的美好記憶，右方貝拉還是拿著白扇子，但忍不住對生死二別輕輕的拭著淚，記憶中的故鄉放在畫面的中心。第二次大戰已經結束了，他們曾經一起離開故鄉，但是再也沒有機會一起回去。然而這幅畫並不只有灰心絕望，重執畫筆的夏卡爾還是振作起來，獨自走上人生未盡之路，左上角有點燃燭火祈禱的飛鳥與天使，貝拉已經化身爲永恆的天使。

夏卡爾在六十歲的時候回到法國，六十五歲再度結婚娶了小名「娃娃」的俄裔女子，二人開始到世界各地旅行。雖然年紀漸長，創作力還是一樣旺盛，他先後承接了幾項大工程，包括幫巴黎歌劇院繪

貝拉從此成爲夏卡爾最重要的伴侶，她是夏卡爾靈感的泉源，除了擔任夏卡爾的模特兒，也會在第一時間對夏卡爾的畫提出意見，雖然剛結婚的生活並不順遂，但是源源不絕的愛使他們高飛在幸福的道路上。愛情的魔力使夏卡爾的畫充滿著愉快幸福的氣氛。

西元1916年，夏卡爾和貝拉的第一個孩子出生，幸福的家庭增加新成員，夏卡爾畫了幾張出生、洗澡、裸姆車的主題，比起之前畫自己的誕生，女兒出生後的畫作要比以前溫馨多了。夏卡爾聽母親

製天井畫，替梅斯教堂作彩繪玻璃，為紐約大都會美術館製作壁畫等等，晚年過著平靜充實的生活，最後以九十八歲的高齡安詳的在家中去世。

夏卡爾一生豐富多彩的作品，都能以一個「愛」字貫穿，他對故鄉，尤其是對妻子的愛，支持他走過將近一個世紀的歲月。他曾經在自傳裡這樣談到貝拉：「我只要打開窗戶，藍天和愛、她和花就飛進來。不管她穿黑的或白的，她都縈繞在我的畫中。」貝拉不僅在夏卡爾的畫裡飛翔，她更是永遠活在夏卡爾的心中。

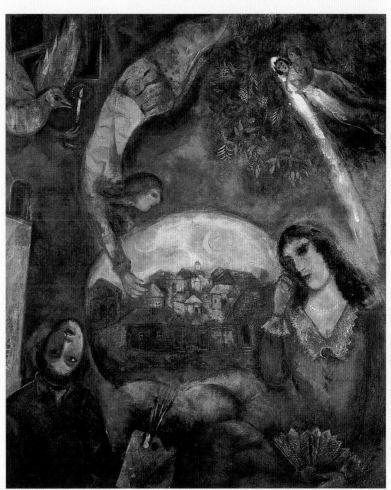

← 環繞的女神，1945，131x109cm，油畫、畫布，巴黎龐畢度國家藝術文化中心。

蒙著頭紗的戀人

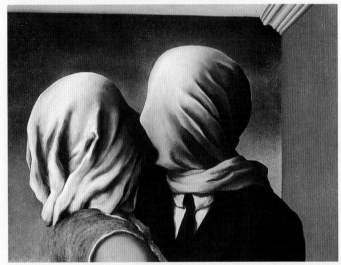

　　馬格利特在西元1928年以戀人為題畫了幾張「隔著面紗」的戀人，因為無法看清對方，戀人之間的情感就變得更神秘浪漫，但是馬格利特為什麼會想要這樣來表達男女之間的情感呢？

　　有一種說法是馬格利特潛意識受到母親自殺的影響；馬格利特在十四歲那年，母親因投河自盡身亡，那晚馬格利特跟著大人到岸邊去認屍，母親被撈起來的時候，長睡衣剛好翻起來覆蓋住臉部，這個景象對一個十幾歲的青少年來講恐怕一輩子都忘不掉。死亡的畫面似真似幻，或許現實的痛苦來得太突然，反而有做夢般的不真實感，後來馬格利特的畫作常常出現流水、蒙著白床單的女人、波濤洶湧的海面、落海掙扎的水手，這些意象很容易讓人聯想到馬格立特失去母親的挫折和抑鬱，反應他在個性上的焦灼不安，顯現他有一種極於顛覆社會常規的想望，也使他走向超現實主義的道路。

 人物簡介

馬格利特（Rene Magritte），西元1898~1967年

不過馬格利特本人可是駁斥這種說法的，他堅持母親的死並沒有對他的人生和繪畫風格產生任何影響，他甚至聲稱不記得岸邊那個晚上有特別悲傷，反而因為旁觀者把焦點都放在自己身上，用同情的眼光看著「死者的兒子」，讓他有一種倍受囑目，輕飄飄的驕傲感。

僅管馬格利特再三否認，藝評家還是認為少年的陰影一直都在馬格利特的作品出現，就拿馬格利特很慫動的畫作「強暴」來看，馬格利特被認為在試著回憶母親的臉龐，但是眼中所見卻是母親因為長睡衣向上翻捲所呈現的裸體。這樣的解釋似乎有點牽強，難怪馬格利特不愛被這樣亂分析，事實上當男人心中有侵犯女性的念頭，他眼中看到的女人不也是只剩下原始的性徵嗎？

而愛情也是這樣，不管再怎麼親密友好的戀人，總有些細微的地方是對方看不到的。因為看不到，所以要用「心」去感受覆蓋住的感情，撇開面紗由來的分析，這幅戀人實在是一件令人感動的作品。

馬格利特讓戀人們穿上他慣用的中產階級服飾，用來象徵一般普羅大眾的情愛，不管是相擁而吻，或是併肩互靠的情人們，都隱隱的透露出一種二情相悅的信

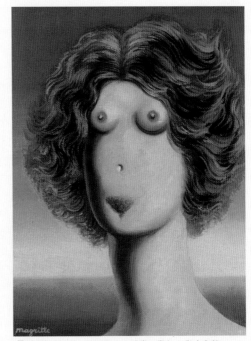

↑ 強暴，1934，25x18cm，油畫、畫布，私人收藏。

賴感。白紗也許可以遮住五官臉龐，但是卻遮不住由內而生的情感，這正是愛情的真締，是愛情最美好的部份。因為面紗的刻意覆蓋，反而讓原本很抽象的愛情突顯出來。

喜歡用蘋果遮住五官的馬格利特，這次選擇用面紗來包覆愛情，讓人們好奇面紗底下所隱藏的情感，或許這一切真的和喪母的悲情無關，而馬格利特之所以蓋住愛情，純粹是要我們打從心裡「看見」愛情。

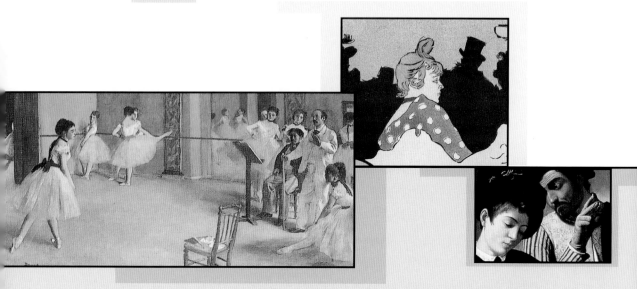

奇妙的眾生百態

古時候沒有照相機，
藝術家用自己的方式來紀錄周遭的人群和日常生活，
從每一時期的畫作，
可以想像當時各行各業的面貌！

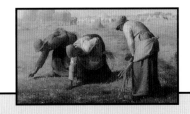

用畫的結婚證書

羅浮宮的鎮館之寶是達文西的「蒙娜麗莎的微笑」，倫敦國家畫廊的鎮館之寶則是范艾克的「阿諾菲尼的婚禮」，這幅畫完成的時候，達文西都還沒出生呢！如果沒有范艾克改革油彩，讓後來的藝術家更方便的使用油彩作畫，整個西洋藝術史很可能就完全不一樣。

范艾克是十五世紀北歐最有名的畫家，他尚未成名的生平已經不可考，只能推測大約西元1390年在今日的比利時附近出生。等歷史文獻有紀錄的時候，范艾克已經是個博學多聞的宮廷畫家了，他似乎精通各國語言，除了藝術才華，范艾克也很有科學精神，他改良了作畫用的油彩，加入溶劑讓顏料變得比較快乾，這樣藝術家不用耐心的等第一層顏料乾燥，就可以接著上第二層顏料。

范艾克有一項「顯微」的技巧，就是在畫裡放一面鏡子或一顆發光的寶石，反射一片如毫芒雕刻的精細畫作，其中最出名的就是這幅「阿諾菲尼的婚禮」。這也是一幅充滿謎題，讓後代藝術家爭論不休的作品。以下幾個細節是引發熱烈討論與研究的：

婚禮

有人認為這是一場秘密婚禮，但這種說法後來被駁斥了，因為十五世紀的法蘭德斯是可以不用上教堂結婚的，只要有見證人，在家裡舉行儀式也可以。畫中的阿諾菲尼是義大利富商，他的婚禮應該隆重盛大，沒有必要偷偷摸摸，如果是秘密婚禮范艾克怎麼還會在上面背書呢？這幅畫被認為是阿諾菲尼的訂婚或結婚場景，新人手拉著手，莊嚴的許下一世的承諾。新娘的綠色禮服看起來很高貴，從裙擺的內裏和袖邊都襯著毛皮，可以看得出他們雍容華貴的身份地位，新娘手撫著隆起的腹部倒不是懷孕了，那時候流行穿這種高腰蓬裙，來象徵多產富庶的生命力。

畫家簽名

范艾克在鏡子上方的牆壁用拉丁文龍飛鳳舞的寫下：「我范艾克在場見證，

人物簡介

范艾克（Van Eyck），西元? ~1441年

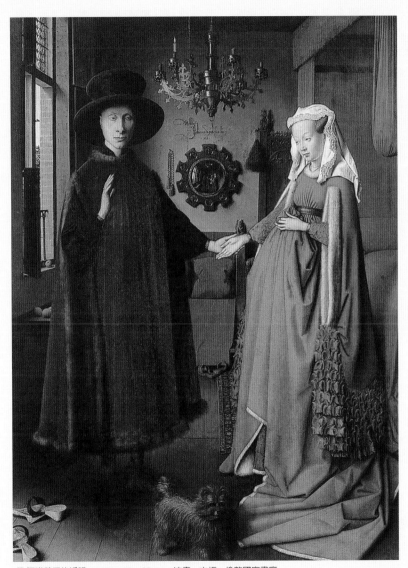

↑ 阿諾菲尼的婚禮，1434，82 x 60 cm，油畫、木板，倫敦國家畫廊。

1434年」，此舉讓這張畫好像結婚證書一樣，范艾克成了結婚證人，宣告了這場婚禮的合法性。

鏡面反射

從鏡子裡可以窺見室內的另一邊，除了畫面中的新郎新娘，看得出來另外有二個人在場，其中一個就是范艾克本人，小小一面凸鏡竟然可以畫進去整個房間的縮影，鏡框本身還圍繞著十幅更小的宗教畫裝飾，這種顯微細節的再現，實在令人嘆為觀止。後來也有很多藝術家利用鏡子的反射，來呈現另一邊的活動空間。

蠟燭

天花板上有一組漂亮的蠟燭台，但是卻只插了一根蠟燭，而且為什麼要在透著光的大白天點蠟燭呢？後人也有不同的解讀。單一的蠟燭象徵神的視線，也可以視為婚禮祈禱用的蠟燭，還有一種比較俗世現實的解釋，認為根本是當初的蠟燭很貴，所以要省著用。

房間裝飾

從房間裝飾可以一窺富豪商人的居家擺設，紅色的床幔和雕工精緻的紅褥座椅都很講究，二人的木屐拖鞋散放室內；這種鞋是貴族王公常穿的便鞋，顯現出二人的身份地位不凡。阿諾菲尼的生活相當優渥，腳邊還有一隻可愛的小狗，小狗一來象徵愛與忠誠，讓畫面更生活化，二來說明當時已經養起玩賞用的寵物小狗了！鏡子旁邊的念珠、床後的聖瑪格麗特雕像，甚至新郎的舉手宣誓，使畫面更虔誠莊嚴。聖瑪格麗特是婦女分娩的守護神，也含有祝禱新人多子多孫的意義。

橘子

范艾克竟然還在窗戶旁的櫃子放幾顆橘子，這和婚禮有什麼關係？有可能是以水果來象徵繁衍的生命力，也有可能只是來點綴富商的生活，畢竟橘子在北歐是屬於進口水果，一般人是買不起的。

范艾克彷彿是用繪畫代替照相，補捉婚禮的即時畫面，沒有人知道這個點子是范艾克自己想到的，還是應阿諾菲尼所要求才畫的，總之范艾克把「結婚證書」創新了，除了文字還可以畫上很多象徵愛和祝福的小東西，像這樣的結婚證書即使在五百年後的今天，也會是別具巧思的一份盟約吧？

腦袋裝的都是石頭？

畫家除了以宗教神話、民情生活為題材，也可以從地方諺語、文學詩歌入畫。十五世紀的波希就是描繪諺語和鄉野風俗的畫家。因為要表現有些傳奇荒謬的民間故事，波希的作品常常是怪誕瘋狂，看起來相當「魔幻」的作品。

波希簡直是妖怪和噴火獸的發明家，他筆下的動物常是四不像的生物，畫面不時出現人身鳥嘴、擬人化的豺狼、野豬，被肢解、烹煮的人體等等，看起來不但怪異，有時還讓人覺得毛骨悚然，不過波希畫這些荒誕的動物可能純粹為了好玩，算是一種描寫民俗迷信的黑色幽默，希望能引人發笑，不過後來的專家可是非常認真在研究波希的作品，認為那代表十五世紀的「世紀末恐慌」，是中古世紀的「超現實主義」。波希豐富的想像力，連二十世紀的布烈東（Andre Breton）也讚賞不已，有些藝評家甚至稱波希為十五世紀的達利。

波希誕生於現在的荷蘭，在當時稱為法蘭德斯，歷史文獻對波希著墨不多，

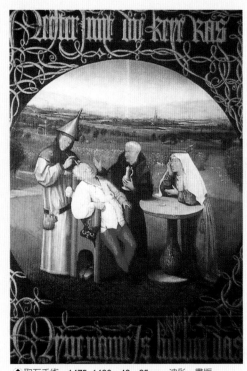

↑ 取石手術，1475~1480，48 x 35cm，油彩、畫版，馬德里普拉多美術館。

只能勉強從市政資料知道他娶了貴族的女兒，並成為聖母兄弟會的成員，他因此幫教會畫了一些祭壇畫，除此之外再也找不到其他關於波希的生平記述。神秘的波希究竟是和誰學畫？他腦子裡在想什麼，才

人物簡介

波希（Hieronymus Bosch），西元1452~1490年

會畫出夢裡的天堂與地獄？或許因為波希的一生太平凡，和他不尋常的作品很難聯想在一起，讓後人更有興趣挖掘波希的內心世界。

「取石手術」是中古時代的荷蘭諺語，當時形容一個人昏庸愚昧，行為瘋癲，就說他是「腦袋裡長了石頭」，一些狡猾的江湖術士會欺騙愚昧的鄉下人，好意幫他們動手術治療頭痛，這些騙子會把病人綁在椅子上坐好，然後在頭上劃一小刀，讓病人痛苦的號叫，接著利用魔術師的障眼手法，假裝從病人腦袋裡取出一、二顆帶血的石頭，聲稱已經幫他治癒疾病而要求報酬。波希描繪了人類的愚昧無知，又諷刺人性的邪念貪婪，讓後來的藝術家也紛紛以類似的行騙主題作畫。

波希去世的時候已經是聞名國際的畫家，他的宗教畫雖然古怪，卻對地獄的痛苦罪惡有相當細膩的詮釋；地獄裡面有各種奇怪的刑具和懲罰，裡面的妖魔鬼怪一點也不輸中國的牛頭馬面，在「最後的審判」也有油鍋、刀山、人肉串。聖經的刑罰經過波希的想像力有了生動的畫面，更加的發人深省。

波希生前的畫作大都被當時法蘭德斯的貴族收藏，目前則分散在歐洲各大博物館，只不過其中有許多作品都是後人仿製的，真正確定是波希真跡的只有三十幾幅畫作和一些素描。十六世紀有許多畫家模仿波希的作品，只不過他們往往只學到皮毛，卻無法深入波希內在的精髓，布勒哲爾（Pieter Bruegel the Elder）算是其中比較成功的例子，他不是一昧的抄襲，而是參考波希去創造自己的通俗繪畫。

波希可以算是十五世紀的佛洛依德，他的作品充滿幻想和深意，有些細節至今人們還無法完全理解，只可惜這位超寫實祖師爺沒有留下一些日記、手稿，後人無法全盤瞭解他的腦袋裡究竟裝了什麼，才創造出那麼不可思議的世界。

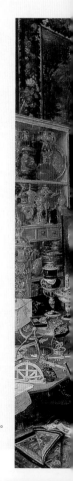

→ 視覺的預言，1618，油畫、木板，馬德里普拉多美術館。

琳瑯滿目的多寶格

　　十六世紀的法蘭德斯出了一個藝術家庭，父子三人都是畫家，父親彼得‧布勒哲爾（Peter Bruegel）被公認是法蘭德斯最重要的畫家之一，他畫了很多農民生活的情景，小孩在嬉戲、農民婚禮、戶口普查、戶外舞會，這些日常生活的剪影是老彼得最喜歡的題材，他的畫也成為現代人瞭解十六世紀荷蘭生活的最佳參考。老彼得和繪畫老師的女兒結婚，二人的大兒子也叫彼得，所以大家稱父親為老彼得，稱長子為小彼得做為區分。而次子的名字叫揚，長大以後也成為畫家，他的藝術成就甚至凌駕兄長，和父親老

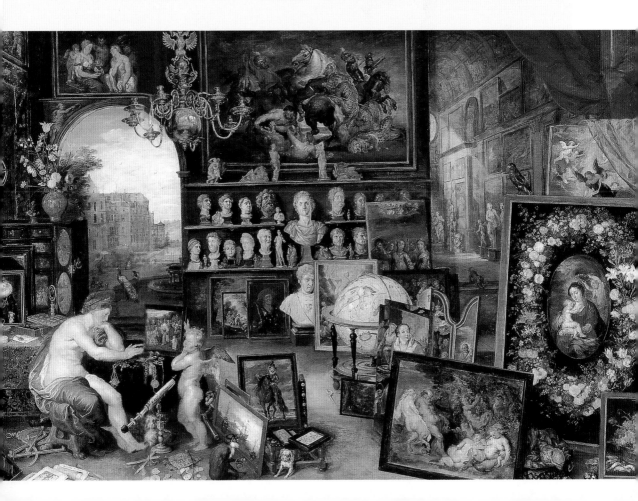

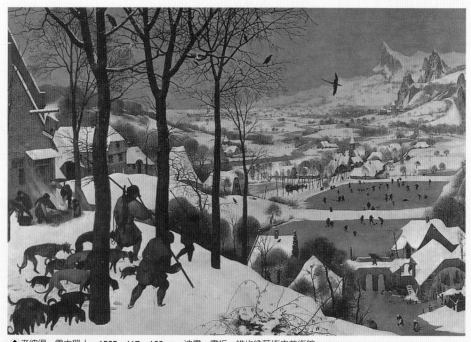

↑ 老彼得，雪中獵人，1565，117 x 162cm，油畫、畫板，維也納藝術史美術館。

彼得、好友魯本斯合稱法蘭德斯的三大畫家。

老彼得受波希的影響很深，人稱「農夫畫家」，兒子小彼得因為擅長畫地獄風景，就被稱為「地獄畫家」，而小兒子揚則擅長畫花，他的筆法細膩，喜歡用光滑的搪瓷亮漆，所以常被稱為「花卉畫家」或「絲絨畫家」。

老彼得去世的時候，大兒子才五歲，小兒子也才一歲，二個人也許承襲了父親的天份，卻是從其他老師那邊學習到繪畫的技巧。大兒子彼得擅長油彩和蛋彩，是很好的模仿家，他一生幾乎都在臨摹父親的作品，「冬季風景」是其中最成功的複製畫。

揚‧布勒哲爾最早是跟著外婆學畫，外婆是一位專畫小幅畫作的藝術家，接著揚又和其他幾位老師學畫，並到義大利深造，他在義大利待了七

年才回到阿姆斯特丹，並於西元1610年被西屬荷蘭指派爲宮廷畫家。揚和魯本斯是好朋友，二人也是工作上的好夥伴，常常一起去旅行，一起合作畫圖，魯本斯擅長人物的肌理線條，揚則專精花卉和精緻的裝飾。「視覺的寓言」就是由魯本斯畫維納斯和邱比特，而包圍二人琳瑯滿目的收藏品則是由揚·布勒哲爾負責。

十六世紀很流行用繪畫表達無形的感官世界，揚·布勒哲爾和魯本斯合作了五大感官創作，分別是視覺、聽覺、嗅覺、觸覺和味覺。其中「視覺的寓言」是揚·布勒哲爾最喜歡的作品，在畫中可以看到維納斯周圍的東西都和視覺有關；有賞心悅目的圖畫和雕像，腳邊的望遠鏡，邱比特拿了一幅畫給維納斯看，畫中講的是耶穌治癒盲人的故事，其他如戴著眼睛評畫的小猴子，星盤地球儀等等，都和光學視覺有相當的關聯和寓意。揚·布勒哲爾精美的構圖和細膩的筆觸，把法蘭德斯畫派的技巧發揮到了極致。

畫中的場景是一間陳列奇珍異品的房間，自從十六世紀麥哲倫的航海探險開始，人們對於異國事物特別感興趣，小康的家庭會準備一個五斗櫃，把收集來的新奇物品放在櫃子裡展示，也有人稱之爲「多寶格」（Cabinet of Curiosities）。而富有的殷商貴族當然要闢一間專門存放珍品奇物的收藏室，這和現代人出國旅行帶回來的紀念品一樣，東西有沒有藝術價值倒在其次，最重要的是物品的特殊新穎，愈是琳瑯滿目的收藏，愈是代表主人的閱歷豐富，見多視廣。

揚·布勒哲爾的父兄、外祖父母都是藝術家，他自己的二個孩子也同樣成爲畫家，他們承襲父親揚·布勒哲爾的畫風，把布勒哲爾家的藝術繼續往十八世紀傳承。有趣的是當時的長子似乎常常跟著父親命名，揚·布勒哲爾的大兒子也叫揚，後人只好又用老揚和小揚來區分父子二人。先是老彼得、小彼得，現在又是老揚和小揚，祖孫三代各展所長，這個布勒哲爾家族在藝術史上何嘗不像一個琳瑯滿目的多寶格？

人物簡介

揚·布勒哲爾（Jan Brueghel the Elde），西元1568~1625年

撲克牌的祕密

　　撲克牌局一直是戲劇性很強的畫面，這個主題不僅在香港的賭神電影大受歡迎，其實早在十六世紀就已經有相關的藝術作品，卡拉瓦喬就曾經以自然流暢的筆法描繪日常消遣的賭博牌戲，這無疑給文藝復興後期的矯飾主義當頭棒喝。原來藝術並不一定要矯揉造作的在宗教、神話上打轉，藝術也可以畫當代的人物風俗，於是一群藝術家起而效之，甚至有了「卡拉瓦喬派」出現，卡拉瓦喬成為一個革命性的人物，他可以算是開創巴洛克藝術的先驅者。

　　卡拉瓦喬出生於義大利一個叫做卡拉瓦喬的小鎮，後來人們就以卡拉瓦喬來稱呼他，他在十一歲的時候成為孤兒，但仍照父親的遺願繼續學畫。卡拉瓦喬的作品有強烈的戲劇性和真實性，完全不照當時的繪畫公式走，這給僵化的矯飾主義帶來一股清新的風格。不過保守派人士還是對他多所批評，覺得他的作品缺乏神性，不夠虔誠，畫中的聖人太像平常人，馬槽像真正的馬槽一樣髒髒亂亂的，耶穌怎能誕生在那樣的地方呢？

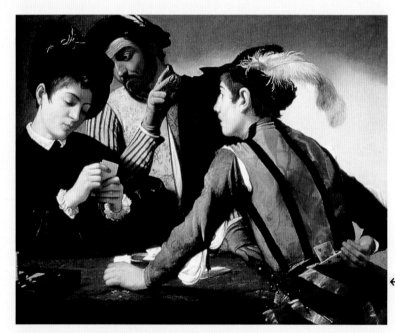

← 賭博，約1594~1595，94.2 x 130.9 cm，油畫、畫布，美國德州華茲堡金柏莉美術館。

不過欣賞卡拉瓦喬的人也不少，當時的樞機主教德爾蒙提就相當讚賞這種自然風格，委託卡拉瓦喬替聖魯齊教堂繪製濕壁畫，讓卡拉瓦喬一舉成名。

卡拉瓦喬擅長用光線明暗來營造臨場氣氛，他喜歡以勞動的群眾為主角，描繪小人物生動的肢體語言，在他之前沒有人會去畫樂手、娼妓、吉普賽人，不過卡拉瓦喬本身就是從街頭「混」出來的畫家，這些作品特別的生動自然。謠傳卡拉瓦喬有同性戀的傾向，因為他筆下的男孩總有放蕩妖嬈的感覺。事實上卡拉瓦喬除了畫風叛逆，個性也是放蕩不馴，脾氣暴戾不定，他常在街上和人吵架、打架，多次鬧上法庭而興訟不斷，最後還因為過失殺人逃亡避難。

「賭博」的戲劇張力十足，畫面左邊的男孩正全神貫注的思考如何出牌，一旁偷看的牌客似乎用手勢作暗號，讓對桌的撲克牌老手在背後換牌，如此生動的要詐場面，讓人不免揣測卡拉瓦喬是否也是個中高手？法國畫家拉圖爾深受卡拉瓦喬的影響，他也畫了幾幅撲克詐騙的牌局，畫面右邊衣著華麗的青年正是待宰的肥羊，身上戴著珠寶頭飾的是一名妓女，她和倒酒女僕不懷好意的交換眼神，左邊的賭徒更在背後換起王牌，顯然這也是一場精心設計，充滿性與欺騙的牌戲。

撲克牌最早的起源已不可考，有人說來自中國，也有人認為出現於埃及，只知道在西元十四世紀就已經有撲克牌的遊戲。撲克牌的J、Q、K是英文侍從、王后、國王的縮寫，目前四種花色的J、Q、K其實各自代表歷史上不同的人物，例如梅花J是亞瑟王的騎士蘭斯洛特，紅心Q是查理一世的妻子朱迪斯；紅心K則是查理一世，他是四張K裡面唯一沒有留鬍鬚的國王；梅花K是馬其頓帝國的亞歷山大，他的衣服上總是佩帶著十字架的珠寶，是最早征服世界的國王；方塊K則是著名的凱撒大帝，四個國王只有他是側面像。

撲克牌可以說是人類文明中最簡單也最複雜的遊戲，玩牌的人常常爾虞我詐的用心機，需要面對進退攻守的抉擇，每個人無所不用其極的想贏，當四方之士圍著一桌牌戲，就好像一個大千世界的縮影，卡拉瓦喬正是以牌局為題材，鮮活的畫出貪婪取巧的人性。

人物簡介

卡拉瓦喬 Caravaggio，西元1571～1610年

宮廷裡的生活

　　維拉斯蓋茲的「侍女」大概是他最出名的作品了，這張畫原來的名稱是「國王的家庭」，內容描繪西班牙國王菲利普四世的家居生活，透過維拉斯蓋茲的畫筆，我們可以一窺公主和王子在城堡裡是如何過著幸福快樂的生活。

　　維拉斯蓋茲是國王最寵愛的畫家，他就住在皇宮裡面，國王爲他準備了一間很大的畫室讓他工作，國王自己也常常來畫室欣賞牆上的作品。維拉斯蓋茲替皇室的每個成員都畫過肖像，和這些人都熟，由他來畫皇室的生活當然就格外生動。

　　在畫面中央的是瑪格麗特公主，別看她穿得像個小洋娃娃，她可是當時王位第一順位的女繼承人呢！畫家本人站在左側的畫架前面，他正在幫菲利普四世和瑪麗皇后作畫，仔細看看公主後方的鏡子，就可以從鏡子反射看到國王和皇后正在當模特兒擺姿勢；公主的左右是二位侍女，畫面右邊還有二個侏儒，侏儒的地位類似弄臣，和小狗一樣都是逗國王、公主開心的「寵物」；畫面最右邊的小侏儒還頑皮的用腳去踢狗，但是小狗卻毫不生氣的趴著，顯示他們應該是常常這樣玩，即使國王皇后在面前也沒有關係，由此也可以看出國王隨和，在國王面前大家都可以毫無拘束的玩耍講話。

　　這幅畫最神奇的還是它的立體空間感，公主後方還有一對教士和修女；在遠方門口出現的是宮廷侍官，他站在門外往裡頭探一下這個充滿歡樂的畫室；而國王和皇后又站在一個我們看不到的平面，整幅畫好像是一個可以任意走動的空間，這也是「侍女」最神奇的地方。

　　維拉斯蓋茲擁有幾近完美的繪畫技巧，由於他的青出於藍，畫家老師很高興的把自己的女兒胡安娜嫁給他。維拉斯蓋茲一心想到馬德里替國王作畫，這是畫家累積名聲和財富的最好方法，剛好年輕的菲利普四世剛上任，想聘請新的宮廷畫師，他對維拉斯蓋茲的作品大爲讚賞，維拉斯蓋茲就順利的得到這個機會，從此平步青雲的爲國王工作了。二位都是皇室的新鮮人，又同樣喜好藝術，國王和維拉斯蓋茲的關係已經超出主僕

人物簡介

維拉斯蓋茲（Diego Velazquez），西元1599~1660年

尊卑的分野，他們像是彼此瞭解的朋友，年輕的國王不拘小節，他來畫室是要欣賞藝術放鬆的，維拉斯蓋茲甚至可以和國王平起平坐。

　　菲利普國王曾派維拉斯蓋茲二次出使義大利，讓他臨摹義大利的藝術經典，順便幫國王挑選一些好的作品來裝飾皇宮。當時的宮廷畫師不止畫畫人像那麼輕鬆，由於國王的偏愛與信賴，維拉斯蓋茲還要負責王宮的美化裝飾，重要慶典的佈置等等，他在王宮的地位已經無人可比，唯一缺少的就是貴族的封號，所以他想讓自己有更實至名歸的榮耀。

　　維拉斯蓋茲向國王要求了幾次，希望得到貴族的封號，但是西班牙的皇家條例限制重重，其他的王公大臣當然也強烈反對這種擢升，這個心願在經過三年的請求才順利通過，維拉斯蓋茲在西元1659年終於獲得國王同意取得貴族身份，只可惜維拉斯蓋茲無福消受，他在隔年就因為旅途勞累染病逝世。

　　國王失去維拉斯蓋茲這樣一位天才型畫家兼好友，內心當然很難過，於是菲利普四世親自在「侍女」這張畫像中，為維拉斯蓋茲的胸前畫上代表聖地牙哥騎士的紅十字勳章，他要讓維拉斯蓋茲的貴族身份確立，並且藉此畫作千古流傳。

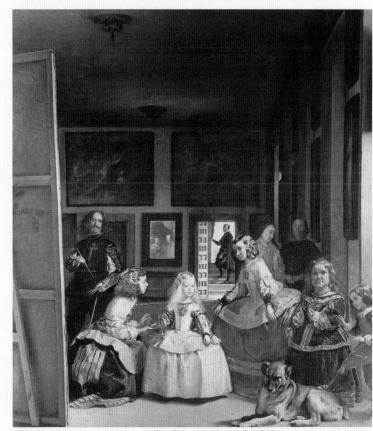

↑侍女，1656，318 x 276 cm，油畫、畫布，馬德里普拉多美術館。

招牌也是藝術

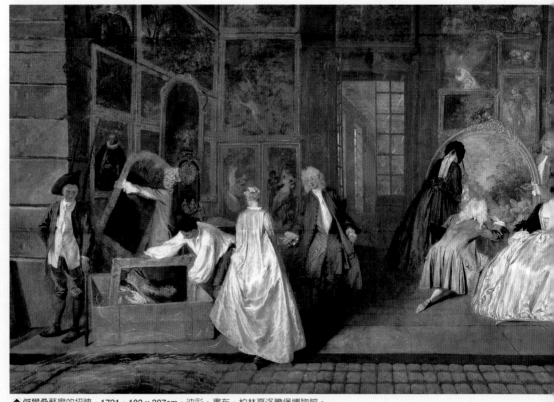

↑ 傑爾桑藝廊的招牌，1721，182 x 307cm，油彩、畫布，柏林夏洛騰堡博物館。

　　這幅畫本來不是「藝術作品」，而是一家畫廊的廣告招牌，是掛在店門招攬生意用的，畫這個招牌的人本身也是個畫家，他就是素有雅宴畫家之稱的華鐸。

　　華鐸是法國洛可可派的先驅，所謂的洛可可（Rococo）源自於法文的貝殼（Rocaille），指的是建築上一種螺紋的裝飾，常用於皇宮貴族的傢俱或房屋裝飾，在繪畫上則代表細膩甜美的風格，也是法國國王路易十五（1715～1774）所喜歡的藝術型式，所以又稱為「路易十五式」。

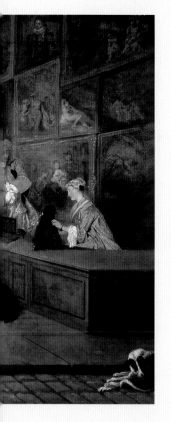

華鐸一開始以「名畫盜版」維生，他專門幫別人「複製」受歡迎的名畫，再以便宜的價格出售，後來有機會擔任劇場裝飾的助理畫家，從此迷上戲劇，畫盡舞台人生，他的才華漸漸受到注意，因此被引薦到巴黎盧森堡宮去協助城堡的裝飾，華鐸在這邊看到館藏的魯本斯作品，深深被魯本斯的氣勢磅礡所感動，於是決定也拓展屬於自己的畫風。

早期華鐸的作品大都是以平民戲劇、軍事戰爭為主題，但是讓他成名並當上美術學院院士的，則是他自創的田園主題。他在一般自然風景中加入衣著華麗的俊男美女，他們優雅快樂的在林間歡宴。以前從來沒有人這樣畫，學院為了收華鐸的作品還特別幫他闢了一個新的畫派，就稱為「雅宴」畫家，這種甜美的洛可可風深受貴族喜愛，也替華鐸贏來很多委託作畫的工作。

華鐸在巴黎並沒有自己的家，他要不是住在委託作畫的貴族家，就是和畫商經紀一起住；華鐸人生的最後一站，就是住在畫商傑爾桑的家裡。西元1720年華鐸到英國求診，他染上了肺結核，健康情況大壞，回到法國後傑爾桑就收留了他，原本傑爾桑希望華鐸幫忙畫幾幅可以賣錢的作品，但是華鐸看到傑爾桑的畫鋪，卻主動要幫傑爾桑畫一個代表店鋪的招牌，這個招牌算是華鐸畫過尺寸最大的作品，也是華鐸逝世前的最後創作，西元1721年華鐸在傑爾桑懷裡去世，享年三十七歲。

透過華鐸畫的店鋪招牌，我們得以瞭解當時名流雅士流連在畫廊消費的情景。店內的牆上掛滿了各式各樣的畫作，看得出來有人物肖像、宗教神話等等，可見這類作品還是藝術市場的大宗，畫框有大有小，還有裝飾味十足的圓形畫框，據說站在圓形

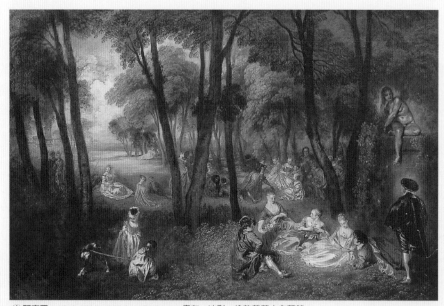

↑ 野宴圖，1718-1720，127.2 x 191.7 cm，畫布、油彩，倫敦華萊士收藏館。

畫框旁，正向二名顧客解說畫作的就是店主傑爾桑，而另一名女性店員則是拿著小幅油畫給另一組顧客參考，右下角還點綴了一隻靜靜趴著的小狗，讓整個畫面更生活化了。

　　招牌畫面的左側是顧客買好油畫正在打包，木箱裡放進去一幅路易十四的肖像，象徵文藝興盛的太陽王時代；畫鋪裡的男女顧客依舊保持華鐸優雅華麗的服飾風，相較於手裡拿畫的女店員，剛好對照不同階級的不同服裝打扮，可見當時的階段區隔相當明顯，這就是十八世紀的世界。

　　華鐸只花了八天就把巨幅招牌畫好，這個招牌是華鐸短暫人生的最後一個作品，也是他最好的畫作，不但構圖完美、人物細膩，還把畫鋪往來的情景表現得靈活生動。這個招牌才掛出來沒幾天，上門的顧客不買店裡的畫，卻決定買下店鋪的招牌，傑爾桑就把招牌當成藝術品，和氣生財的賣給顧客了。

 人物簡介

華鐸 （Watteau），西元1684~1721年

餐前禱告

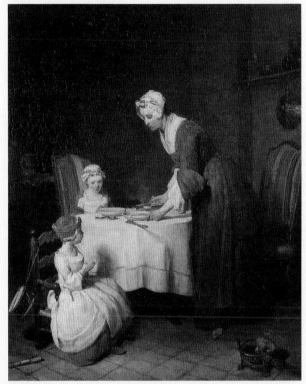

↑餐前禱告，1744，49.5 x 38.4 cm，畫布、油彩，聖彼得堡冬宮博物館。

十八世紀中葉本來是洛可可風格的天下，藝壇主流紛紛用華麗柔美的畫面來歌頌輕鬆愉快的貴族生活，只有一個畫家背道而馳，他專門彩繪中產階級的生活，他的作品沒有一絲貴氣，但樸實中自有一種安詳美麗，這位特殊的畫家就是夏丹。

夏丹生於巴黎一個木匠家庭，他的繪畫技巧大部份是自學而來。夏丹一開始先從簡單的日常主題練習作畫，所以早期的作品以靜物為主。當時巴黎的藝術家不是繪製大型的英雄史詩，就是描繪田園逸樂的雅宴生活，只有夏丹安安靜靜的畫著魚肉水果、鍋碗瓢盆，他不像洛可可畫家布雪一樣使用華麗光亮的色彩，夏丹的顏色比較沉穩飽實，他自己就說：「我當然也用顏色，但是我更用感情在作畫。」連靜物都可以讓人覺得感動，這是夏丹最神奇的地方。

夏丹原先可能是替商人畫些招牌，或是幫其他藝術家畫一些細節裝飾，他自己的作品是在西元1728年的戶外展覽被發掘出來，皇家學院看到夏丹的「鰩魚」，竟然破例讓這個默默無聞的畫工進入皇家學院，成為學院院士之一。這個藝術家擠破頭爭取的殊榮，竟然讓一個「不入流」的靜物畫家意外獲得，可見夏丹的靜物多麼有魅力。

進入皇家學院以後，夏丹除了繼續靜物的主題，也開始嘗試彩繪家庭、母親、家事操持等日常生活。出身工人家庭的夏丹偏愛這類人物，其中最有名的作品就是「餐前禱告」，畫中的母親正在盛湯，嘴裡教二個女兒一字一句的重覆禱告詞，小女兒雙手合十，專心的聽從母親的指示，她也許不全然理解禱詞的真正意義，但是她對母親有完全的愛與信賴，很自然的跟著母親覆誦起

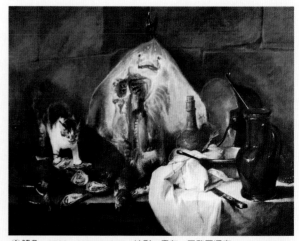

↑鰩魚，1728，115 x 146cm，油彩、畫布，巴黎羅浮宮。

來，看得出來這是一個平凡樸素的家庭，但是夏丹卻利用餐前禱告的主題，營造出安詳和樂的氣氛，這個普通家庭的信仰散發出一種不平凡的光輝。

對於喜歡的主題，夏丹常常一畫再畫，「餐前禱告」夏丹就畫了三幅，目前分別存放在巴黎羅浮宮、鹿特丹布尼根博物館，以及聖彼得堡多宮博物館。三幅之中只有聖彼得堡的作品有夏丹的親筆簽名和日期註記，這很可能是三幅之中夏丹覺得最重要也最滿意的代表作。

晚年夏丹的視力漸漸衰弱，於是改用粉彩筆作畫，畫出相當優美的粉彩肖像。夏丹的作品每年在沙龍展都相當成功，他像是洛可可外的一股清流，讓人們看到平凡生活的美好樸實。因為夏丹，靜物畫的地位也跟著提高了，他堪稱是歷史上最偉大的靜物畫家，法國文學家普魯斯特替夏丹做了最好的註解：

「因為夏丹，我們才知道一顆梨子可以和一個女孩同樣鮮明，一個普通的陶器，也可以和發光的寶石一樣美麗。」

人物簡介

夏丹（Jean-Baptiste-Simeon Chardin），西元1699~1779年

她們在撿什麼？

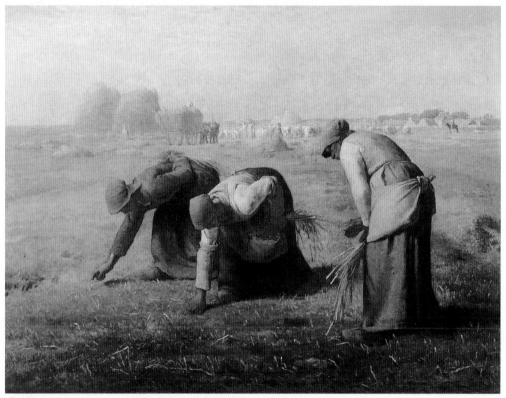

↑ 拾穗，1857，83.5 x 111cm，油畫、畫布，巴黎奧賽美術館。

提到米勒，就會想到著名的「拾穗」、「晚禱」，他出身農家，擅長畫農村耕稼的生活，是一位平實樸拙的田園畫家。

米勒是貧窮的農家子弟，選擇走藝術這條路真是加倍辛苦；妻子多病，九個小孩嗷嗷待哺，米勒常常籌到今天的生活費，卻不知道明天的伙食費在哪裡，然而賢淑的妻子卻很支持米勒的理想，全家搬到巴黎近郊的巴比松藝術村，讓米勒可以揹著畫架到大自然寫生，於是米勒在這段時間畫出一幅一幅農民生活的作品。

這幅拾穗是描繪秋收後的農田，有

三位婦女在撿拾殘留在農地上的麥穗，這是法國農村的一種風俗，農地主人不可以拒絕別人來撿，否則隔年的收成就會很差。聽說這是從古希伯來人傳下來的慈悲，要人們不可以拒絕孤貧的同胞，應該讓他們自由揀拾落穗，唯有保持這樣的慈悲心，神才會眷顧農民的土地。於是秋收之後，農婦會辛苦的彎腰揀起地上殘留的麥穗，這也是勤勞節儉的美德。

畫面中據稱是一家三代的婦女，畫面最右邊是祖母，她年紀比較大，所以不容易彎身，二手還要撐扶著膝蓋保持平衡，中間的應該是媽媽，她動作俐落純熟，工作最辛苦，搜集到一大把穗子，最左邊則是年輕的女兒，有一種邊玩邊揀的神態，一隻手優雅的放在背上休息，帽子還蓋到脖子深怕被太陽曬黑；遠方的馬車滿載而歸，三位衣著樸實的婦女成為麥田主角，站在農田中為家人多拾取一點上帝遺惠子民的麥穗。

一幅律動優美的農村即景，同年卻在沙龍展出發生意想不到的猛烈批判。資產階級認為米勒別有居心，似乎故意用這幅畫挑釁現有體制，當時的巴黎經過幾次革命的紛擾，對於貴族和平民的階級差距非常敏感，沒想到一幅撿拾落穗的油畫竟然還撿到一堆是非。以往的朋友現在帶著敵意的眼光看米勒，覺得他故意強調農民的貧苦，有諷刺上流社會的意圖，也有少數想要鼓吹民主政治的人，擅自就拿米勒的畫來宣傳，把米勒奉為社會運動的先知，可是這些都不是米勒的本意，他只是一位腳踏實地，為了藝術也為了愛，畫出自己最熟悉的勞動族群罷了。

有一位替米勒辯護的評論家就曾經描述過拾穗這幅畫：「一個在光天化日下勞動的乞丐，的確比坐在寶座上的國王還要美，遠方的農場主人滿載麥子，馬車因重壓發出呻吟聲，三個彎腰的農婦在收割過的田裡尋找掉落的麥穗，這畫面比看到一個聖者殉難還要痛苦的揪住我的心靈。」

米勒的拾穗和激烈的政治宣言無關，它的美是如此單純，好像簡單古樸的自然詩篇。撇開泛政治的口水戰，相信大多數人還是肯定這幅畫的生動感人，所以拾穗這幅作品還是以二千法朗的好價錢賣了出去。

人物簡介

米勒（J.F. Millet），西元1814~1875年

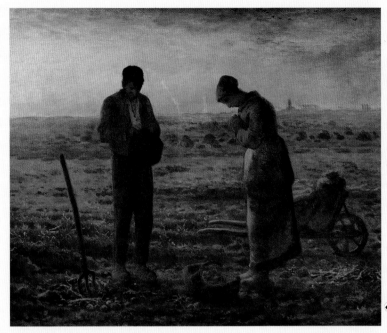

← 晚禱，1859，55.5 x 66 cm，
油彩、畫布，巴黎奧賽美術館。

比起「拾穗」絲毫不遜色的作品還有「晚禱」，米勒在幾年後完成一幅連他自己都很滿意的作品。一對工作中的夫婦因為聽到教堂鐘聲，在黃昏的農地站定禱告。原本米勒希望這幅畫可以同樣賣到二千法郎，沒想到竟然找不到買主，米勒在生活壓力下以七十二英磅脫手，沒想到這幅畫幾經轉手竟然炒到三萬法郎，晚年的米勒名聲是有了，財富卻一直和他無緣。

西元1875年米勒去世，享年六十一歲。西元1889年買下晚禱的史克利達決定拍賣掉這幅畫，美國當時對米勒的作品志在必得，而法國一面倒的呼籲不能讓晚禱流落海外，於是畫價越飆越高，激動的巴黎人甚至在拍賣會場大喊法國萬歲、唱國歌，無奈此畫還是被美國人以五十多萬法郎買走，後來法國某百貨公司鉅子又花八十多萬法郎買回晚禱捐給羅浮宮，替法國人爭一口氣。

短短三十年，從拾穗的居心不良，到晚禱的國寶悍衛戰，真是戲劇性的大逆轉，可惜米勒未能親眼目睹這一切，原來拾穗的婦人除了撿麥穗，竟然還幫米勒撿回應得的肯定與榮耀。

傷風敗俗的午餐

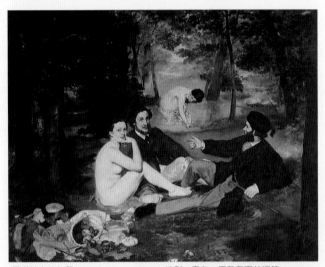

↑ 草地上的午餐，1863，81 x 101 cm，油彩、畫布，巴黎奧賽美術館。

草地上的午餐可能是馬奈被罵得最慘的一幅畫。二個衣冠楚楚的紳士，背後的女子穿著薄紗在洗腳，身旁一個裸女毫不羞恼的往前直視，好像這樣的草地野餐是再自然不過的事，這幅畫引起學院派和一般大眾的不滿，覺得畫面太猥褻，這樣的組合成何體統？

不過馬奈的朋友安東尼·普魯斯特（Antonin Proust）替他提出了辯解，會畫出這樣一幅畫是因為他們二個到亞尚特伊（Argenteuil）鄉間去玩，在那邊看到一群正在沐浴的人，馬奈就想起吉奧喬尼的「牧歌」，突發奇想的決定用相同的主題，替換成現代的人物和明亮的色彩，重新畫一幅大自然的浴女圖。事實上馬奈本來把這幅畫取名為「浴女」，後來因為輿論壓力，才改成比較不讓人想入非非的「草地上的午餐」。

馬奈的畫和吉奧喬尼是有些類似，不過牧歌所描繪的是古代詩歌的寓言，畫中裸女是繆斯女神，在古典的繪畫領域，女神的裸體是可以被接受的，但是如果畫的是凡人的裸體，那就必須小心處理，藝術或色情往往就是一線之隔。

馬奈請了姐夫和弟弟來擔任這幅畫的紳士模特兒，女模特兒是常常和馬奈合作的維

人物簡介

馬奈（Manet），西元1832~1883年

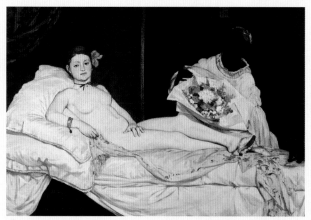

↑ 奧林匹亞，1863，130.5 x 190 cm，油畫、畫布，巴黎奧賽美術館。

克多莉・穆蘭（Victorine Meurend）。作畫的動機很單純，只是世人硬是用有色眼光看這幅畫，覺得正襟危坐的男士搭配不知廉恥的裸女，這樣的畫面太不倫不類，也毫無意義可言，看了就讓人生氣。除了題材的聳動，馬奈創新的筆法也讓人無法接受，他採取強烈的對比顏色直接平塗，很少用中間色來表現裸體的立體明暗，這種離經叛道的畫法也讓傳統學院派幾乎抓狂。不過這幅飽受批評的畫作反而讓馬奈大大出名，成了年輕藝術家的偶像。

　　馬奈仍然堅持他的現代路線，他又以維克多莉為模特兒，畫了另一幅「奧林匹亞」，結果又被罵的體無完膚。其實這種斜臥的裸女遠在吉奧喬尼和提香的時代就很流行，只不過文藝復興時期的藝術家畫的是「維納斯」，而馬奈硬是畫成凡夫俗女；畫中女性儼然就是個交際花，女僕呈上男人討好的花束，高級妓女頭戴鮮花，腳蹬涼鞋，頸子和手臂還掛著鍊飾，但就是不穿衣服，氣得所有媒體都罵馬奈不知廉恥，不少諷刺性的漫畫在報上出現，極盡醜化馬奈之能事。不過也有不少人瞞著太太跑到展覽會場偷看這幅傷風敗俗的畫；人類對禁忌的事情特別好奇，這種心態好像古今中外都一樣。

　　十九世紀的法國已經有小說《瑪儂・雷斯考》、《茶花女》，十九世紀的公共場合也常有妓女故作優雅的走來走去。馬奈描繪當代生活，脫去社會那層虛偽的外衣，沒想到引發民眾激烈憤怒的情緒，卻也讓他大大出名。

　　竇加曾經讚美馬奈，說他比我們想像中還要偉大，小說家左拉也推崇馬奈，說他必在羅浮宮佔有一席之地。他們都說對了，馬奈只是本能的探討現實，這是他身為「現代生活畫家」的職志，那些無法接受新思維的人，其實是處在一個荒唐可笑的社會而不自知，還嘲笑描繪社會現象的畫家，或許他們本身才是最可笑的小人物。

特立獨行的社會觀察家

竇加是十九世紀最不合群的畫家，他抵制行之有年的巴黎年度沙龍，他瞧不起莫內那派戶外寫生的畫家，他只是觀察眾生百態，不帶私人感情的把當時的社會活動傳神的畫出來。

竇加是銀行家之子，屬於家境不錯的中上階級，所以他不用討好藝術收藏家的品味，沒有賣畫營生的壓力，他只畫自己想畫的東西，做自己想做的事。也就是這種個性讓他勇於抵制巴黎的沙龍展，巴黎沙龍展的歷史悠久，遠從十七世紀開始，藝術學院每年贊助這項活動，評選好的作品展出，這是年輕藝術家展出作品，藉此成名賣畫的重要且唯一管道，然而一群所印象派畫家因為畫風不受學院派喜愛，決定自力救濟抵制巴黎沙龍，舉行印象派的獨立畫展，專門展出不甚受藝術學院青睞的印象派作品。

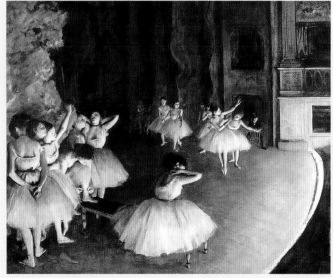

↑ 舞台上的芭蕾舞排演，1873~74，65 x 81cm，油彩、畫布，巴黎奧賽美術館。

竇加雖然被歸類到印象派畫家，但是他從來不做戶外寫生，和莫內那些風景畫家更是格格不入，但是竇加以自己的風格描繪小人物生活，畫面生動自然，有別於一般傳統的肖像畫，比較像是記錄當時生活的浮世繪。

洗衣婦

有段時間竇加對巴黎的洗衣婦很有興趣，他著迷的看著她們的動作，並且精準的畫下她們在

人物簡介

竇加（Edgar Degas），西元1834~1917年

工作中的神情，對竇加來說，裸露著雙臂，勤奮工作的洗衣婦，她們認眞的神態比任何美女更值得入畫。

賽馬

賽馬是從英國傳到法國的休閒活動，在十九世紀的巴黎算是很時髦的運動。竇加當然去參觀過賽馬，但是這一系列的作品都是在畫室中完成的，不管是賽馬前、賽馬中的奔跑快感，都是竇加在室內完成的作品。竇加閱讀了很多英國小說，從小說裡對賽馬的描述，再把文字過濾、想像，畫出一幅幅很逼眞的賽馬作品。

芭蕾舞女

這是竇加最熱愛的題材，總共創作了一千五百多幅作品。法國是芭蕾舞的誕生地，尤其以十九世紀的浪漫芭蕾最有名。芭蕾舞的服裝、舞者的肢體動作、辛苦練習、熱烈演出都是讓人印象深刻的畫面。竇加對這些舞者觀察入微，舉凡一些靠桿練習、拉襪繫鞋帶等細節都表現得維妙爲肖，到了晚年竇加已經太熟悉這些芭蕾舞群的場景了，他簡直閉著眼睛就能畫出舞者的神韻，還自行幫她們在畫面上編舞排隊呢！

女帽店

在歐洲社會，戴帽子並不是上流社會才有的事，而是一種禮貌，屬於衣著搭配的一部份；到了十八世紀末，歐洲淑女開始流行戴寬邊有花飾的帽子，從此帽子也成爲女性爭奇鬥豔的美麗配備。竇加也畫了幾幅女性在店裡試戴帽子的作品，想像婦女正精心挑選適合自己的款式。當時的婦女外出散步幾乎是人人戴帽的。

劇院的大廳，1872，32 x 46cm，油彩、畫布，巴黎奧賽美術館。

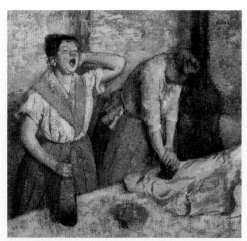
↑ 洗衣婦，1884，76 x 82cm，油彩、畫布，奧賽美術館。

女那麼豐潤美麗。竇加把重點放在姿勢的揣摩，據說他曾讓一個模特兒持續梳髮長達四個小時，藉此觀察她的舉手投足，也難怪這一系列的裸體顯得格外的生動自然。竇加對人體掌控的精確度著實教人佩服。

晚年的竇加遭受眼疾所苦，視力不好讓他更離群索居，他幾乎是一個人孤獨的死去，然而透過他描繪的眾生百相，我們彷彿透過他的眼睛，認識了十九世紀的生活面貌。

浴女

西元1886年，竇加在獨立沙龍發表一系列裸女畫作，這些浴女幾乎都是以背面入畫，感覺不像是模特兒擺姿勢的肖像，倒像是畫家偷窺得來的作品。沐浴是日常生活中很平凡的場景，竇加不帶私人感情的畫下浴後擦身、梳髮等畫面。據說這是竇加想像中的妓女生活，所以背景出現的臥室或浴室的陳設都非常簡單，不過這些裸女畫作並不色情，但也不像雷諾瓦筆下的裸

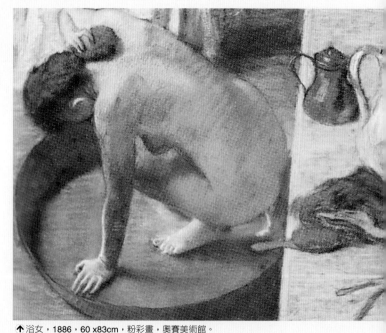
↑ 浴女，1886，60 x83cm，粉彩畫，奧賽美術館。

快樂的跳舞

雷諾瓦是十九世紀法國印象派的成員之一，他和莫內是好朋友，二人常常一起去戶外寫生，不過莫內擅長畫風景、水面，雷諾瓦卻更擅長人物、風俗民情，他尤其喜歡畫翩翩起舞的群眾，舞蹈最能表現人群動感歡樂的氣氛。

雷諾瓦的父母親是裁縫師，小時候家境不甚寬裕，他在十幾歲就到陶瓷工廠當彩繪工人，晚上才能到夜間部旁聽繪畫課，一直到二十歲存夠了錢，終於進入畫室正式的拜師學畫，同時也在畫室的學習期間認識了莫內、希斯里等志同道合的朋友。

雷諾瓦最有名的舞會作品就是「煎餅磨坊舞會」。煎餅磨坊並不是西餅麵包店，而是巴黎蒙馬特區一家很受歡迎的舞廳夜總會，而煎餅是這家舞廳最有名的招牌點心，假日午後煎餅磨坊會在花園舉辦露天舞會，平日辛勤工作的巴黎工人很喜

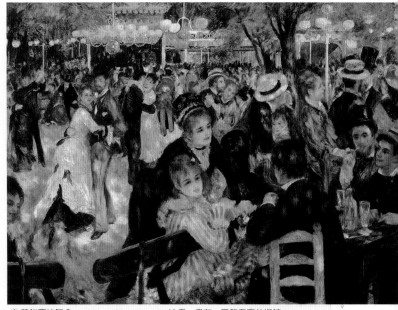

↑ 煎餅磨坊舞會，1876，131 x 175cm，油畫、畫布，巴黎奧賽美術館。

歡來這邊跳舞放鬆，一些像雷諾瓦的窮畫家也喜歡來這裡聚會，歡樂並不一定要昂貴的代價，一些平價的點心，幾段輕快的音樂，一個可愛的舞伴，照樣可以玩得很開心，雷諾瓦一直很想畫一幅這種平民舞會的歡樂情景。

雷諾瓦那時候還太窮，請不起很多模特兒來營造舞影交錯的場面，只好請幾個朋友充當模特兒，坐在桌邊喝果汁聊天，雖然只有幾位朋友幫忙，雷諾瓦卻畫出門庭若市的熱鬧感；舞池擠滿跳舞和聊天的民眾，雖然是露天的場地，但是根本

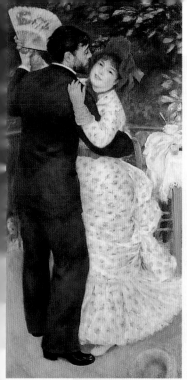

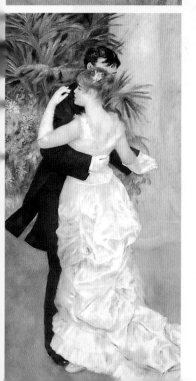

沒有半點天空「露」出來，這真是一幅構圖複雜，效果卻極其生動自然的傑作，雷諾瓦運用光線明暗和色彩調配來表現人物的動態，他們好像活生生在畫布上一邊翩翩起舞，一邊杯觥交錯。

喬治·里維耶（Georges Riviere）在印象派的刊物上曾經這樣讚美這幅畫：「這是歷史的一頁，一個精密記錄巴黎人生活的珍貴紀念，從來沒有人用這麼大一幅畫作來捕捉巴黎生活的浮光掠影。」雷諾瓦不但做到了，他後來又畫了「船上的午宴」，再一次留下朋友餐聚的即時寫真，畫中人或閒聊或賞景，每個人都有自己的表情動作，就好像把電影的畫面停格一樣逼真。

畫面中逗弄著小狗玩的女子就是雷諾瓦的妻子艾琳。艾琳本來是個縫紉女工，雷諾瓦喜歡她豐腴的臉孔和體態，以她為模特兒畫了不少作品，畫商杜朗·胡耶（Durand-Ruey）委託雷諾瓦所畫的「城市之舞」、「鄉村之舞」，其中那位圓臉的鄉村故娘就是艾琳，像艾琳這樣柔順知足的女工是雷諾瓦最好的居家伴侶，不過他們沒有公開戀情，一直到西元1890年雷諾瓦才和艾琳正式辦理結婚登記。

雷諾瓦自從接了畫商委託的「城市之舞」與「鄉村之舞」，收入漸漸穩定，該年的畫展相當成功，奠定雷諾瓦在畫壇的地位，雷諾瓦等於替自己「舞」出了一片天空。這二幅舞蹈聯作很吸引人，城市的舞者愉快優雅，鄉村的舞者純真快樂，二幅畫的處理方式不同，但是都有跳舞的氛圍，彷彿可以聽到不同的背景音樂響起，讓人很想加入一起跳舞。

雷諾瓦曾經說過，他希望筆下的風景讓人想去郊遊，筆下的裸女讓人想伸手擁抱，這就是雷諾瓦式的生動，不管是磨坊舞會，不管在城市鄉間，跳舞總是充滿音樂笑聲的場景，雷諾瓦彷彿以栩栩如生的畫面，邀請觀畫者一起參加舞會。

↑鄉村之舞，1883，180 x 90 cm，油畫、畫布，巴黎奧賽美術館。
←城市之舞，1883，180 x 90 cm，油畫、畫布，巴黎奧賽美術館。

科學化的點描色彩

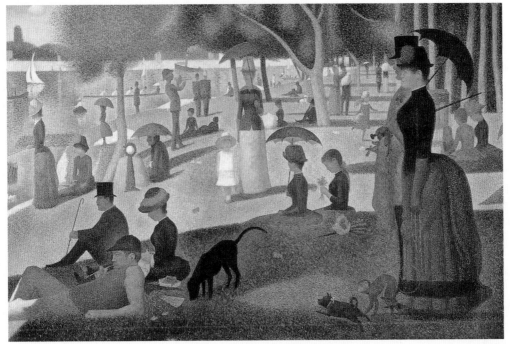

↑ 大碗島的星期日午後，1884~1886，205 x 305cm，油彩、畫布，芝加哥藝術中心。

　　藍色配黃色等於綠色，紅色加藍色變成紫色，把幾種原色按比例加在一起，就可以產生更多不同的顏色，這也是調色盤的功用。它讓畫家可以先調配需要的顏色，再把調好的顏料畫到畫布上，而這個規則在十九世紀被一群印象派畫家打破了。這些畫家喜歡把顏料直接塗在畫布上調色，這種方式流行了幾年，秀拉再次革新技法，他利用縝密的彩色觸點去代替整片塗刷的色彩，秀拉不調色，他把不同顏色的小色塊排在一起，人類的視覺會自動把這些色塊混合成不同的色彩明暗，有點像中國的十字繡，近看是一格一格不知所以的小方塊，遠看才能了解畫面的構成，這種「點描法」不但費工，還需要精密的顏色分析，秀拉就是用這種方法畫出「大碗島的星期日午後」。

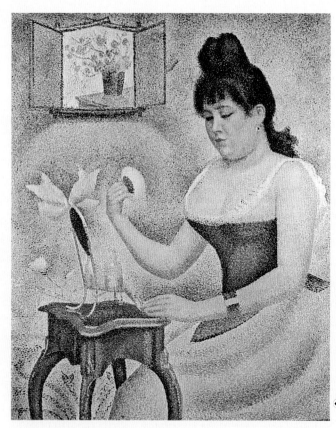

　　秀拉出生於巴黎，父親獨自在南法過著半隱居的生活，偶爾才回巴黎看看家人。秀拉和其他兄弟姐妹由母親一手帶大，他年輕的時候就已經展露藝術天份，母親送他去學畫，他也順利的考進美術學校，進入安格爾弟子亨利勒曼的門下。西元1883年他的作品入選巴黎沙龍，這是法國藝術界的「聯考」，通過審核的作品才能受到大眾肯定，可惜這是秀拉唯一的一次入選，隔年他送了一幅河邊浴場就遭到淘汰。

　　當時印象派畫家頗受傳統評審排斥，被刷下來的不止秀拉一人，於是他們決定自己來辦一個「獨立沙龍」，既然官方沙龍不願意接受非主流的藝術，他們總要想辦法自力

救濟才行，於是獨立沙龍從此開始每年自己審作品、辦展覽，替自己的作品增加曝光的機會以便找買主。

「大碗島的星期日午後」是西元1886年獨立沙龍展當中最受囑目的作品，一來它位於會場正中央，巨大的畫幅相當引人注重，二來點描法是前所未有的作畫方式，許多好奇的人群聚在畫前議論圍觀。大多數的人都譏笑秀拉的手法，但是也有少數藝評家看懂了秀拉的革命，還寫文章分析秀拉的點描法，這幅褒貶互聞的作品讓秀拉提高不少知名度。

秀拉的色彩光影在今天也許不足爲奇，撇開他的技法不談，這幅畫也代表當時中產階級的生活面貌。大碗島位於巴黎西北邊，是塞納河上的一個小島，十九世紀的法國人假日常到這裡踏青，畫裡有抱著嬰兒的年輕父母；有白帽紅頭巾的看護，陪侍著老婦人在草地上曬太陽；河邊有人看帆船賽，有人垂釣，還有人吹喇叭；也有一些優雅的仕女撐著傘、戴著帽席地而坐。畫面比例最大的一對男女則是當中關係最曖昧的；別著花的高帽紳士顯然是一位花花公子，旁邊則是伴遊的交際花，那時候妓女流行養猴子當寵物，這些三教九流的人群在同一場合出現，彼此卻沒有互動交談，放鬆的假日氣氛隱隱透出社會階級的緊張和疏離感。

秀拉自己和社會也很疏離，他在西元1889年認識了模特兒馬德蓮。馬德蓮是個沒有受過教育的女工，二人過著與世隔絕的生活，秀拉替馬德蓮畫了幅「撲粉的女人」，還把自己安排在窗戶後面；這本來是秀拉唯一的自畫像和生活即景，不過有朋友覺得秀拉在畫裡看起來很可笑，最後秀拉又用一張桌子和花瓶蓋掉自己的畫像。

秀拉是一顆短暫耀眼的星星，他在三十一歲的時候感染咽喉炎暴斃，馬德蓮和秀拉的家人不合，她和秀拉的母親吵了幾次架，從此自秀拉的生活圈消失。秀拉把「大碗島」留給母親，把「撲粉的女人」留給馬德蓮，他沒有留下太多作品，不過他以科學的方式詮釋藝術，倒是留給後人相當獨特的藝術視野。

人物簡介

> 秀拉（Seurat），西元1859~1891年

歌舞昇平的蒙馬特

　　十九世紀後期的蒙馬特是個自由活潑的尋樂園，流浪的文人畫家到這裡來尋找靈感，酒吧咖啡館林立，是巴黎夜生活的大本營，尤其西元1889年巴黎舉辦萬國博覽會，世界各地的觀光客開始湧進巴黎，大型的歌舞夜總會「紅磨坊」也看準商機的在同年盛大開幕。

　　紅磨坊的開幕在當年造成很大的轟動，它的裝潢布置很新奇，夜總會門口放了一個大大的紅色風車隨風轉動，裡面有舞廳和畫廊，外面有花園，花園設置了射擊練習場、算命攤位、一班訓練有素的猴子戲耍，最特殊的是有一隻巨象，那裡是女人止步的男性天堂，只要爬上迴旋梯，進入到巨象的肚子裡，就可以觀賞當時列為「限制級」的肚皮舞孃表演。

　　夜總會的經理也很會造勢，他和很多知名畫家合作，為夜總會設計美麗誘人的海報，而描繪蒙馬特夜生活的箇中翹楚應該就是畫家羅特列克了。紅磨坊的入口大廳就掛著羅特列克巨幅的馬戲團油畫，讓人們一進入紅磨坊就覺得是熱鬧好玩的地方。

　　羅特列克是貴族之後，十二歲的時候斷了左腿，十四歲的時候又斷了右腿，從此他的雙腿停止生長，讓羅特列克顯得特別矮小。他身高只有150公分，走路還要拿拐杖才能取得平衡，但是這些先天上的殘疾並沒有影響到他溫和歡樂的個性。出身貴族的羅特列克生活不虞匱乏，他作畫純粹是為了興趣，所以他的畫風自由奔放，尤其喜歡捕捉舞者、妓女、馬戲團一些小人物的神情。他每天流連在燈紅酒綠的聲色場所，常常一邊喝酒狂歡，一邊用紙筆勾勒夜總會的場景，隔天酒醒再拿著草圖到畫室做上色的動作，所以羅特列克筆下的蒙馬特

← 紅磨坊，1891，191 x 117 cm，海報，私人收藏。

總是特別生動。他不是刻意要強調或醜化夜總會的狂歡，他只是身在其中的畫出夜總會氣氛。

　　或許羅特列克太投入燈紅酒綠的生活，他成天和模特兒、妓女廝磨，夜夜笙歌狂飲，才三十歲的年輕人已經酒精中毒還感染梅毒，身體每況愈下，母親雖然將他送到療養院去戒酒，但疲弱的羅特列克仍在三十六歲就與世長辭，結束他歡樂放

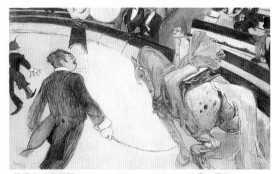

↑費南度馬戲團，1888，100.3x 161.3 cm，油畫、畫布，芝加哥藝術中心。

蕩的一生。不過短短的十年創作期，羅特列克留給世人七百多幅油畫，三百多幅海報石版畫，素描更是高達五千幅，可見羅特列克真的是隨身攜帶紙筆，信手拈來精采的市井活動。

　　海報中的歌舞女郎叫做古呂（La Goulue），她是當時最有名的紅磨坊舞者。據說她的身材豐滿，年輕任性，一站到舞台渾身散發著性感魅力，古呂最能挑逗男人，讓男人心猿意馬的為自己癡迷，那時候古呂幾乎就是紅磨坊的代名詞，慕名而來的男客把夜總會擠得水洩不通，而古呂的私生活難免被傳得繪聲繪影。羅特列克在海報中畫出古呂高抬大腿的舞姿，其他的尋歡客只是遠遠的黑色剪影，據說抬高腿部，小露吊帶襪和嫩白腿肚的古呂是最讓男人無法抗拒的天賜恩物。

　　紅磨坊到今天還是一個名聲響亮的夜總會，到巴黎旅遊的人總是不能免俗的去看一下流行於十九世紀的康康舞，如今的舞者並不以性感誘惑男人，現在的節目比較像是雅俗共賞、場面華麗的歌舞表演，現在想進入紅磨坊的舞者除了身材高挑，臉蛋姣好以外，更必須受過正統的芭蕾舞訓練，有紮實的舞蹈基礎才行。目前的舞者以十六歲到二十五歲居多，來自世界各地的舞者都有，年輕舞者覺得能進入紅磨坊跳舞就是一種能力的肯定。當午夜的霓虹燈亮起，蒙馬特也許不再像當年那樣狂歡頹廢、罪惡沉淪，但紅磨坊依舊歌舞昇平，帶領大家假想一下當年觥籌交錯、歌舞盡歡的場景。

人物簡介

羅特列克（Toulouse-Lautrec），西元1864~1901年

巴黎的下雨天

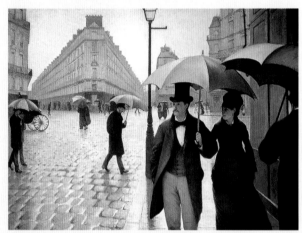

↑巴黎街景——下雨天，1877，212.2 x 276.2 cm，油畫、畫布，
芝加哥藝術中心。

巴黎在今天常常被形容成一個浪漫美麗，既古老又現代化的都市，不過巴黎的美麗其實是十九世紀中才有的事，二百年前的巴黎街道狹小，違章建築林立，典型舊社區的骯髒腐臭，讓人一到巴黎忍不住掩鼻，然而巴黎卻能夠在短短的二十年改頭換面。親眼目睹巴黎的改造運動，又細膩的畫下見證，就是當時的法國畫家卡耶伯特。

卡耶伯特是一個家境富裕的工程師，不過他也喜歡畫畫，結交了一群印象派畫家朋友，像莫內、雷諾瓦等等，他是印象派最熱心的贊助者。看到朋友們經濟拮据，卡耶伯特就會出錢買下他們的作品，讓這些尚未闖出名號的貧窮畫家喘口氣，鼓勵他們繼續創作，也是因為卡耶伯特的出錢出力，第一屆的印象派畫展才辦起來，不過卡耶伯特本身並不是印象派的畫家，他的作品比較細膩、寫實，出身工程師的他畫了幾張巴黎改造後的街景、橋樑，替巴黎的都市計畫留下美麗的紀錄，正因為卡耶伯特本身是工程師，所以他對奧斯曼的巴黎改造工程特別有興趣。

巴黎從路易十四時代就是歐洲的經濟文化中心，十八世紀的工業革命加速了巴黎的繁榮，許多鄉村的人口全部湧進巴黎討生活，巴黎就像一個腦水腫的病人；馬車阻塞在狹窄的街道中，人滿為患讓房子根本不夠住，只好拼命搭蓋違章建築，有些往上面加

人物簡介

卡耶伯特（Gustave Caillebotte），西元1848-1894年

蓋，有些在中庭再加一棟房子，密度高又紊亂的人口房舍，衛生設備又落後，當時的巴黎簡直快要淹沒在污水和垃圾之中。西元1851年拿破崙三世決心要改造巴黎，任命當時的巴黎省長巴洪・奧斯曼（Baron Haussmann）為總工程師，大刀闊斧的替巴黎改頭換面。

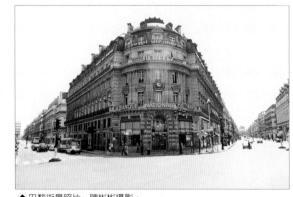

↑巴黎街景照片，陳彬彬攝影。

奧斯曼徵收土地，拆掉老舊的房子，先規劃出幅射狀的大馬路，然後在馬路旁種樹，闢劃寬廣的人行道，接著才是蓋新房子。奧斯曼要求在同一路段買下地皮的建商必須統一蓋「奧斯曼建築」，每棟房子的石材、房屋高度都要相同，他非常重視街景的水平線，希望營造和諧統一的都市空間。改造後的巴黎街道寬敞筆直，沒有特立風格的房子，卻有整齊協調的美麗，因為有奧斯曼，才會有所謂「林蔭大道」的都市規劃，因為奧斯曼的遠見，巴黎有了舒適的人行道，露天咖啡才能一家家的開，人們從此可以把散步當休閒，隨意的看看街上的綠樹、行人、商店櫥窗，「逛街」這個詞彙也隨之而生。卡耶伯特成為時代的見證人，他畫出巴黎的新風貌，即使是在下雨天，人們撐著傘在街上閒晃都是一種悠閒美麗。

奧斯曼的改造計畫只花了二十年，他在西元1871年就讓巴黎整個改頭換面；巴黎有最現代的下水道系統，有新房子大馬路，還有許多公共綠地空間，二十年內要平息拆屋整地的紛爭，投入這麼多龐大的工程，奧斯曼實在有過人的魄力和決心。

卡耶伯特畫的巴黎街景就在他的住家附近，那是當時巴黎有錢人的住宅區，從前景可以看到一對服裝精緻的男女，背景則是奧斯曼整齊劃一的新建築，卡耶伯特採用了幾何透視法，巧妙的以一盞煤氣街燈作出前後景深，雖然卡耶伯特是印象派的收藏家，但是他自己的畫作倒是比較傾向學院派理論。

卡耶伯特在遺囑中把豐富的印象派收藏全數捐給法國政府，不過當時保守的藝術界還不太樂意接受，勉強挑了十幾件作品收下，看來法國政府沒有奧斯曼和卡耶伯特的遠見，以致這些日後屢創天價的印象派作品沒有全數留在國家博物館。

當工業遇上藝術

勒澤早期和畢卡索及勃拉克一樣，活躍在法國立體派（Cubism）的創作，不過勒澤常被開玩笑的說他應該是管體派（Tubism），因為勒澤的畫裡總是有一堆像是消防水管的結構，夾雜著不知通往何處的雲梯，看得人眼花撩亂。不管勒澤畫的是沉睡的女子，或者是戲班芭蕾舞，他就是有辦法用水管和樓梯表現，難怪有人覺得勒澤好像成天追著消防車跑來跑去，說他的畫作忙亂吵雜得很。

勒澤喜歡建築、機械，還有辛苦勞動的基層群眾，他自己對藝術也是抱持認真勤奮的態度在創作。工人用磚塊蓋房子，勒澤就用形體構築畫面，呼應工業社會的勞動精神。大部份的藝術家通常不擅辭令，勒澤卻是個例外，他是一個能言擅道，很愛講話的藝術家，對於演講、教書、接受媒體採訪簡直是樂此不疲，而且勒澤的畫也反應他的個性，一幅幅忙碌堆疊的畫面，好像機器發出規律的運作聲響，勒澤透過畫面在講話，熱情的宣達自己的理念。

人物簡介

勒澤（Fernand Leger），西元1881~1955年

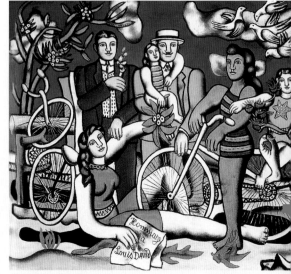

↑ 閒暇向大衛致敬，1948~1949，154 x 185 cm，畫布、油彩，龐畢度文化中心國立現代美術館。

參加第一次世界大戰讓勒澤改變很大，他看到許多軍人、鋼管大砲，袍澤的傷亡讓他感觸頗深，勒澤自己也因為中了毒氣而退役療傷。戰爭是讓人類身心受折磨的浩劫，身為藝術家的勒澤感覺更是敏銳，他的作品出現很多像大砲一樣的灰色鋼管，他的作品不再屬於立體派，嚴格來講應該是「機械派」。勒澤把二十世紀特有的飛機、大砲、戰車等機械物力融合到作品中，他的畫風更加的堅實有力，不過

因為戰爭結束了，勒澤的畫也跟著輕鬆起來，他會在斷裂的鋼管中加入撲克牌局、馬戲團表演等等，戰後的世界慢慢在復甦，勒澤除了對機械著迷，也開始關心「人」。

勒澤開始畫人，畫手臂滿是肌肉的技工，畫女體，也畫在鷹架上忙碌工作的人群。第二次世界大戰時勒澤避居美國，到耶魯大學教書，他看到新大陸正在發展，摩天大樓一層層往上蓋，忙碌的鷹架工人讓他深深著迷。勒澤很喜歡在美國的生活，二次大戰以後勒澤雖然又回到法國，他的作品仍然脫離不了美國風，他畫了一幅「再見紐約」，描繪搭船離開美國的心情，而這幅「閒暇向大衛致敬」則是讚頌美國的生活。在那個國度，工人平常辛勤流汗的工作，假日閒暇則和家人放鬆享受天倫之樂，勒澤覺得這樣的生活很踏實，很值得尊敬。畫裡有藍天，有白鴿陪襯，爸爸揹著小孩，全家騎著腳踏車，一起到郊外親近大自然，而坐在地上的橙衣女子手上拿了一張紙，上面寫著「向路易大衛致敬」。這個大衛是誰呢？

路易大衛就是十八世紀支持拿破崙的藝術家，他為當時法國大革命倡導的「自由、平等、博愛」畫了許多作品，希望透過藝術宣揚這樣的理念，雖然最後拿破崙失敗了，法國又回到保守復辟的波旁王朝，然而勒澤在美國看到真正的民主生活，以一個藝術家的身份在其中生活，讓他忍不住要對最早有這種信念的藝術家致敬。

勒澤也是唯一讓冷冰冰、硬梆梆的機械轉換成美麗的藝術，因為他才有所謂的「機械主義」，只是這個派別前無古人，後無來者，從頭到尾就是勒澤一個人在堅持，但是勒澤的藝術之旅並不寂寞，畫商很早就開始買勒澤的畫。勒澤也熱衷於藝術的宣達和教育，他甚至還根據理念拍了一部電影「機械芭蕾」。他的一生就像一部運作良好的機械，外表堅實樸素，但產能驚人，總是孜孜不息的律動著，因為有勒澤，工業和藝術終於有了交集。

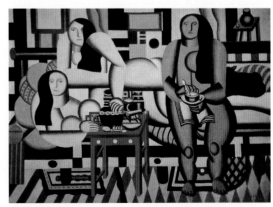

↑ 盛大的午餐，1921，183.5 x 251.5cm，油彩、畫布，紐約現代美術館。

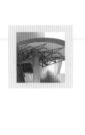

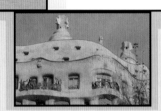

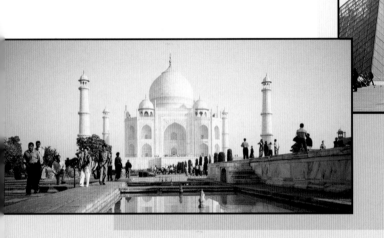

鋼筋水泥的秘密

房子不只是遮風蔽雨，

建築物也可以很藝術，

來看看建築師如何用石塊磚瓦堆疊出藝術的殿堂。

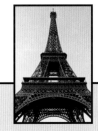

雅典衛城的榮耀時代

中國有五千年的歷史，有漢唐等文化盛世，想來應該有許多引人入勝的亭台樓閣，只可惜當時房子多為木造，幾千年後殘存的屋瓦樓舍相當有限，不過希臘仍然保有二千多年前的神殿建築。這座用花崗石建造的神廟堅固壯麗，要不是因為戰亂炸毀了大半，現在可能還屹立不搖，不過目前殘存的遺蹟仍然很壯觀，每年吸引無數人前往朝聖，雅典衛城被聯合國國際文教組織列為世界文化遺產，這是全體人類的文明寶藏。

目前的雅典衛城是希臘人在西元前447年重建的，原來的神廟在戰爭中被波斯人燒毀了，這讓雅典人決心造一座萬年不壞的聖殿，他們請來最好的建築師、雕刻師，以及手藝精良的石匠木匠等等，希臘人對神廟的結

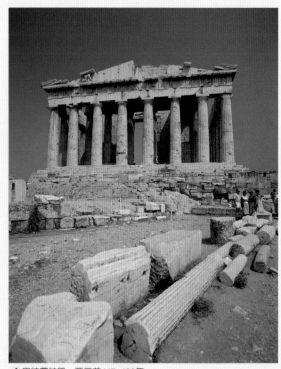

↑巴特農神殿，西元前447~438年。

構和裝飾樣樣要求完美，神廟外觀是希臘獨創的多利克式列柱，列柱的數目通常以2N+1的比例排列，正面如果有8根列柱，側面就有17根列柱，這樣的長方型神殿最完美。每根柱子也很講究，為了不讓柱子看起來太笨重，所有的柱身都是稍微往內傾斜的，而且每根柱子中段會比較寬，往上則逐漸變細，這樣可以讓整體的列柱有修長感，

人物簡介

伊克提諾（Iktinos建築師），菲迪亞斯（Phidias雕塑家）

一整排的列柱宛如天上的豎琴，風一吹就正像天神撥動著歡樂的琴弦，發出陣陣清揚的仙樂。

希臘的建築師發現，如果把地基砌成齊整的水平面，偌大的神殿看起來反而會扭曲變形，所以整個地基是呈現中間微凸，往牆壁的四面則漸漸低斜，這樣配合四周的列柱來看才不會有壓迫感，視覺上反而會是最和諧方正的構成。巴特農神殿裡面放了一尊菲迪亞斯雕刻的雅典娜神像，據說這個神像高十二公尺，全身由象牙和黃金打造而成，可惜這座神像在運往君士坦丁堡之後就下落不明。十七世紀歐洲進入全盛時期，英、法、德等強國每到一個文明古國，就拼命的把該國的歷史古跡搬回去，埃及、希臘，甚至中國的古物都可以在這些國家的博物館找到，雅典的衛城也不例外。

伊克提諾為了使自己的作品能夠流芳萬世，他捨棄了傳統的紅瓦屋頂，把整座神廟整個用花崗岩砌成，這麼一座莊嚴美麗的巨大殿堂，造價一定相當驚人。當初希臘城邦共同組織了一個「提洛聯盟」來對抗波斯帝國，每個城邦都貢獻一筆黃金，存放在提洛島上當共同基金，結果雅典人竟然偷偷挪用這筆緊急預備金來蓋自己的神殿，這件事引起其他希臘城邦不滿，導致城邦之間爭戰不斷，這也是巴特農神殿在不穩定的政局中漸漸沒落的原因。

巴特農神殿座落在雅典衛城上，是一座氣勢磅礡卻不笨重的美麗建築，也是易守難攻的制高點。土耳其在十七世紀攻佔雅典，就是把固若金湯的巴特農神殿當作火藥庫使用，結果威尼斯軍隊反攻的時候一枚砲彈打中火藥庫，把這座比例完美的希臘神殿轟去大半。巴特農的屋頂不見了，門楣上的部份橫飾被搬到英國的大英博物館，希臘政府雖然多次希望英國能歸還古蹟，把神廟儘可能的恢復舊觀，只可惜到目前為止英國尚未同意。

昔日輝煌燦爛的希臘文化，如今雖然只剩下一些廢墟供世人憑弔，但是希臘的雕刻和建築卻深深影響了西方文化的育成，如何兼顧建物的實用性與藝術性，希臘早在二千多年前就替人類找到了解答。

愛情的墳墓

泰姬瑪哈陵被稱為印度的珍珠，擁有美學和建築學上最完美的對稱和諧，它不但是世界七大奇景之一，也是世界上最美的墳墓，這裡埋葬了一段淒美的愛情。

西元1612年，慕塔茲瑪哈嫁給印度的沙札汗國王，瑪哈雖然是國王的第二位妻子，卻是一次真愛的結合，瑪哈成為沙扎汗不可缺少的人生伴侶，即使出征打仗國王

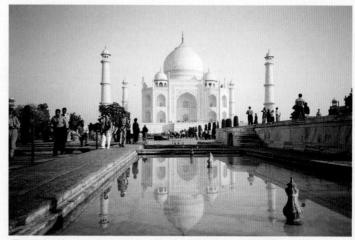

↑ 泰姬瑪哈陵，1632~1653，Ismail Afandi，印度亞格拉，戴梅芬攝影。

都要帶著瑪哈隨行。瑪哈是國王的良伴、軍師，她教會國王要慈悲仁善的救助疾苦。二個人恩愛異常，瑪哈一口氣幫國王生了十四個子女，西元1630年瑪哈隨國王到德干出征，結果在軍中因為難產身亡。悲痛欲絕的國王決定要讓國人對皇后的記憶永垂不朽，於是他決定要建造一座美麗如詩的陵墓，來紀念他們永恆的愛情。

陵墓選擇蓋在朱木納河的亞格拉。國王從各地請來知名的建築人才，土耳其來的阿凡提（Ismail Afandi）是陵墓的起草設計師，其他負責寶石鑲嵌、馬賽克、圓頂金飾等工匠也多達二十人。整座陵墓費時二十二年，動用二萬名工人才完成。印度多洪水又多地震，因此泰姬陵的地基必須挖得特別深，而且在正殿下面還挖了十八個水井，讓整座陵墓好像飄在水上，據說這有防震效果。主體周圍的四座塔柱也特別向外傾斜12公分，以免地震時柱子倒下來壓壞主建築物，而這樣的設計果然經得起考驗，泰姬瑪哈陵不畏強震洪水，幾百年來依然佇立朱木納河畔，美麗如昔。

國王從外地運來最好的白色大理石作建材，純白的瑪哈陵在不同時間，不同季節會

有不同顏色的反射，整個建築左右對稱，又透過水面倒影上下對稱，的確是朱木納河畔最美的一顆珍珠。據說國王本來想在河的對樣蓋一座用黑色大理石建造的陵墓給自己，這樣他就可以和瑪哈一黑一白的隔河對望，讓靈魂相會於河面，不過黑色陵墓才剛動工國王就被兒子軟禁起來，黑色皇陵就沒有再往下蓋了。

> 沙扎汗呀！你容許君主的權力化為烏有，只願使一滴愛情的淚不朽不滅。
> 可光陰卻沒有憐憫之心，還嘲笑你追思記憶的悲情。
> 你以美麗誘惑光陰，俘虜時間，給無形的死亡戴上永不凋謝的花冠。
> 夜深人靜，你在愛人耳間低語的秘密，都封在石塊的永恆沉默裡。
> 雖然帝國崩滅，世紀瓦解，大理石仍向繁星嘆息：「我記憶猶新。」
> 「我記憶猶新」，可生命卻忘記了，因為生命負有自己無窮的使命，
> 生命把回憶留給寂寞美麗的形體，而生命早已輕裝上路，繼續她的航行。
>
> ——泰戈爾《情人的禮物》

印度詩人泰戈爾把泰姬瑪哈陵當作一種「情人的禮物」，心有所感的嘆息著沙扎汗國王的癡迷。生命無常，總希望可以留點什麼做為紀念，泰姬陵是國王送給瑪哈的最後宮殿，雖然黑色王陵沒有往下興建，但是國王最後和愛妻合葬於泰姬陵，這也算是令人安慰的結局吧！

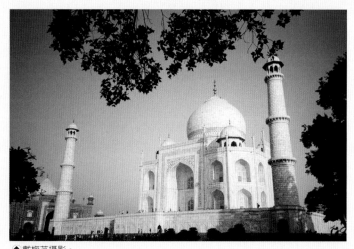

↑戴梅芳攝影。

錯誤也是一種美麗

比薩斜塔一開始並不是斜的，而是比薩城邦希望替教堂建造一座美麗雄偉的鐘樓，讓全歐洲都能見證比薩的富強繁榮。據說當時的建築師是波納諾（Bonanno Pisano）。鐘塔於西元1173年開始動工興建，不過由於幾次戰爭，加上鐘塔動工沒幾年右邊地基突然下陷，許多工程師覺得工程困難度太高，紛紛打退堂鼓，使得這座鐘樓時蓋時停，先後花了二百年才完成。

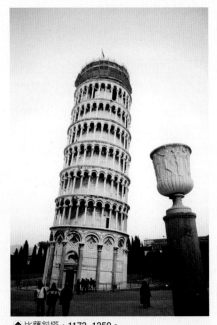

↑ 比薩斜塔，1173~1350。

西元1275年建築師湯瑪索（Tomasso di Andrea da Pontedera）發現這座塔已經蓋歪了，沒有辦法修正成直立的鐘塔，但是他還是努力的把鐘塔蓋到第三層樓，後繼的建築師也想盡辦法要把鐘塔慢慢朝中心垂直線挪回去，有人想到把比較低陷的右邊柱子加高些，這樣鐘塔或許就可以慢慢朝左邊傾斜回去；有的人建議把最重的鐘放在塔的左邊，這樣和日漸傾斜的塔身可以取得平衡。比薩斜塔勉強在西元1350年完成第八層的鐘室，掛上七口代表音階的鐘，整座建築物總算驚險萬分的完成，塔上也可以發出優揚的鐘聲了。

比薩斜塔雖然在錯誤中完成，卻因此讓它聲名遠播。著名的數學家伽利略曾經在比薩大學任教，他為了解釋重力加速度還特別登上比薩斜塔，證明不同重量的物體落地的速度是一樣的。登上鐘樓總共要爬二百九十四級階梯，在西元1990年比薩斜塔關閉以前，每年大約有七十萬遊客好奇的爬上這座有趣的斜塔，俯視美麗的比薩平原。

由於八百年來比薩斜塔一天比一天傾斜，高度也一天天下陷，再不想辦法補救可能撐不過一千年就崩塌成為一堆廢瓦。西元1934年專家曾經往地基灌水泥，希望能穩住斜塔不再下陷，沒想到斜塔似乎傾斜的更厲害，到後來義大利開始管制車輛進入此區，重

金徵求挽救斜塔的計畫，希望盡一切力量保住這座不可思議的建築遺產。西元1972年義大利發生大地震，比薩斜塔巨幅搖蕩了二十二分鐘之久，真教人捏一把冷汗。

西元1990年比薩斜塔正式封閉，不再開放給觀光客在塔裡上上下下的爬，讓專家全力搶救這座岌岌可危的斜塔。當時的塔身已經偏離中心線約十四英呎了，很難相信如此歪斜的高塔經過八百年還仍顫巍巍的矗立在教堂旁，這真是不可思議的奇蹟。

專家們花了十一年的時間解決斜塔的問題。西元1995年他們在下陷的右邊埋入六百噸的鉛塊，同年九月斜塔一夜之間竟然傾斜了2.5公釐，而修復工程開始之前，斜塔也不過以一年1.2公釐的速度在緩慢歪斜，嚇得工程師又追加了二百五十萬噸鉛塊穩住突然加快傾斜的塔身，同時又拉了一根鋼索環住斜塔加強固定，說什麼都不能讓它再垮下去了。

經過十一年的辛苦搶救，專家們把比薩斜塔拉回近43.5公分，「扶正」到西元1838年左右的斜度，比薩斜塔在未來三百年都能夠安然無恙的屹立不倒，繼續接受世人讚賞稱奇的眼光。

比薩斜塔面臨平原沖刷、地基下陷，經歷戰爭、地震威脅，竟然還能歪歪斜斜的站立八百年，難怪它名列世界七大奇景之一，如今比薩斜塔又再度對外開放，每次限定上塔人數，讓民眾有機會親自體驗這座在錯誤中建造出來的奇蹟。由於這個不可思議的錯誤，似乎讓斜塔更形珍貴，更光輝美麗，這不正是當初比薩人建造這座鐘塔的心願？

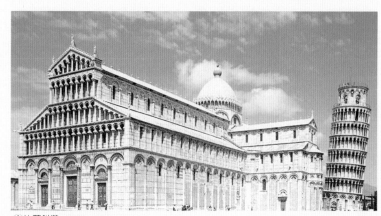

↑比薩斜塔，1173~1350。

巴黎鐵塔是下金蛋的母雞

西元1885年，建築師艾菲爾提出巴黎鐵塔的建造案，這是為了1889年的萬國博覽會所設計的一座指標性高塔，隔年法國政府通過這個案子，卻在巴黎藝術界引起一陣抗議的波潮。

許多藝文人士連署抗議鐵塔的興建，包括作曲家古諾、小說家莫泊桑、小仲馬等等，他們覺得這個黑色的龐然大物肯定會破壞巴黎古典的美麗，莫泊桑甚至還揚言，鐵塔建成之日就是他出走巴黎的時候，他要遠離巴黎，不忍巴黎變得如此醜陋。

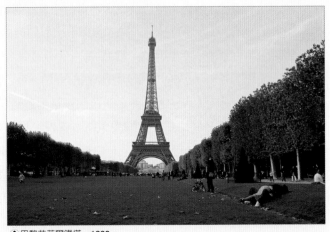

↑巴黎艾菲爾鐵塔，1889。

不過沒想到巴黎鐵塔竟然一舉轟動，到目前為止上塔參觀過的人數已經超過二億人口。這個數據連法國政府也始料未及。當初興建鐵塔因為造價昂貴（大約七百五十萬法郎），法國政府沒有那麼多預算，就要求艾菲爾自行負擔一部份營造成本，並同意往後的二十年讓艾菲爾收取門票做為補貼。這項協議讓艾菲爾名利雙收，因為鐵塔在第一年的門票收入就高達六百五十萬法朗，艾菲爾竟然在一年內就回收了營造成本，往後還可以淨賺十九年。

艾菲爾生於西元1832年，早期在南法為很多鐵路造橋，對鋼鐵類的材質特別有心得，他在造鐵塔之前已經靠造橋累積不少財富，然而艾菲爾的名聲在鐵塔落成之後達到最高點。它簡直成了巴黎的象徵，艾菲爾鐵塔等同於巴黎鐵塔。

人物簡介

古斯塔艾菲爾（Gustav Eiffel），西元1832~1923年

艾菲爾鐵塔的蓋法其實很簡單，艾菲爾先把鋼材照設計圖一塊一塊的鑄模完成，然後運到現場，像堆積木一樣的組合，再用鉚釘鎖緊就完成了。當時動用了大約三百名工人，花了一個半月就把鐵塔組合好，比蓋一座房子還快。鐵塔總共含有一萬八千片鋼材，使用了二百五十萬根鉚釘，總高約三百公尺，重量達七千噸，看這個數據似乎顯得龐大，但鐵塔的造型其實一點也不笨重，入夜點燈後讓巴黎的夜景更美麗燦爛。

鐵塔剛建成的時候被當成一個高空實驗室，法國人在上面放了晴雨表、風速器、避雷針等等，如今的鐵塔頂端則是無線電發射台。而一般業餘者也很喜歡到鐵塔去創造新紀錄。西元1892年，巴黎一位麵包師父就踩著高蹺上鐵塔，成功登上三百六十三階的樓

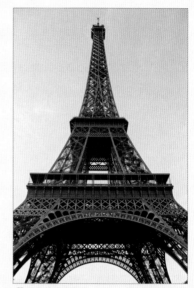

↑巴黎艾菲爾鐵塔，1889。 照片提供：阿貝

梯；西元1912年，裁縫師黑歇爾穿著自製的翅膀，從鐵塔試飛下來，可惜不幸當場摔死；西元1945年，有飛行員還駕著飛機從鐵塔的腳柱下低飛穿過；而最不可思議的奇人異事應該是西元1965年有位西班牙遊客，因為在鐵塔上面太興奮了，竟然把太太從塔上扔入天空，造成樂極生悲的憾事。

巴黎鐵塔到現在為止仍然是全球參觀人次最多的景點，一年大約可以吸引六百萬人登塔覽勝，遠遠超過紐約帝國大廈的三百萬人，倫敦鐵塔的二百萬人，以及羅馬競技場的一百多萬人次。而且豐厚的門票收入，還曾經爆發工作人員集體販賣假票的事件，他們把巨大的鐵塔當成搖錢樹，十年來靠兜售假門票獲取不當利益近百萬歐元。

艾菲爾不顧四面八方的指責，按照自己的夢想建立了這座鐵塔，雖然在當時曾被批評是一根巨大醜陋的煙囪，然而現在鐵塔幾乎成了巴黎的代表建築物，是巴黎夜晚最光輝搶眼的焦點，一提到巴黎立刻讓人聯想到艾菲爾鐵塔，艾菲爾的自信和遠見，真是讓他獲得了空前的勝利。

舉著火把的女神

　　自由女神是法國送給美國建國百年的禮物，這座雕像已經是紐約，甚至是全美國的精神象徵了。然而當初要橫跨大西洋完成這個「跨國賀禮」，背後其實還有一段困難重重的故事。

　　自由女神是法國雕塑家佛雷德瑞克的作品。早在西元**1851**年拿破崙推翻第二共和稱帝的時候，佛雷德瑞克看到忠貞的共和黨少女舉著火炬，高喊前進的向軍隊衝了過去，沒多久卻被射倒在血泊之中，從那時候起他心裡就醞釀了自由女神的形象。據說女神的容貌是參考佛雷德瑞克的母親塑造的，這座新古典主義風格的作品原本是要喚醒法國日漸失去的自由精神，但佛雷德瑞克很高興能夠把它送給新大陸，先歡慶美國的自由與榮耀，希望有朝一日同樣的自由平等也能真正落實在法國的領土。

　　佛雷德瑞克為了自由女神像多次奔走美國，向美國人介紹自己的作品，為了怕美國人無法理解成品的壯麗，他還特別事先運了拿著火炬的手到美國展出，結果光是女神的一根手指就長達二

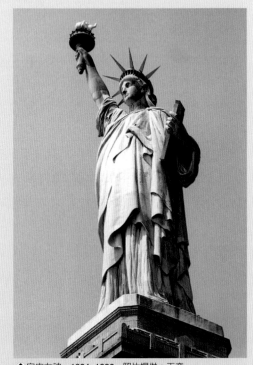

↑ 自由女神，1884~1886。照片提供：王奇

公尺，手掌也有五公尺長，火炬邊緣可以站上15個人，可以想像整件成品的規模會有多麼驚人，於是國會同意美國接受法國這份特殊的禮物。

當初的協議是法國這邊製作雕像，美國方面負責雕像的八角形底座，等到雕像安放在底座上，正好象徵二國友好的結合，共同宣揚自由的理想，法國方面為了完成佛雷德瑞克所設計的雕像，還向人民發動捐款，希望塑造一座能夠代表法國自由、平等、博愛的美麗雕像，送給彼岸的美國人民。

雖然佛雷德瑞克設計了完美的雕像，但是要等格放大成46公尺高的銅像又是另一項艱鉅的任務，最後是由設計巴黎鐵塔的艾菲爾先生想出方法，他發明用中空的鋼架先固定一個型，再把銅皮一片片包在鋼架外固定釘死，這樣不但銅片可以伸縮呼吸，重量也大大減輕，這種先砌鋼架再貼外皮的手法後來也成了蓋摩天大樓的圭臬。

法國這邊進行得一頭熱，雕像在西元1884年就做好了，美國那邊卻還沒有開始建造底座，美國總統雖然也發起捐款，但是民眾的反應很冷淡，募款的進度緩慢，眼看自由女神已經運抵美國了，成立普立茲新聞獎的約瑟普立茲忍不住跳了出來，在報紙上抨擊美國中產階級和富豪連這麼點錢也不肯出，丟臉丟到國外去，他的批評終於刺激了美國人的參與感，總算募得所需的款項。底座的部份在西元1886年完成，自由女神終於有個「踏腳」的地方了。

自由女神從此立足於紐約港邊，遊客可以爬三百五十四級階梯到達皇冠的位置，皇冠上開了二十五扇窗戶，象徵地球上挖掘出來的二十五種寶石，皇冠的七道光芒代表了世界七大洋，女神左手握著的書簡寫上西元1776年七月四日，那正是美國脫離英國獨立的紀念日。

佛雷德瑞克卓越的貢獻使他當選紐約市的榮譽市民，如今自由女神已經成為紐約的地標，看到自由女神就會想到紐約。西元1904年佛雷德瑞克在巴黎去世，但是他塑造出來的自由象徵，仍然矗立在紐約及巴黎二地（巴黎有座六米高的原型，在塞納河上），繼續向人類傳達佛雷德瑞克嚮往自由平等的熱情。

建築鬼才高第

　　西班牙出了幾位原創性很高的藝術家，他們不追尋前人的脈絡，天馬行空的發揮自己的創意，在美術的領域裡有畢卡索、達利、米羅，在建築的天地有高第，走一趟巴賽隆納，就可以體驗高第建築的風情。

　　高第的父親是個銅匠，母親在他很小的時候就過世了，高第因為當過銅匠學徒，往後運用相關建材就更加得心應手。高第在巴賽隆納唸建築，雖然在學校不算是個循規蹈矩的好學生，他還

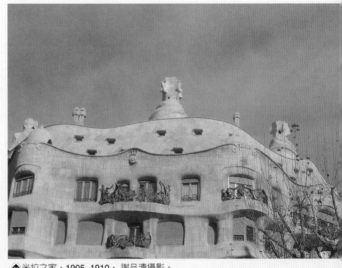

↑米拉之家，1905~1910，謝品清攝影。

是順利拿到學位，開始在巴賽隆納發展他的建築長才。他先後幫許多巴賽隆納的富商名流設計房子「文生之家」是陶業大亨的夏季別墅，也是高第嶄露頭角的初期作品，後來高第又認識了奎爾公爵。奎爾相當欣賞高第的才華，從此成為高第的贊助人。高第幫奎爾設計了一系列的建築作品，包括「奎爾宮」、「奎爾公園」等等，高第也因此聲名大噪。許多人慕名前來，請高第幫忙設計自宅，像「巴由之家」、「米拉之家」都是高第的代表作。而「米拉之家」更是高第封筆前的最後一棟私人住宅。

　　據說當年有一名富有的寡婦嫁給富有的商人米拉，二人富上加富，於是請來早已身價百倍的高第為他們打造獨一無二的新家，高第花了六年才完成這個作品，整個外牆有活潑的曲線，屋頂還有造型有趣的雕像。結果米拉夫婦雖然花得起錢，卻不太欣賞這棟

人物簡介

高第（Antonio Gaudi），西元1852~1926年

建築的風格，認為這個房子顯現不出貴族般的典雅風範，幸好這棟房子仍然被保留下來，還因為高第的名氣吸引不少觀光客前來朝聖。

高第之所以名揚國際，主要是因為他能夠兼顧傳統與創新，並且大膽的結合工藝技術來裝飾建築，他彷彿把人體的骨架肌腱轉換成建築物的結構曲線，許多匪夷所思的創意簡直沒有前例可循，雖然大部份的人覺得高第的建築有點超現實，而把他歸入新藝術一系，然而高第就是高第，他其實是自成一格的，很難把高第定位於任何一個流派。

高第晚年把精力全部放在聖家堂的建造上，這座教堂的造型奇特，有歌德式的高塔，但是感覺又不是歌德，遠看還比較像四根玉米棒。高第為了全心全意投入聖家堂的工作，有好幾年不再接案設計新的建築，他甚至把全部財產捐出來蓋聖家堂，只希望可

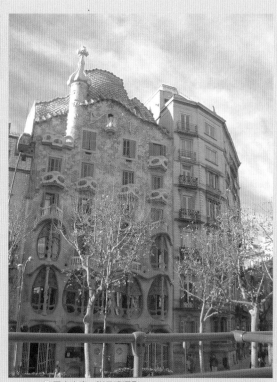

↑ 巴由之家，謝品清攝影。

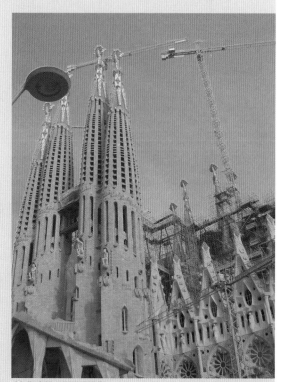

↑ 聖家堡，謝品清攝影。

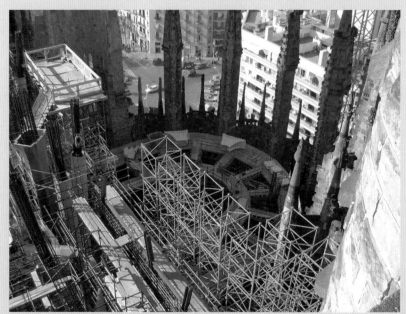

↑ 聖家堂，謝品清攝影。

以完成一座名垂千古的經典教堂，豐富人類的精神信仰。

只可惜高第因為一場車禍意外的去世，這座聖家堂成了高第臨終前的遺憾。不過聖家堂的工程還在繼續進行，許多遊客不辭千里的到這裡幫高第監督目前的工程進度，沒想到一座教堂蓋了一百多年竟然尚未完工，據說再花上二百年都不一定蓋得完，讓人忍不住想像教堂完成以後會是什麼樣子？

高第曾經說過：「用一輩子蓋不完的教堂，不見得就不能蓋。」這是對藝術崇高無私的愛，也就是這樣的精神，驅使後人繼續這項辛苦的工程。高第的肉體或許已經死去，但是高第的靈魂仍然在聖家堂裡，而且教堂周圍彷彿還能看見無數個高第在鷹架上忙碌著，不管這個世紀能不能蓋好聖家堂，高第的精神總會繼續傳承下去。

五顏六色的調色盤

在奧地利這種歷史悠久的國家，照理說建築物應該是古色古香的典雅風格，但是在維也納、格拉茲，偶爾會看到像小孩子塗鴉，線條很不規則的彩色房屋，那就是奧地利著名的百水建築。百水先生雖然是畫家，但是他的建築似乎讓他更出名，許多人稱他是「奧地利的高第」，他和高第一樣勇於突破傳統，能夠把建築物變成一種不可思議的藝術。

百水先生的本名是Friedrich Stowasser，西元1949年開始到各處旅行，展開繪畫生涯，才改名為Friedensreich Hundertwasser，意思是「和平百水」，顯示他喜愛大自然的和平天性。百水先生幼年接受蒙特梭利教育，很喜歡鮮豔活潑的顏色和自然生態，小時候會搜集美麗的圓石、乾燥壓花，長大開始搜集維也納鑲嵌玻璃和日本花紋織品，這些五花八門的題材，隱約可以從百水先生後來的作品看見。

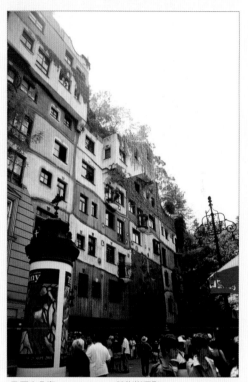

↑百水公寓，1983~1986，陳彬彬攝影。

其實百水先生沒有受過正統的藝術教育，只上過短短三個月的藝術學校。他喜歡色彩，痛恨筆直的線條，他認為直線是沒有神性、沒有創意和想像力的；直線只可以讓人無限制的複製和模彷，它沒有自己的個性。百水先生覺得人類不應該住在四四方方像雞籠一樣的空間，他想設計更自然、更有創意，完全沒有直線的房子。

這個想法真是顛覆了傳統的建築法則，然而百水先生做到了。第二次世界大戰以

後，維也納決定修繕並重建一批具有美感的新房屋，百水公寓應運而生。百水先生設計的房子大膽而創新，房子外觀就像五顏六色的調色盤，但有些深色區塊還故意保留不上色，線條歪歪扭扭，窗戶大大小小。據說裡面的房間沒有一間是正方形的，而且地板也是高高低低，不是完全的平地，百水先生希望打破人為的方正規格，也不讓工人使用水平

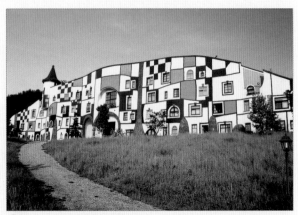

↑百水溫泉山莊，李宗裕攝影。

測量儀和皮尺角規，一切都要純手工打造，讓房子回歸自然。

　　百水公寓一蓋好立刻吸引眾人的眼光，原本這是市政府興建的國宅，要讓低收入戶承租使用的，結果提出申請的人數爆滿，幾乎是空屋的六倍數量。目前百水公寓住的大多是藝術家，但也有普通家庭，聽說公寓蓋好第一天就有七萬人大排長龍的去參觀，到目前每天還是有數以千計，慕名而來的觀光客在公寓樓下徘徊，不知道公寓住戶會不會覺得困擾？或者他們都習以為常，甚至還引以為傲呢？

　　由於百水公寓是民房，一般人是不能入內參觀的，為了方便日漸熱絡的觀光市場，維也納把百水公寓旁邊的一棟房子改建，按照百水建築的風格建造一個小型商場，裡面的地板、樓梯，甚至廁所都是色彩鮮艷，形狀不規則的百水風。遊客可以模擬一下百水公寓內的樣子，順便購買有關百水先生的紀念品。百水建築就成了奧地利一項新的觀光景點，當地甚至推出旅行團，專門帶遊客參觀百水先生的作品，朝拜維也納各處的百水建築。

人物簡介

佛登斯列・亨德華沙（百水先生Friedensreich Hundertwasser），西元1928~2000年

舞影婆娑 Shall We Dance？

西元1992年，美國建築師法蘭克蓋瑞為捷克首都布拉格設計了一棟很有趣的建築物，他和另一位捷克建築師米盧尼克（Vladimir Milunic）通力合作，終於在西元1996年聯手完成這棟充滿後現代美學的建築物，還被美國時代周刊遴選為該年度最佳建築設計。

這棟跳舞的房子（Dancing House）是由二棟建築物組成，左邊是玻璃帷幔外觀的「女舞者」，右邊是圓頂柱狀的「男舞者」，所以這二棟建築物還有個別名叫「金姐和佛雷」（Ginger & Fred）；他們是美國歌舞片時代的舞王舞后——佛雷亞斯坦（Fred Astaire）與金姐羅傑斯（Ginger Rogers），而這二棟建築物像極了他們舞影婆娑的樣子。

這棟跳舞的房子剛好位在街角，對面就是美麗的莫爾島河，原址在二次大戰期間曾經被美軍炸彈誤擊，如今由美國建築師設計出這樣一棟新穎的建築物來填補這塊廢墟，引發了正反二極的聲音。反對的人尖酸刻薄的說，美國人轟炸一次布拉

人物簡介

法蘭克蓋瑞（Frank Gehry），西元1929~

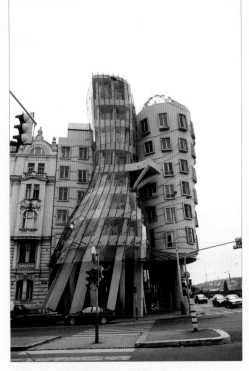

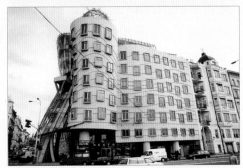

↑ 跳舞的房子，捷克布拉格，1996，陳彬彬攝影。

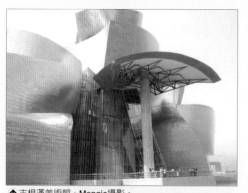

↑ 古根漢美術館，Mongie攝影。

格還不夠，現在還要用這麼怪異的房子天天轟炸我們的視覺美感？這麼現代的設計座落在一群十九世紀建築當中是有點怪，不過幾年下來捷克人也漸漸習慣它的存在，贊成的人表示布拉格不應該自詡爲中世紀的建築博物館，這個古老的城市應該往前邁進，讓布拉格成爲歐洲新的文化中心，畢竟全歐洲找不到幾座像跳舞的房子這樣新穎別緻的建築物了！目前跳舞的房子是荷蘭銀行大樓，頂樓是布拉格極富盛名的法式餐廳——布拉格的珍珠。

　　法蘭克蓋瑞出生於加拿大，他先在南加大唸建築，接著在哈佛研究所專攻都市設計，西元1962年在加州成立一間小公司開始執業。蓋瑞在西元1989年獲得有「建築界諾貝爾獎」之稱的普立茲克建築獎，這個獎使蓋瑞的事業到達顛峰，各國競相請蓋瑞設計建築物，如今蓋瑞的建築事務所聘請超過140位員工，他的作品分佈美國、捷克、德國、法國、日本、英國和瑞士等等。

　　西班牙畢爾包的古根漢美術館是蓋瑞另一處傑作，是建築界在西元1998～1999年最常提到的新建築。古根漢美術館一直致力於現代藝術的搜集，這樣深具現代美感的建物剛好和美術館的精神相呼應。

　　整個美術館由不規則的幾何圖形組成，呈現自由的波浪。蓋瑞希望整個建築物像個輕軟起伏的枕頭，而且美術館的外觀必須可以隨著晨昏的光線而有不同的顏色變化，幾經嘗試，蓋瑞發現用在製造火箭和飛彈的鈦金屬是最合適的材質，它的厚度只有三釐米，剛好可以貼出蓋瑞想要的活潑曲線。由於這座美術館通體的金屬銀，再加上多層次高低起伏的曲線，它常常被戲稱爲「壓扁的罐頭」。

　　蓋瑞是近代最富創意的建築師之一，他設計的不光是一座房屋建物，可以說蓋瑞的建築物就像一件立體的雕塑品。蓋瑞最新的作品是加州迪士尼樂園的音樂廳，工程預計在2004年完工，已經有很多人拭目以待，期待蓋瑞進入二十一世紀的新建築。

美籍華人，在法國，造金字塔

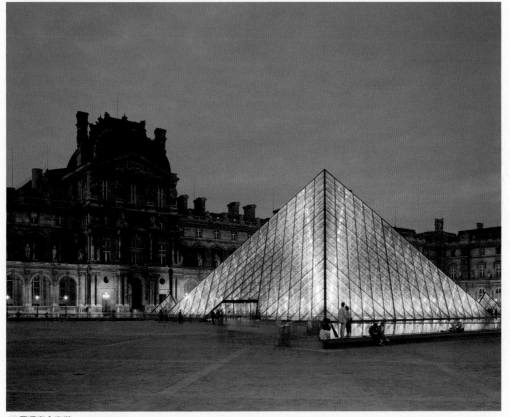

↑ 羅浮宮金字塔，1983~1989。

　　羅浮宮建造於西元1190年的奧古斯特皇帝時代，原本是一處有壕溝的皇家要塞，後來查理三世改爲皇宮，經過800年的歲月，累積歷任強權搜括的名畫、雕塑、珠寶，今日的羅浮宮館藏豐富，是世界三大博物館之一。可是當初這棟建築根本不是爲了當博物館而設計的，羅浮宮在整修之前，連巴黎人近在咫尺都不太喜歡去逛這座文化寶藏。

　　試想一棟佔地寬廣，古老悠久的舊皇宮，裡面燈光灰暗、氣味難聞，隨便一逛就是

幾公里的動線，這種舊宮殿還沒有現代化的廁所設備，造成去逛羅浮宮的人來去匆匆，通常花上半小時找「蒙娜麗莎的微笑」，十分鐘隨便逛逛其他收藏品，然後要花一小時找廁所（據說當時的羅浮宮只有二處廁所），然後要忍耐不舒服的氣味，祈禱自己的膀胱夠強，慢慢的隨著在廁所前大排長龍的隊伍前進，這樣的博物館經驗當然很不愉快。

於是法國人覺得應該把羅浮宮改得更人性化、更像博物館一點。法國總統在西元1983年就把這個工作交給華裔美籍的建築師貝聿銘，密特朗希望保留法國舊傳統的光輝，但也要替這棟古老建築注入新血，讓它可以走在時代尖端，博物館不但要實用，還要讓人永難忘懷。

於是貝聿銘設計了一個很現代化的玻璃金字塔，這項大膽的構思氣壞了法國人，貝聿銘被罵得狗血淋頭；法國人覺得他不倫不類，搞不清楚這裡是法國還是埃及，有些人諷刺的稱他是「貝法老」，還有人把不滿直接表現，朝著貝聿銘就吐口水，當時貝聿銘受到的壓力很大，所有的客戶都開始質疑他的能力，反對的聲浪恐怕比當年艾菲爾先生建鐵塔的時後還嚴重。

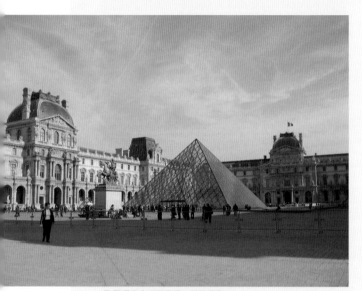

↑羅浮宮金字塔日景，阿貝攝影。

幸而貝聿銘始終堅持自己的信念，在西元1989年完成他的作品讓世人去評判，雖然還是有不少人覺得羅浮宮搭配金字塔玻璃看起來很怪，但是反彈的聲音已經消失了，改建的羅浮宮解決了以往的問題，遊客紛紛回籠，許多人開始以覺得新的羅浮宮比原來的樣子好。

貝聿銘祖籍蘇州，生於廣州，西元1935年赴美求學，在美國因為設計甘迺迪圖書館一夕成名，所以貝聿銘感激的說賈桂琳甘乃迪是他事業上的一個貴人。成名後的貝聿銘也回東方參與不少工程的設計，像中國的香山飯店、香港的中國銀行大樓，台中東海大

學的禮拜堂等等都是他的作品。貝聿銘很能融合環境的特色，建築物在周遭環境不會太突兀，但又能獨樹一格。

其實貝聿銘不是在羅浮宮廣場架起一座透明金字塔而已，他可是把大家看不到的羅浮宮底下整個翻了過來，開挖輻射狀的地下廣場和通道，把入口改在廣場的金字塔，大大縮短通往八大展覽區的距離，以後逛羅浮宮不用怕像行軍趕集似的從這頭走到那頭了。

新的展覽室由於採光良好，不再像以前陰森森的充滿霉味和灰塵，改建過的羅浮宮不但有地鐵直達地下大道，還有購物街、商場、餐廳、咖啡館，最棒的是廁所指標處處可見，羅浮宮成為一個既現代又舒適，可以消磨一整天也不用出去的地方。

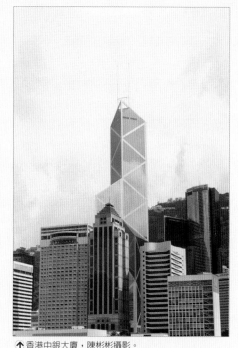

↑香港中銀大廈，陳彬彬攝影。

以前的羅浮宮是在廁所前面大排長龍，現在則是在入口的廣場大排長龍，前者是無奈被迫的選擇，後者卻是無怨無悔，熱情的要接近羅浮宮的心情。羅浮宮每天除了觀光客，還有當地學校的校外教學，以及藝術系學生舒適的隨地而坐，專注的臨摩素描，它成了許多人消磨時間的好去處，也成為法國人津津樂道的驕傲。

以一個美裔華人的身份，要為法國設計一座代表法蘭西精神的建物本來就容易被挑毛病，然而協和廣場可以有埃及的方尖碑，為什麼羅浮宮就不能有金字塔呢？貝聿銘正是希望融合東西方精神，讓世界文化在羅浮宮相遇，激盪出更美的火花。憑著貝聿銘的視野遠見，還有不怕輿論指責的抗壓力，他成功的做到了這一點，留給世人和羅浮宮館藏一樣珍貴的建築里程碑。

人物簡介

貝聿銘，1917~

國家圖書館出版品預行編目資料

藝術裡的秘密／陳彬彬著
初版----臺中市2004[民93]
面：18×20公分，---（美學館：05）

ISBN 957-455-705-7（平裝）

947.5   93010274

美學館 05

藝術裡的秘密

作　　者／陳彬彬
總 編 輯／鄧茵茵
文字編輯／葉孟慈
美術編輯／李靜姿
發行所／好讀出版有限公司
台中市407西屯區何厝里19鄰大有街13號
TEL:04-23157795　FAX:04-23144188
e-mail:howdo@morningstar.com.tw
http://www.morningstar.com.tw
法律顧問／甘龍強律師
印製／知文企業（股）公司　TEL:04-23581803
2004年7月　初版發行
2005年1月　三刷
定價：450元　特價：299元
總經銷／知己圖書股份有限公司
郵政劃撥：15060393
台北公司：台北市106羅斯福路二段79號4樓之9
TEL:02-23672044　FAX:02-23635741
台中公司：台中市407工業區30路1號
TEL:04-23595819　FAX:04-23597123

如有破損或裝訂錯誤，請寄回本公司更換
Published by How Do Publishing Co.LTD.
2004 Printed in Taiwan

ISBN 957-455-705-7

讀者迴響

書名：藝術裡的秘密

1. 姓名：＿＿＿＿＿＿＿ □♀ □♂ 出生：＿＿年＿＿月＿＿日
2. 我的專線：（H）＿＿＿＿＿＿＿ （O）＿＿＿＿＿＿＿
   FAX ＿＿＿＿＿＿＿ E-mail ＿＿＿＿＿＿＿
3. 住址：□□□＿＿＿＿＿＿＿＿＿＿＿＿＿＿＿＿＿
4. 職業：
   □學生 □資訊業 □製造業 □服務業 □金融業 □老師
   □SOHO族 □自由業 □家庭主婦 □文化傳播業 □其他＿＿＿
5. 何處發現這本書：
   □書局 □報章雜誌 □廣播 □書展 □朋友介紹 □其他＿＿＿
6. 我喜歡它的：
   □內容 □封面 □題材 □價格 □其他＿＿＿＿
7. 我的閱讀嗜好：
   □哲學 □心理學 □宗教 □自然生態 □流行趨勢 □醫療保健
   □財經管理 □史地 □傳記 □文學 □散文 □小說 □原住民
   □童書 □休閒旅遊 □其他
8. 我怎麼愛上這一本書：

   ＿＿＿＿＿＿＿＿＿＿＿＿＿＿＿＿＿＿＿＿＿＿＿
   ＿＿＿＿＿＿＿＿＿＿＿＿＿＿＿＿＿＿＿＿＿＿＿
   ＿＿＿＿＿＿＿＿＿＿＿＿＿＿＿＿＿＿＿＿＿＿＿

『輕鬆好讀，智慧經典』
有各位的支持，我們才能走出這條偉大的道路。
好讀出版有限公司編輯部　謝謝您！